九州を制覇した大王

景行天皇巡幸記

河村哲夫

海鳥社

だれも書かなかった九州の古代——序にかえて

安本美典

河村哲夫氏の一連の著作は、歴史研究書として、もっともっと注目されてよい。評価されてよい。広く読まれるべきである。

世に出ている有名・無名の方々の、古代史関係の多くの書物のなかで、全体的な構成力において、調査の緻密性において、判断の合理性やバランスのよさにおいて、文献・考古の諸資料を総合する力において、一頭地をぬいているというべきである。

第二次大戦後、多くの考古学的な調査や発掘が行なわれた。そして、細部はともかくとして全体をみるとき、地下から出土したものは、『古事記』や『日本書紀』などの記述をほとんど裏切っていないというべきである。むしろ、記紀などの記述を支持しているとみるべきである。

とすれば、『古事記』『日本書紀』『風土記』などの記述の一つ一つを綿密に検討し、考古学的な事実や各地に残る伝承と照らしあわせ、それによって日本の古代史像がどのていど明確に再現できるか、ということに挑戦してみるのは、意味のある作業である。ほとんどだれも試みようとしていない、この困難な作業を河村氏は行ない、そうとうな成果をあげておられる。

河村氏は、本書でのべる。

戦前の皇国史観への反動ゆえか、『古事記』『日本書紀』を無視し、外国文献の『魏志倭人伝』のみを信奉して、邪馬台国の所在地のみに血眼になり、強引にその所在地を決定しようとする傾向も増大している。旧石器捏造事件にみられるように、遺跡・遺物に偏ったアプローチは、ともすれば功名主義に陥りやすい。

歴史というものは、考古学的な遺物に加え、神話や伝承のなかに隠されている。古い地名もまた伝承や歴史の結晶であり、ある意味では考古学的な遺物である。

『古事記』『日本書紀』についても、もちろん第一級の古代文献である。これらのものに対して、その語るところのものに真摯に耳を傾けねばならない。おそらく、これらの総合的な考察のなかから、歴史の真実の姿が浮かび上がってくるであろう。

（本書「日向の神話」より）

これは、河村氏の基本的なスタンスである。また、それは正しいスタンスというべきである。そして、第二次世界大戦後においては、このようなスタンスに立った古代史関係の本が、あまりにもとぼしい。

明治維新のさい、わが国は大改革を行なった。服装も文化も軍備も、西欧化していった。もし、この過程を、後代に考古学的資料のみから論じたならば、「わが国は、西欧によって占領されたのだ」という誤った仮説さえ成立しうるであろう。考古学的資料は重要であるが、それのみを偏重してはならない。歴史の全体像を描くためには、バランス感覚が必要である。

河村氏は、『古事記』『日本書紀』『風土記』などを注意深く、よく読んでおられる。考古学などへの目くばりも、ゆきとどいている。また、九州各地の現地についてもよく探査されている。そして、判断が合理的であり、ご文章がしっかりしている。安心して読める本である。

日本古代史の分野では、とかく奇矯な本がもてはやされる傾向がある。日本古代史の研究が、地に足のついた発展をとげるためには、河村氏のようなスタンスが、なによりも必要である。私も、この本の校正刷りを読んで、学ぶところが多かった。河村氏が、今後もこのような実地に即した検討の書を、つぎつぎとあらわされることを強く願っている。

（古代史学者）

九州を制覇した大王——景行天皇巡幸記◉目次

日向の神話

日向の御刀媛

肥の国から西海へ

筑後の高羅宮

神功皇后の足跡

倭の女王たち

ヤマトタケル

景行天皇の時代

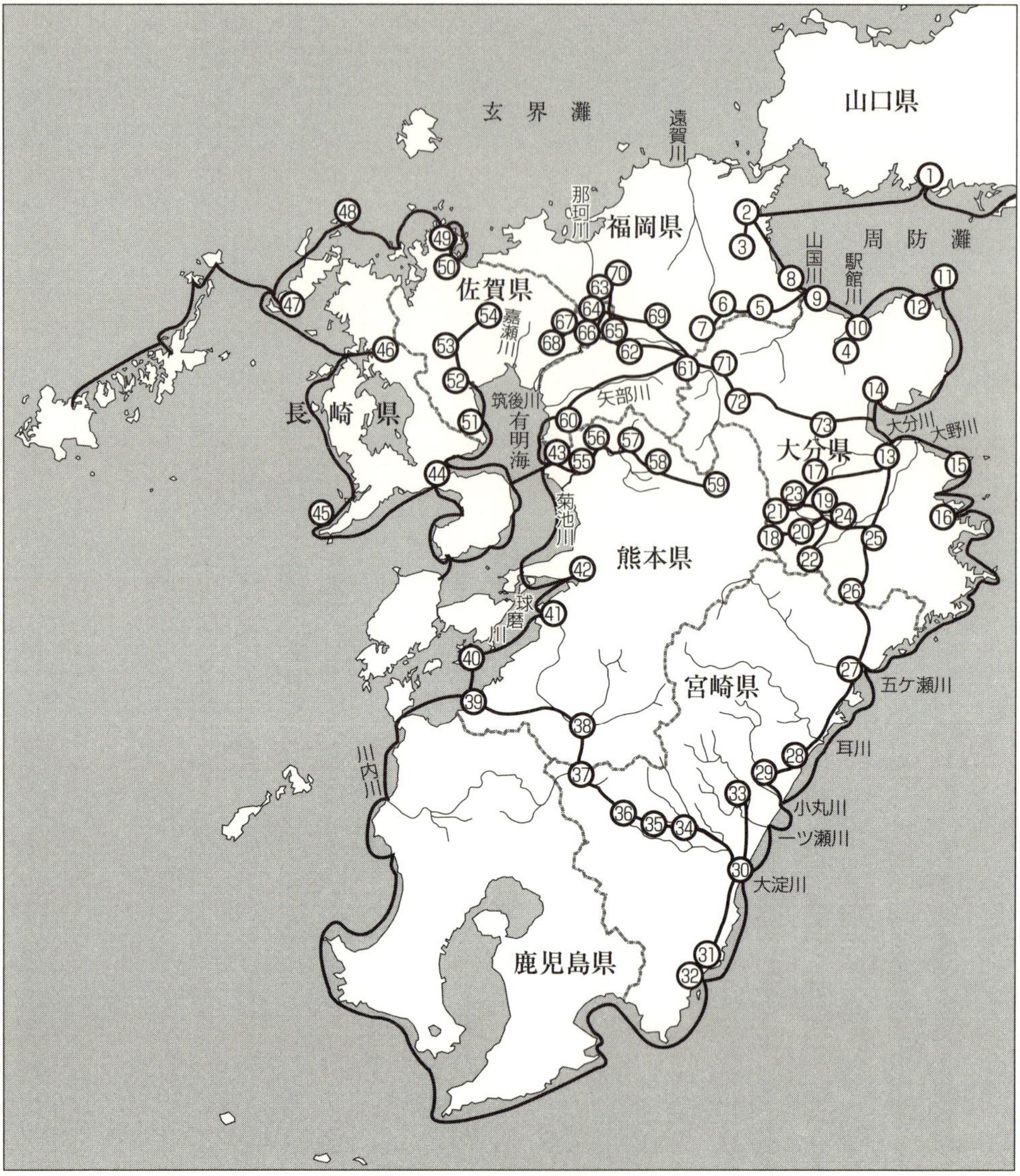

景行天皇九州巡幸経路

1. 佐波　2. 貫　3. 長峡の行宮　4. 宇佐　5. 城井　6. 彦山川　7. 深倉峡　8. 宇島　9. 広津　10. 和間浜　11. 姫島　12. 岩倉八幡宮　13. 西寒多神社　14. 速見郡　15. 早吸日女神社　16. 保戸島　17. 宮処野神社　18. 柏原　19. 志加若宮神社　20. 鶴田籾山八幡社　21. 飛田川　22. 知田　23. 木原山　24. 阿志野　25. 三重駅　26. 宇目村　27. 延岡　28. 去飛　29. 高城　30. 高屋神社　31. 益安　32. 隈谷　33. 西都原　34. 綾　35. 野後　36. 夷守　37. 真幸　38. 人吉　39. 湯の児温泉　40. 御所浦島　41. 八代　42. 豊福　43. 長洲　44. 有喜　45. 野母　46. 早岐　47. 志々伎神社　48. 大島　49. 呼子　50. 見借　51. 太良　52. 能美の郷　53. 武雄温泉　54. 女山　55. 玉名大神宮　56. 菊水　57. 山鹿　58. 菊池　59. 阿蘇神社　60. 高田の行宮　61. 浮羽　62. 高良大社　63. 基山　64. 養父郡　65. 曰理郷　66. 狭山郷　67. 米多郷　68. 神埼郡　69. 蜷城　70. 宝満宮　71. 日田　72. 天瀬　73. 由布院

九州を制覇した大王

景行天皇巡幸記

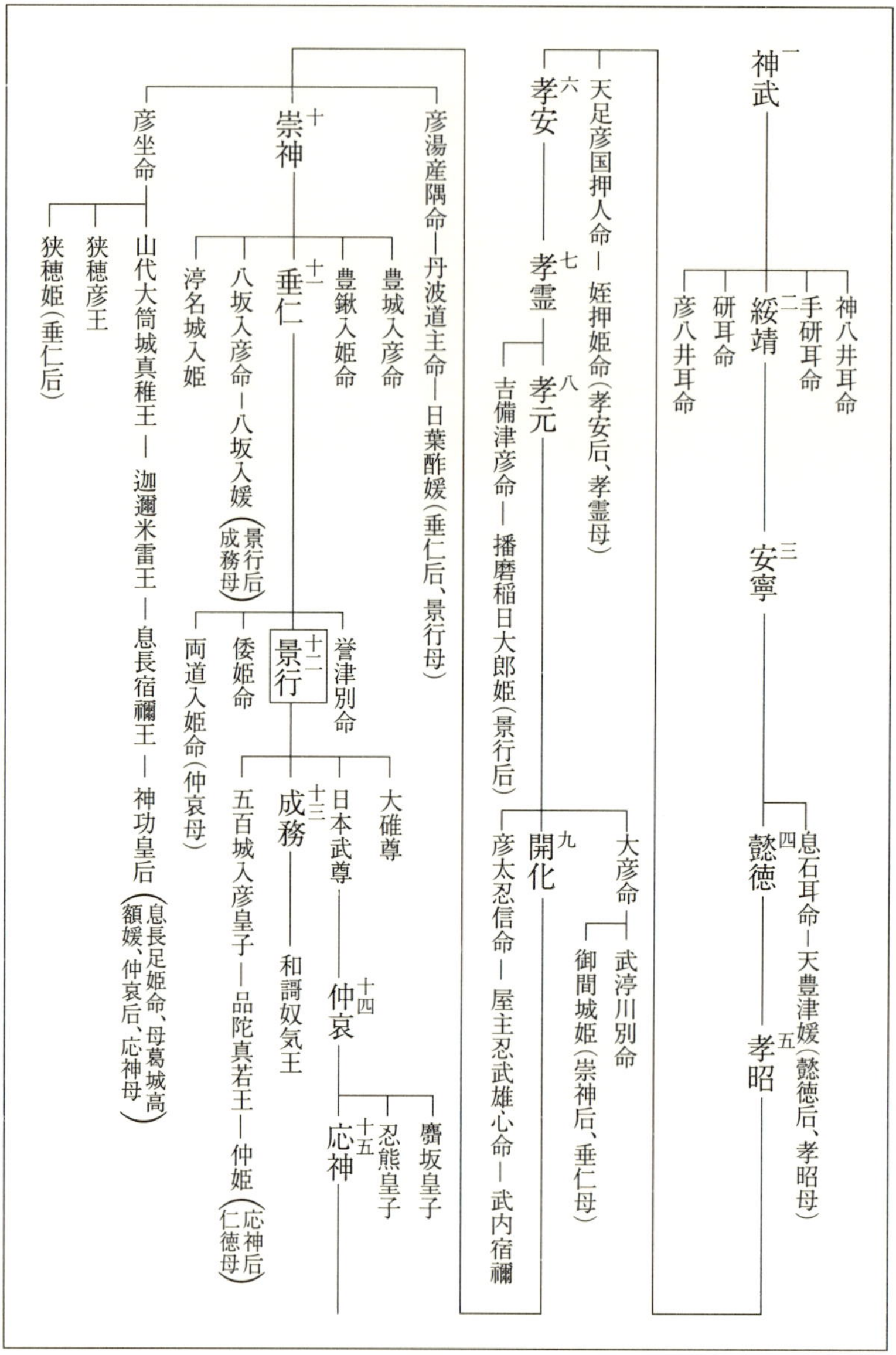
一 神武
神八井耳命
手研耳命
二 綏靖
研耳命
彦八井耳命
三 安寧
息石耳命—天豊津媛（懿徳后、孝昭母）
四 懿徳
五 孝昭
天足彦国押人命—姪押姫命（孝安后、孝霊母）
六 孝安
七 孝霊
八 孝元
吉備津彦命—播磨稲日大郎姫（景行后）
大彦命
武渟川別命
御間城姫（崇神后、垂仁母）
九 開化
彦太忍信命—屋主忍武雄心命—武内宿禰
彦湯産隅命—丹波道主命—日葉酢媛（垂仁后、景行母）
十 崇神
彦坐命
山代大筒城真稚王—迦邇米雷王—息長宿禰王—神功皇后（息長足姫命、母葛城高額媛、仲哀后、応神母）
狭穂彦王
狭穂姫（垂仁后）
豊城入彦命
豊鍬入姫命
十一 垂仁
八坂入彦命—八坂入媛（景行后、成務母）
渟名城入姫
誉津別命
十二 景行
倭姫命
両道入姫命（仲哀母）
大碓尊
日本武尊
十三 成務
和訶奴気王
五百城入彦皇子—品陀真若王—仲姫（応神后、仁徳母）
十四 仲哀
麛坂皇子
忍熊皇子
十五 応神

天皇の系図

大足彦忍代別天皇

稲荷山鉄剣の銘文

天皇は、もと大王《おおきみ》とよばれていたらしい。『隋書』倭国伝にも、「阿輩雞弥《おほきみ》」と書かれている。稲荷山古墳（埼玉県行田《ぎょうだ》市埼玉）から出土した鉄剣には、「獲加多支鹵《わかたける》大王」と刻まれ、ワカタケル大王とは、すなわち第二十一代雄略天皇といわれている。

江田船山古墳（熊本県玉名郡和水《なごみ》町江田）から出土した大刀にも、「獲□□□鹵大王」と刻まれ、従来はタジヒノミヤミズハ大王、すなわち第十八代反正天皇のこととされていたが、稲荷山鉄剣銘との対比から、これまた五世紀末ごろ活躍した雄略天皇のこととするのが、ほぼ定説となっている。

天皇という号は、七世紀末ごろの天武・持統天皇時代に成立したらしい。したがって、雄略天皇よりももっと古い第十二代景行《けいこう》天皇の時代には、当然のことながら天皇という呼称はまだ存在せず、「オオキミ」とよばれていたはずである。

これから述べようとする第十二代天皇は、『日本書紀』の漢風諡号では「景行天皇」と書かれ、和風諡号では「大足彦《おおたらしひこ》忍代別《おしろわけ》」と書かれている。『古事記』には、「大帯日子淤斯呂和気」とあるが、単に表記が異なるだけである。いずれにしても、「オオタラシヒコ」というのが、和風のよび名であった。

漢風諡号は奈良時代の代表的な学者である淡海三船《おうみのみふね》（七二二―七八五年）が撰んだというから、ずっとあとの時代のものである。和風諡号のほうが古い時代の名残を伝えているが、便宜上、景行天皇というよび名で通すことにしたい。

景行天皇の父は第十一代垂仁《すいにん》天皇で、祖父は第十代崇神《すじん》天皇である。崇神天皇の和風諡号は御間城入彦《みまきいりびこ》五十《い》瓊殖尊《にえのみこと》といい、開化天皇の皇子で、産能大学教授の安本美典氏の説によれば四世紀前半ごろの天皇であると考えられる。疫病の流行や大地の荒廃などを鎮めるため、天照大神の御霊を笠縫村に遷座して豊鍬入姫命《とよすきいりひめのみこと》に祀らせ、渟名城入姫命《ぬなきのいりひめのみこと》には倭大国魂神《やまとのおおくにたまのかみ》の霊を祀らせ、大田田根子《おおたたねこ》に三輪の大物主神《おおものぬしのかみ》の霊を祀らせた。

また、孝元天皇の皇子武埴安彦命《たけはにやすひこのみこと》が謀反を起こしたが、安倍氏の祖の大彦命《おおひこのみこと》や和珥《わに》氏の祖の彦国葺《ひこくにぶく》に平定される事件が勃発している。とりわけ注目すべきは、崇神天皇の時代に北陸・東海・西道・丹波の四地域に「四道《しどう》将軍」を派遣したことである。

北陸――大彦命
東海――武渟川別《たけぬなかわわけ》（大彦命の子）
西道――吉備津彦《きびつひこ》
丹波――丹波道主 命《たにわのちぬしのみこと》

そして、この四道将軍派遣の記事を実証したのが、前述した稲荷山古墳出土の鉄剣であった。昭和五十三（一九七八）年、稲荷山古墳出土の鉄剣の保存作業中に金象嵌の文字が発見されたのである。五八センチの刀身の表に五十七文字、裏に五十八文字が刻まれ、次のように解読されている。

（表）辛亥の年七月中記す。乎獲居臣《おわけのおみ》上つ祖の名は意富比垝《おおひこ》。其の児の名は多加利足尼《たかりのすくね》、其の児の名は弖已加《てよか》利獲居《りわけ》、其の児の名は多加披次獲居《たかはしわけ》、其の児の名は多沙鬼獲居《たさきわけ》、其の児の名は半弖比《はてひ》。

（裏）其の児の名は加差披余《かさはよ》、其の児の名は乎獲居臣。世々、杖刀人の首と為り、奉事し来り今に至る。獲加多支鹵大王の寺、斯鬼《しき》の宮に在《ま》す時、吾、天下を左治し、此の百練の利刀を作らしめ、吾が奉事の根原を記す也。

冒頭の「辛亥の年」は四七一年にあたり、この鉄剣に金象嵌文字を刻ませた乎獲居臣の始祖の意富比垝こそ大彦命である、とする見解がきわめて有力になってきたのである。

この稲荷山鉄剣の金象嵌文字の発見は、戦後の古代史観に大きなショックを与えた。『日本書紀』などでは大彦命は第八代孝元天皇の皇子で開化天皇の兄とされており、大彦命の実在が証明されれば、孝元天皇や開化天皇などの古代天皇の存在をはじめ、『日本書紀』や『古事記』に記載された記事の信憑性がきわめて高くなってくる。戦後における古代史学界の屋台骨が崩壊する危険性が生じたわけである。

それでも、稲荷山鉄剣に刻まれた意富比垝と大彦命とは別人であるとか、獲加多支鹵と雄略天皇とは別人であるとかいう説がいまなお横行しているが、『日本書紀』や『古事記』の記事と稲荷山鉄剣の銘文を素直に解釈すれば、国家鎮護のための祭祀を盛んにおこない、四道将軍を派遣するなど、大和朝廷の政治基盤を一段と固めたのが、崇神天皇の時代であったといえよう。

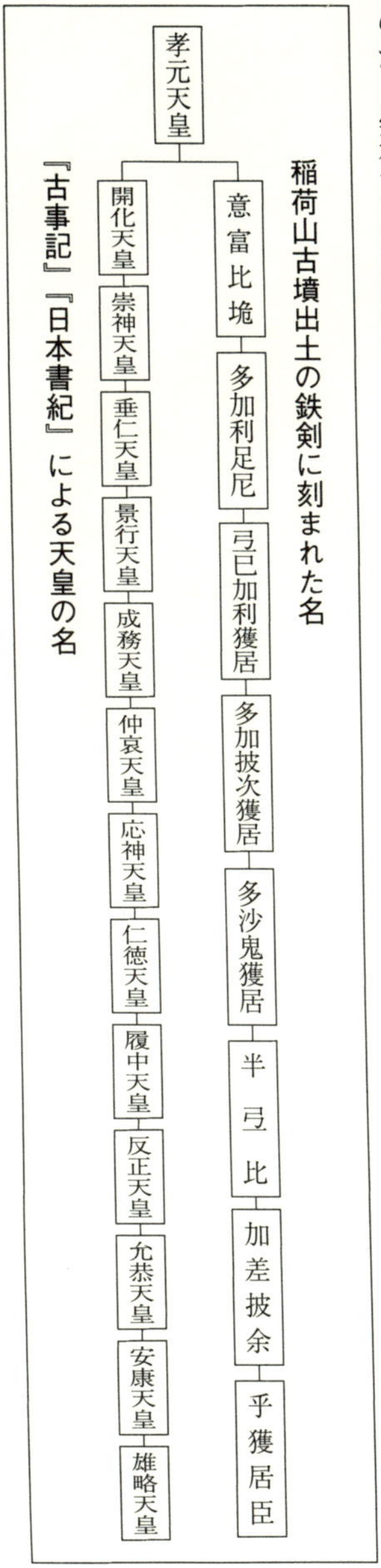

（安本美典『倭の五王の謎』講談社現代新書による）

崇神天皇を継承したのが、景行天皇の父の垂仁天皇である。和風諡号では、活目入彦《いくめいりびこ》五十《い》狭茅《さち》天皇と書かれる。

垂仁天皇の在位は四世紀半ば過ぎと考えられるが、この時代の主なできごとを列挙すれば、次のようになる。

崇神天皇の時代に渡来した任那の蘇那曷叱智《そなかしち》（都怒我阿羅斯等《つぬがあらしと》）が朝鮮へ帰る。
開化天皇の孫で皇后の狭穂姫《さほひめ》の兄の狭穂彦王が反乱を起こし、兄妹ともに焼け死ぬ。
天照大神をはじめて伊勢神宮に祀る。
物部十千根《とおちね》に石上神宮の神宝を管掌させ、出雲の神宝を検校《けんぎょう》させる。
殉死を禁じて陵墓に埴輪を並べる。
新羅王子の天日槍《あめのひぼこ》が渡来する。

これらの記事をみると、朝鮮半島との交流がはじまり、国家的祭祀や神宝の管理などに関して大和朝廷の権力が強化されたことがわかる。

景行天皇の母ヒバスヒメ

景行天皇の母は、『日本書紀』によると「日葉洲媛《ひばすひめ》」という。『日本書紀』の垂仁天皇十五年二月の条には日葉酢媛、『日本書紀』垂仁天皇三十二年七月の条の「一書」には日葉酢根命、『古事記』垂仁天皇の段には氷羽州比売命あるいは比婆須比売命などと表記されるが、いずれにしても、「ヒバスヒメ」とよばれたことがわかる。

ヒバスヒメの父の名は、「丹波《たにわ》の道主王《ちぬしのおおきみ》」という。崇神天皇時代に四道将軍の一人として丹波に派遣された人物である。『古事記』には、「旦波《たにわ》の比古多多須美知《ひこたたすみち》の宇斯《うし》の王」、あるいは「美知能宇志《みちのうし》王」と書かれている。

いずれも、名前のなかに「みち（道）」を含んでいるが、これはむろん道路という意味ではなく、一定の行政区域をあらわす言葉である。現代風にいえば、丹波道知事とでもおもえばいい。

丹波道主王については、『日本書紀』『古事記』とも第九代開化天皇の皇子の彦坐王《ひこいますのみこ》（日子坐王）の子としている（ただし、『日本書紀』の「一書」は、開化天皇の皇子の彦湯産隅王《ひこゆむすみのみこ》の子とする）。

律令時代において丹波国といえば、山陰道の一国とされ、古くは「旦波」あるいは「但波」とも表記され、現在の京都府中北部、兵庫県の東部にあたる地域をさしていた。『和名抄』には、「大迩波《たには》」と書かれている。はじめ、桑田・船井《ふない》・多紀《たき》・氷上《ひかみ》・天田《あまた》・何鹿《いかるが》・加佐《かさ》・与謝《よさ》・丹波《たにわ》・竹野《たかの》・熊野の十一郡が丹波国の領域であったが、和銅六（七一三）年に京都府北部地域の加佐郡以下五郡をもって丹後国として分立された。

天の橋立のすぐ北側、丹後半島の東のつけ根に「籠《この》神社」がある。延喜式内社で、山陰道一の宮とされる格式の高い神社である。代々海部氏が宮司をつとめている。海部氏といえば、『日本書紀』応神天皇五年八月の条に「諸国に令して海人《あま》と山守部《やまもりべ》が定められた」とあり、『古事記』にも「応神天皇の御世に、海部・山部・山守部・伊勢部を定められた」とあるとおり、海をつかさどる役職である。

応神天皇は五世紀前半ごろの天皇であり、朝鮮半島へ遠征したと伝えられる神功皇后の子である。この応神天皇の時代に、領海を管轄し、航海に従事するとともに、領海内の漁業秩序を守り、漁獲物を朝廷に貢納するなどの職をつかさどるため、各地に海部氏が置かれたのである。

この籠神社に、日本最古といわれる「海部氏系図」（正式には「籠神社祝部氏系図」）が伝えられており、昭和五十一年に国宝に指定されている。この本系図とは別に、「海部氏勘注系図」（正式には「籠名神宮祝部丹波国造海部直等氏之本記」）が伝えられ、これまた国宝に指定されている。この「海部氏勘注系図」のなかに丹波の由来が書かれており、「天照大神の子である天押穂耳尊の子の彦火明命《ほのあかりのみこと》は、高天原にいたときに大己貴神の娘の天道日女命をめとり、その後丹後国の伊去奈子《いさなご》嶽に天降った。そして、五穀や桑蚕《くわご》などの種をもたらし、真名井《まない》を掘り、その水で水田陸田を開発した。これをみた天照大神は大層喜ばれ、以来この地を『田庭《たにわ》』とよぶようになった。田庭が丹波となったのである」とある。

この伝承は、天照大神を中心とする高天原勢力によって、丹波地方に本格的な稲作技術がもたらされたことをしめしているもののようである。いずれにしても、丹波地方は古くから開けていた地域で、大和朝廷にとって戦略的にきわめて重要な拠点地域であったことはまちがいない。

景行天皇の母であるヒバスヒメは、この山陰地方で勢力を有した丹波道主王の娘であった。

ちなみに、全長一四〇メートルの丹波最大の前方後円墳である「雲部《くもべ》車塚《くるまづか》」（兵庫県篠山市東本荘）こそ、丹波道主王の墳墓であるとする説がある。雲部車塚は明治二十九（一八九六）年に村人たちによって発掘され、そのときの模様が雲部村村長の木戸勇助氏によって『車塚一蒔』として残されている。そして、木戸村長は考古学者の八木奘三郎らとともに、宮内庁に対して丹波道主王の陵墓としての確認を求め、明治三十三年に陵墓参考地に認定された。

しかしながら、雲部車塚は五世紀型古墳群に属する古墳とみられており（『日本古墳大辞典』東京堂出版）、また丹波道主王が根拠地としたと伝えられる丹後半島からやや距離が離れ過ぎているという有力な説（安本美典『巨大古墳の被葬者は誰か』廣済堂出版）もあり、この認定は疑問というべきであろう。

吉田東伍の『大日本地名辞書』（冨山房）は、丹後半島の「府の岡」（京都府京丹後市峰山町）に丹波道主王の居館があったという伝承を紹介しており、丹波郷（峰山町丹波）について、「いにしえの丹波道主命の故墟で、かつて郡役所のあったところである」と記している。

近くの竹野川に面した丘陵地の竹野神社あたりには「黒部銚子山古墳」（京丹後市弥栄町字黒部小字弓木）があり、日本海に面した竹野川の河口には「神明山古墳」（京丹後市丹後町字宮）があって、このいずれかの古墳が丹波道主王の墳墓である可能性が高いといわれている。

安本美典氏は、このうち黒部銚子山古墳が丹波道主王の墓であり、神明山古墳は開化天皇の后となった竹野媛命の墓ではないかと推測されている（前掲書）。

ついでながら、ヒバスヒメは垂仁天皇三十二年七月に亡くなったが、『古事記』では「狭木之寺間陵《さきのてらま》」に葬られたと記されている。『菅家御伝記』（菅原陳経撰、一一〇六年）には、「今、狭城盾列《さきたたなみ》池ノ前ノ陵これなり」と書かれ、平安時代後期まではその所在地が伝承されていたようであるが、その後不明となった。

ところが、文久三（一八六三）年に、それまで神功皇后陵とされてきた佐紀《さき》陵山《みささぎやま》古墳（奈良県奈良市山陵町《みささぎ》字御陵前）が五社神《ごさし》古墳（山陵町字宮ノ谷）に変更されたことにともない、主を失ったかたちとなった元の佐紀陵山古墳が、明治八年に「狭木之寺間陵」として教部省の指定を受けた。

この指定にどのような根拠があったかよくわからないが、いずれにしても厳密な考古学的調査に基づくものではないことだけは確かである。いずれ検証をおこなう必要があろう。

ヒバスヒメの「狭木之寺間陵」については、埴輪の起源説話が有名である。

『日本書紀』によると、垂仁天皇二十八年に亡くなった倭彦命の陵のまわりに近習を生きたまま埋めたところ、数日間泣き声やうめき声がやまなかった。このためヒバスヒメが亡くなったとき、垂仁天皇は野見宿禰の進言を受けて殉死の習慣をやめることとし、人間の代わりに埴輪を並べることとした。この功績によって、野見宿禰は土師部を統括する土師の始祖となったというのである。この伝承を前提とするならば、佐紀盾列古墳群のうち、最も古い埴輪を有する古墳がヒバスヒメの陵ということになるわけである。

三人の皇子と二人の皇女

垂仁天皇とヒバスヒメとの間には、三人の皇子と二人の皇女が生まれている。

垂仁天皇
＝ヒバスヒメ

- 五十瓊敷入彦命《いにしきいりびこのみこと》（印色入日子命）
- 大足彦尊《おおたらしひこのみこと》（のちの景行天皇）
- 大中姫命《おおなかつひめのみこと》（大中津日子命）
- 倭姫命《やまとひめのみこと》（倭比売命）
- 稚城瓊入彦命《わかきにいりびこのみこと》（若木入日子命）

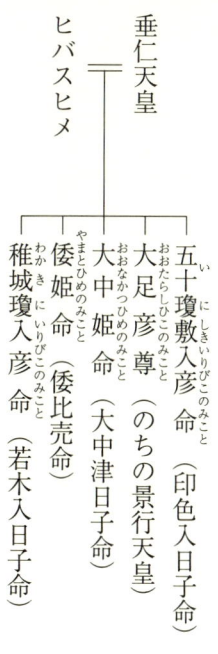

垂仁天皇は皇位を長男の五十瓊敷入彦命に継承させるか、次男の大足彦尊、すなわちのちの景行天皇に継承させるか迷ったらしい。

垂仁天皇は二人にむかって、「おまえたち、それぞれ願うものを申せ」というと、兄の五十瓊敷入彦命は、「弓矢を得たいとおもいます」と答えた。

この答えの意味はよくわからないが、この当時弓矢を使った狩猟などに凝っていたのであろうか。それとも、天皇から弓矢や剣などを授かって臣下の礼をとることもあり、要するに臣下のほうが気楽でいい、天皇の器にはあらず、というような意味でいったのであろうか。

それに対して、弟の大足彦尊は、ずばり、「皇位を得たいとおもいます」と答えたのである。垂仁天皇は、「おまえたちのやりたいようにせよ」といい、弓矢を兄に与え、弟に皇位を与えることにした。

兄の五十瓊敷入彦命はかならずしも無能な人物ではなかったらしく、『日本書紀』によると、河内で高石池《たかしのいけ》や茅渟池《ちぬのいけ》をつくり、大和で狭城池《さきのいけ》や迹見池《とみのいけ》をつくったとされている。要するに土木工事に長けていたのである。また、茅渟の菟砥川上宮《うとのかわかみのみや》で剣千口をつくって石上神宮（奈良県天理市布留《ふる》町）に納めている。これまた鉄精練の技術に長けている証左である。そして、のちには武器の貯蔵施設あるいは朝廷ゆかりの神宝類の貯蔵施設ともいうべき石上神宮を所管する権限を与えられている。

五十瓊敷入彦命は、ひたすら石上神宮の神宝を守りつづけたが、高齢になるにおよびさすがにその任務に疲れたらしく、妹の大中姫命にその権限を譲ろうとした。大中姫命は、「か弱い女の身では高い倉庫にはのぼれません」と固辞したが、「はしごをつくってやるから、煩わしいことではない」とむりやり説得した。

やむなく受けた大中姫命ではあったが、物部《もののべの》十千根《とおちね》大連《のおおむらじ》にゆだねて管理することにした。『日本書紀』には、「物部氏がいまにいたるまで石上神宮の神宝を管理する由来である」と書かれている。

ちなみに、大中姫命は、『古事記』では大中津日子命とあり、男性名として伝えられ、「山辺別《やまのべのわけ》、三枝別《さきくさのわけ》、稲木別《いなきのわけ》、阿太別《あだのわけ》、尾張国の三野別《みののわけ》、吉備の石无別《いわなしのわけ》、許呂母別《ころものわけ》、高巣鹿別《たかすかのわけ》、飛鳥君《あすかのきみ》、牟礼別《むれのわけ》などの祖である」と、大和、河内、飛鳥、尾張、吉備など各地の豪族十氏の先祖とされている。

垂仁天皇の次女の倭姫命は、『古事記』では倭比売命とあり、『日本書紀』垂仁天皇二十五年三月の条には、「三月十日、天照大神を豊耜入姫命《とよすきいりびめのみこと》から離して、倭姫命に託された。倭姫命は天照大神を鎮座申し上げるところを探して、菟田《うだ》の筱幡《ささはた》にいった。さらに引き返して近江国に入り、美濃をめぐって伊勢国にいった。そのとき天照大神は『伊勢国はしきりに波のうち寄せる辺鄙な土地ではあるが、美しい国である。この国にいたいと思う』と倭姫命に告げられた。そこで天照大神を祀るための祠を伊勢国につくられた。そして、斎宮《いわいのみや》を五十鈴川のほとりに建てた。これを磯宮《いそのみや》という。天照大神がはじめて天より降られたところである」とある。

これが伊勢神宮（三重県伊勢市）の由来である。

この記事にでてくる豊耜入姫命は、豊鍬入姫命とも書かれる。崇神天皇と紀伊国の荒河戸畔《あらかわとべ》の娘の遠津年魚眼《とおつあゆめ》眼妙姫《まくはしひめ》との間に生まれた皇女で、『日本書紀』崇神天皇六年の条に、「民人の流離する者、あるいは反逆する者あり。その勢いは徳をもって治めようとしても難しかった。このため、朝夕天神地祇にお祈りした。これより先、天照大神と倭大国魂《やまとのおおくにたま》の二神を天皇の御殿の内にお祀りした。ところが、その神の勢いをおそれ、ともに住むには不安があった。そこで、天照大神を豊鍬入姫命に託し、大和の笠縫邑《かさぬいのむら》に祀った。よって堅固な神籬《ひもろぎ》（神が降臨する特別な場所のこと）をつくった」としてでてくる。倭姫命は、豊耜入姫命のあとを受けて、皇祖神たる天照大神の祭祀をおこなうこととされた人物である。

この斎女たる性格などに着目して、京都帝国大学の内藤湖南（虎次郎）が、明治四十三年の「芸文」誌に発表した論文「卑弥呼考」のなかで、倭姫命こそ邪馬台国の卑弥呼であると主張したことは有名である。

現在でも坂田隆氏が独自の年代論によって同様の説を主張している（「誤用された数理統計学　安本美典説批判」、「東アジアの古代文化」一九八三年春号、大和書房）。

坂田氏は、用明天皇から大正天皇にいたる九十五人の天皇の平均在位年数十四・五年を基準にして古代天皇の在位年代を推計し、倭姫命の没年を二三二年から四〇八年の間と設定、これは卑弥呼の没年である二四七、二四八年を含んでいる、とする。

しかしながら、内藤湖南の説は年代論が未発達な時代におけるおもいつきの論に近く、坂田氏の説もその統計的処理において疑問がある。平均在位年数十四・五年はやや長過ぎ、したがって倭姫命の時代を古く見過ぎており、成り立ちえない説というべきである。

最後に、倭姫命の弟で、垂仁天皇の三男である稚城瓊入彦命は、『古事記』では若木入日子命と書かれ、どういうわけか垂仁天皇と景行天皇の条に皇子としてでてくるが、この人物の事跡は伝えられていない。その名前からして、年若くして死去したのであろう。

急迫する国際情勢

大足彦尊、すなわちのちの景行天皇は、二十一歳で天皇の後継者に指名されている。

このあたりの時間的な経過について、『日本書紀』には、「垂仁天皇の三十七年に皇太子となられた。時に歳二十一。九十九年春二月、垂仁天皇は崩御された。元年秋七月十一日、太子は皇位につかれた。よって元号を改められた。この年は太歳辛未《たいさいかのとひつじ》である」と書かれている。

垂仁天皇は在位九十九年で崩御したとされている。『日本書紀』の干支で計算すれば百四十歳、『古事記』の干支で計算すれば百五十三歳というとんでもない高齢で死去したことになる。

実は、『日本書紀』の編者は、第一代神武天皇が「辛酉《しんゆう》の年」（紀元前六六〇年）に即位したという前提で、以下の天皇の年代と寿命を記述している。

那珂通世（一八五一―一九〇八年）は、明治十一年の『上古年代考』などにより、これが中国の「辛酉革命説」に基づいたものであるという説を唱えた。「辛酉革命説」とは、古代の陰陽五行説において、「干支六十年×二十一回＝千二百六十年」ごとの辛酉の年に大きな革命が起こるという説である。

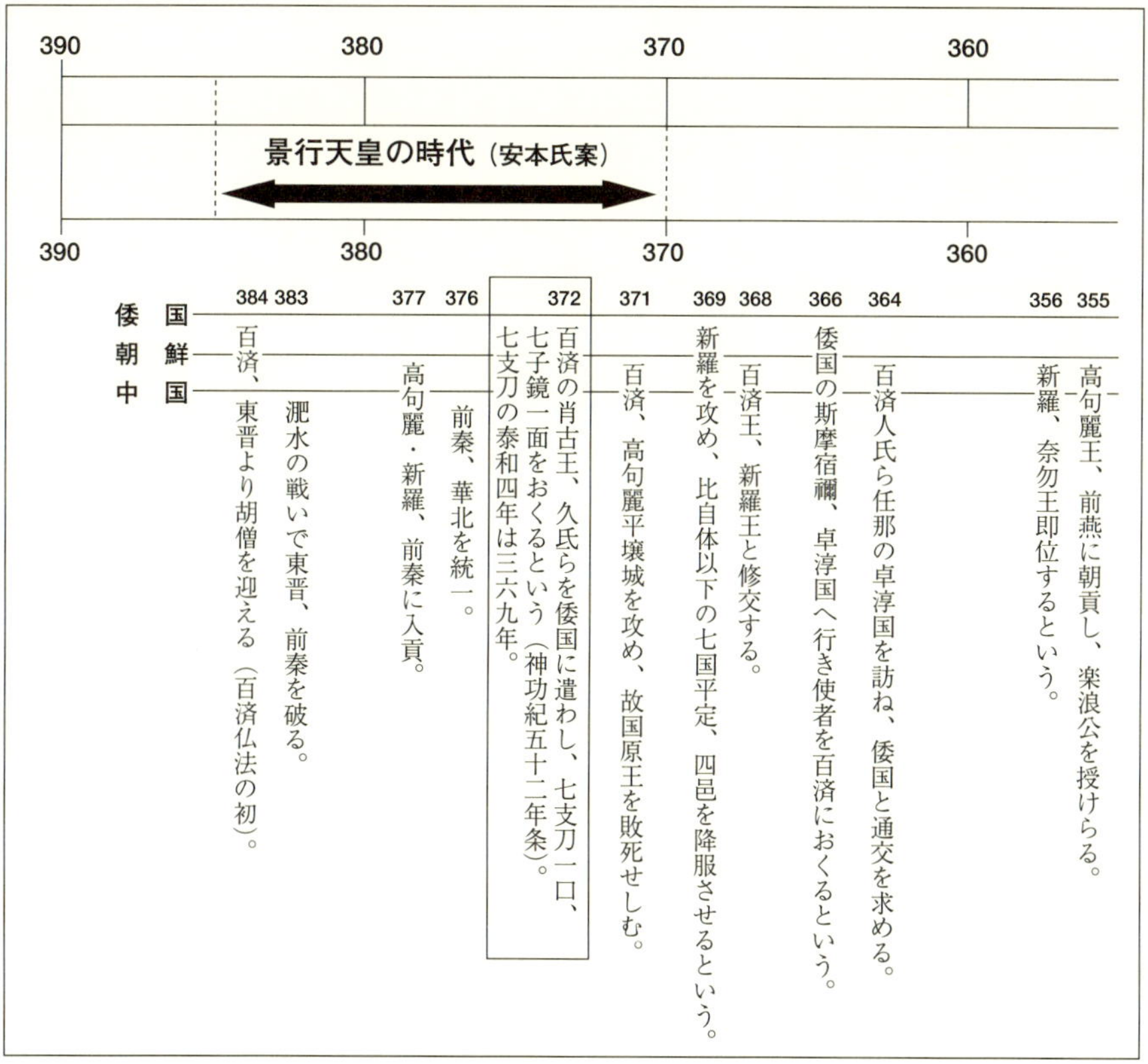

景行天皇の時代における朝鮮・中国の動向（西岡光「景行天皇について考える」〔「季刊邪馬台国」42号，梓書院〕より）

推古天皇九（六〇一）年がまさしく辛酉の年であったが、それより千二百六十年前の辛酉の年（紀元前六六〇年）に神武天皇が即位したものとしたのである。

紀元前六六〇年といえば、日本はいまだ縄文時代であり、石器時代である。『日本書紀』は、約四十年かかっておこなわれた、日本史上はじめての国家的歴史編纂事業であったが、「辛酉革命説」をとったかどうかはともかくとして、年代論においては決定的なあやまちをおかしている。

この結果、歴代の天皇がきわめて古い時代に比定され、しかも伝承された代々の天皇を意図的に増やすわけにはいかなかったから、天皇の寿命を大幅に引きのばすことによってつじつまを合わせようとした。第一代神武天皇から第二十一代雄略天皇までの平均寿命は九十一歳で、百歳を超える天皇が八人もいるのである。

安本美典氏は、統計学的な手法を用い

て、古代における天皇一代の平均在位年数を約十年とみるとともに、記事内容の分析や国際比較などの総合的な検討をおこなって、邪馬台国の卑弥呼＝天照大神とする説を強力に展開しておられる。この安本氏の「統計的年代論」が最も合理的で科学的であるようにおもえる。

安本氏の年代論によると、景行天皇の在位期間は、おおむね西暦三七〇年から三八五年ということになる。朝鮮の史書である『三国史記』によると、新羅は奈勿王（在位三五六－四〇二年）、高句麗は故国原王（在位三三一－三七一年）から小獣林王（在位三七一－三八四年）、百済は近肖古王（在位三四六－三七五年）から近仇首王（在位三七五－三八四年）にかけての時代であった。

ちなみに、中国では東晋（三一七－四二〇年）の簡文帝（在位三七一－三七二年）から孝武帝（在位三七二－三九六年）の時代であった。東晋は、洛陽を首都にしていた西晋が匈奴の圧迫をさけるために、南方の建康（南京）を都として建国したもので、司馬睿（元帝）を初代皇帝とする。しかしながら、司馬睿は北方から流れてきた流民や土着の豪族たちをまとめることができず、軍部を掌握していた王氏によって拘禁され、数カ月後に衰弱し死亡してしまった。その後も四二〇年に宋（四二〇－四七九年）に滅ぼされるまで、東晋の混乱はつづいた。

中国北方では、匈奴が勢力を増大させ、「五胡十六国」とよばれる不安定な時代がつづいていたが、三七〇年ごろに長安を都とする前秦（三五一－三九四年）の勢力が強大になっていた。もともとは五胡十六国の氐《てい》族の族長であった苻健が建国したもので、三代皇帝の苻堅《ふけん》（在位三五七－三八五年）の時代に宰相の王猛を重用して国力を高め、東方の前燕（三三七－三七〇年）を破り、三七六年には華北を統一している。

この前秦の勢力拡大は、朝鮮半島の政治情勢に直接的な影響を与えた。

まず、前燕と長期間にわたって対立していた高句麗は、新羅とともに三七七年に前秦へ使者を送った。高句麗は仏教など前秦の文化を積極的に導入するとともに、朝鮮半島西南部において勢力を増大させてきた百済に対抗しようとした。高句麗はしばしば南侵をくわだてたが、百済の猛反撃に遭い頓挫させられていた。とりわけ、三七一年には、近肖古王の太子の近仇首によって高句麗の平壌城を攻められ、故国原王が戦死するという屈辱を受けている。

高句麗と新羅が華北の前秦に接近したのに対して、三七二年に百済は余句《よく》という名で華南の東晋に使者を派遣し、「鎮東将軍・領楽浪太守」の称号を下賜されている。百済は、高句麗に対抗するため中国南朝に接近し、さらに朝鮮半島南部の加耶諸国や、海を越えて、ようやく大和朝廷による全国支配が達成されつつあった倭国に対しても接近を試みた。

百済は倭国に久氐《くてい》という人物を派遣し、「七支刀」を贈呈している。この「七支刀」は石上神宮に神宝として伝えられ、現存している。

七支刀に金象嵌で刻まれた六十一文字については、少なからぬ異論があるものの、一般には、

「泰和四（三六九）年五月十六日の丙午正陽のときに、百練の鉄の七支刀をつくる。百兵を辟除し、侯王の供用とするのに宜しい。某これをつくる」（表面）

「先世以来いまだ見なかったこのような刀を百済王の世子である奇生（貴須・近仇首のこと）が聖恩の故に、倭王の旨（替）のためにつくった。後世に伝示せよ」（裏面）

というように読まれている。

この七支刀が贈られたのは、『日本書紀』の紀年では壬申の年にあたり、西暦三七二年にあたると解されている。のちに述べるように、『日本書紀』の年代の定め方はあまりあてにならず、やや疑問というべきであろうが、前記の読み方を前提にすれば、三六九年に製作されたことはまちがいないということになる。

「七支刀」を贈呈された「旨」もしくは「替」という倭王が誰であるのか、これについては定説というべきものはないが、先の年代論からみて、垂仁天皇から景行天皇にかけての時代であった可能性は高い。『日本書紀』の対外関係の記事からみて、どちらかといえば、垂仁天皇の末期のことであるとみるのが適当のようにおもえるが、景行天皇の存命中の事件であったことはまちがいない。

いずれにしても、景行天皇がこののち生涯を賭けて国内統一に全精力を注ぎ込むことになるのは、この「七支

刀」の贈呈により急迫する国際情勢を知ったことが、そのきっかけであったかもしれない。

華北を統一した前秦の皇帝苻堅は、三八三年十二月一日、淮河中流域の寿春（安徽省寿県）において、華南の東晋と一大決戦をおこなった。「淝水《ひすい》の戦い」とよばれるこの戦いにおいて、九十万人といわれる前秦の大部隊は、東晋軍の謝玄によって奇襲攻撃を受け、壊滅的な打撃を受けて敗北してしまった。苻堅も負傷し、その英名もまた失墜し、華北はふたたび乱れはじめて、こののち三年の間に六つの政権に分裂することになった。

このように、景行天皇の在位期間とおもわれる三七〇年から三八五年にかけて、東アジアの政治情勢は、まさに前秦の最盛期から没落期にあたる。高句麗と新羅は前秦に接近をはかり、それに対抗して、百済は南朝の東晋と倭国に接近をはかった。

畿内大和を中心とする大和朝廷は、すみやかに国内の支配体制を確立し、百済とともに高句麗と新羅の南下に備える必要があった。景行天皇は皇子のヤマトタケルとともに、国内の統一に邁進し、やがて神功皇后の新羅出兵へとつながっていく。神功皇后の子は応神天皇であり、孫は仁徳天皇である。応神・仁徳の時代に日本は飛躍的な発展を遂げる。その基礎を築いたのが景行天皇とヤマトタケルであった。


『日本書紀』によると、大足彦尊は「太歳辛未」の年に皇位についたとされている。

太歳とは、木星の別名であり、木星を基準とした年の数え方である。木星が太陽のまわりを十二年の周期で規則的にまわっていることから、古代中国における暦法においてその位置が重要な指標とされ、木星のまわる順序にしたがい「十干十二支」を配置して年を数えた。

安本氏の年代論による景行天皇の在位期間三七〇－三八五年の「辛未の年」といえば三七一年にあたり、三七〇年とほぼ完全に一致する。偶然の一致というべきかもしれないが、この場合の『日本書紀』の記事は、ひょっとしたら何らかの裏づけに基づくものであったかもしれない。

八十人の皇子・皇女

播磨のイナビヒメ

「別《わけ》」という称号は、『魏志倭人伝』の邪馬台国においても、「獲支《わき》」としてでており、稲荷山鉄剣にも「獲居《わけ》」としてでてくる。

景行天皇は八十人の皇子・皇女をもうけ、そのうち七十人あまりを諸国に封じた。その末裔を「別」とよぶが、名称自体はこのような邪馬台国時代からの伝統を踏襲したものである。

景行天皇は邪馬台国時代の「ワケ」という古代封建制を活用し、血縁によって各地の豪族との関係を深め、地方に対する支配力を強化したのである。

『日本書紀』によると、景行天皇は即位した翌年の三月三日に、播磨地方の豪族の娘「稲日大郎姫《いなびのおおいらつめ》」を皇后に立てたという。『古事記』によると、播磨の稲日大郎姫の父は、吉備臣《きびのおみ》などの祖の若建吉備津日子《わかたけきびつひこ》である。

吉備一族に属する人物としては、この若建吉備津日子、すなわち若日子建吉備津彦命《わかひこたけきびつひこのみこと》のほか、吉備津彦命と吉備武彦が有名である。

播磨は現在の兵庫県西南部地域のことであり、稲日とは印南（兵庫県加古郡稲美町印南）のことである。播磨の稲日大郎姫は、別伝では稲日稚郎姫《いなびのわきいらつめ》ともいったらしい。『播磨国風土記』には、印南別嬢《いなみのわきいらつめ》とある。文献によって表記は異なるものの、いずれも同一人物で、「印南の若いお姫さま」というような意味である。

『播磨国風土記』の賀古郡の条には、景行天皇がこのイナビヒメ（印南別嬢）に求愛した様子がわりと詳しく述べられている。

景行天皇は、イナビヒメを妻にするため、みずから播磨へやってきた。

「むかし大帯日子命（景行天皇）がイナビヒメを妻問いなされたとき、お腰に帯びられた八咫《やた》の剣の上結の帯には八咫の勾玉、下結には麻布都《まふつ》の鏡をかけて、賀毛郡の山直《やまのあたい》らの始祖息長命《おきながのみこと》（またの名を伊志治）を仲人としておいでになった」

景行天皇は妻を求めるため、正装してやってきたらしい。腰には二本の帯（ベルト）を巻き、八咫の剣を腰に差し、上の帯には八咫の勾玉をかけ、下の帯には麻布都の鏡をかけていた。

「咫《あた》」とは古代日本における長さの単位で、「あ」とは「開《あ》ける」、「た」は手のことで、つまり、手を開いたときの長さという意味である。手のひらのつけ根から中指先までの長さのことで、親指と中指の間の長さを基準にした「尺《しゃく》」よりも二割ほど短い。『説文』にも、「中婦人の手の長さ八寸、これを咫という」とされている。ところが中国の周の時代に、尺は手幅よりも二寸ほど長くなった。古代日本にはもともと古い尺が伝えられていたが、この二割ほど長くなった尺が中国から伝えられたとき、従来の尺は咫とされたのであろうと考えられている（小泉袈裟勝編著『図解 単位の歴史辞典』柏書房）。

ただし、用例としては「八咫」のみで、実際に長さの単位として用いたケースはみつかっていない。「咫」と「尺」が厳密に使い分けられたかどうかははっきりせず、したがって、「八咫」とは「八尺」とおなじく、単に長さを誇張するために用いられているだけなのかもしれない。すると、「八咫の剣」は長い剣、「八咫の勾玉」とは幾重にも数珠つなぎにした勾玉のこと、というような意味であろうか。

次に、「麻布都の鏡」の「布都」というのは「太い」というような意味で、「麻《ま》」は現代でも「真っ暗」とか「真正面」などのように用いられる「真《ま》」とおなじく、強調のための接頭語であろう。たいそう大きな鏡という意味である。

まとめていえば、景行天皇は派手に剣・玉・鏡を身に飾って求愛に赴いたのである。剣・玉・鏡の三点セットといえば、「三種の神器」として天皇家を象徴するものである。景行天皇はまさに正装にふさわしい飾りを身につけていた。

そうして、摂津国の高瀬の渡し場までやってきて、岸辺にいた渡し守に川を渡してくれるように頼んだ。その渡し守の名は、紀伊の国生まれの小玉《おたま》といった。

景行天皇に頼まれたにもかかわらず、渡し守の小玉は、「私は天皇の召し使いなどではない」と返答した。あくまで不遜な態度である。ところが、景行天皇は腰を低くして、「朕君《あぎみ》よ、そうではあろうが、ぜひ渡してくれ」と頼んだ。それに対して小玉は、「どうしても渡られたいなら、渡し賃を賜りたい」となおも抵抗する。

それを聞いて、景行天皇は頭につけていた弟縵《おとかずら》をとりはずして舟のなかに投げ入れたところ、その弟縵は燦然と舟いっぱいに光り輝いたという。景行天皇は、玉石などで飾った冠をつけていたのであろう。

それにしても、渡し守の小玉の不遜な態度はきわめて理解しにくい。天皇に対してこのような態度をとれば、即座に罪を受けるところである。この当時、妻問いをおこなう若者に対してわざと妨害する風習があったにちがいない。

小玉は、渡し賃をもらうと、景行天皇を舟に乗せて川を渡った。このことによって、この渡しは「朕君《あぎみ》の渡し」とよばれるようになったという。淀川支流の中津川は、もと吾君川といったことから(『大日本地名辞書』)、「朕君の渡し」は、中津川の河口、大阪府守口市高瀬あたりとみられる。

このようにして「朕君の渡し」を渡った景行天皇は、「赤石の郡の廝《かしわで》の御井《みい》」に到着した。明石(兵庫県明石市と神戸市垂水区あたり)のことで、『和名抄』によると、明石郡には葛江《ふじえ》、明石、住吉、神戸、邑美《おうみ》、垂見、神戸ら七郷があったという。『播磨国風土記』には、「そこでお食事をさしあげた。だから廝《かしわで》の御井という」とある。

イナビヒメは、天皇の到着を聞くと、驚きおそれかしこんで、南毗都麻《なびつま》の島に逃げ渡った。これまた、古代の風習に基づく行動なのであろう。

南毗都麻の島とは、もともと印南川(加古川)河口にあった小島である。現在では、長期間にわたる土砂の堆

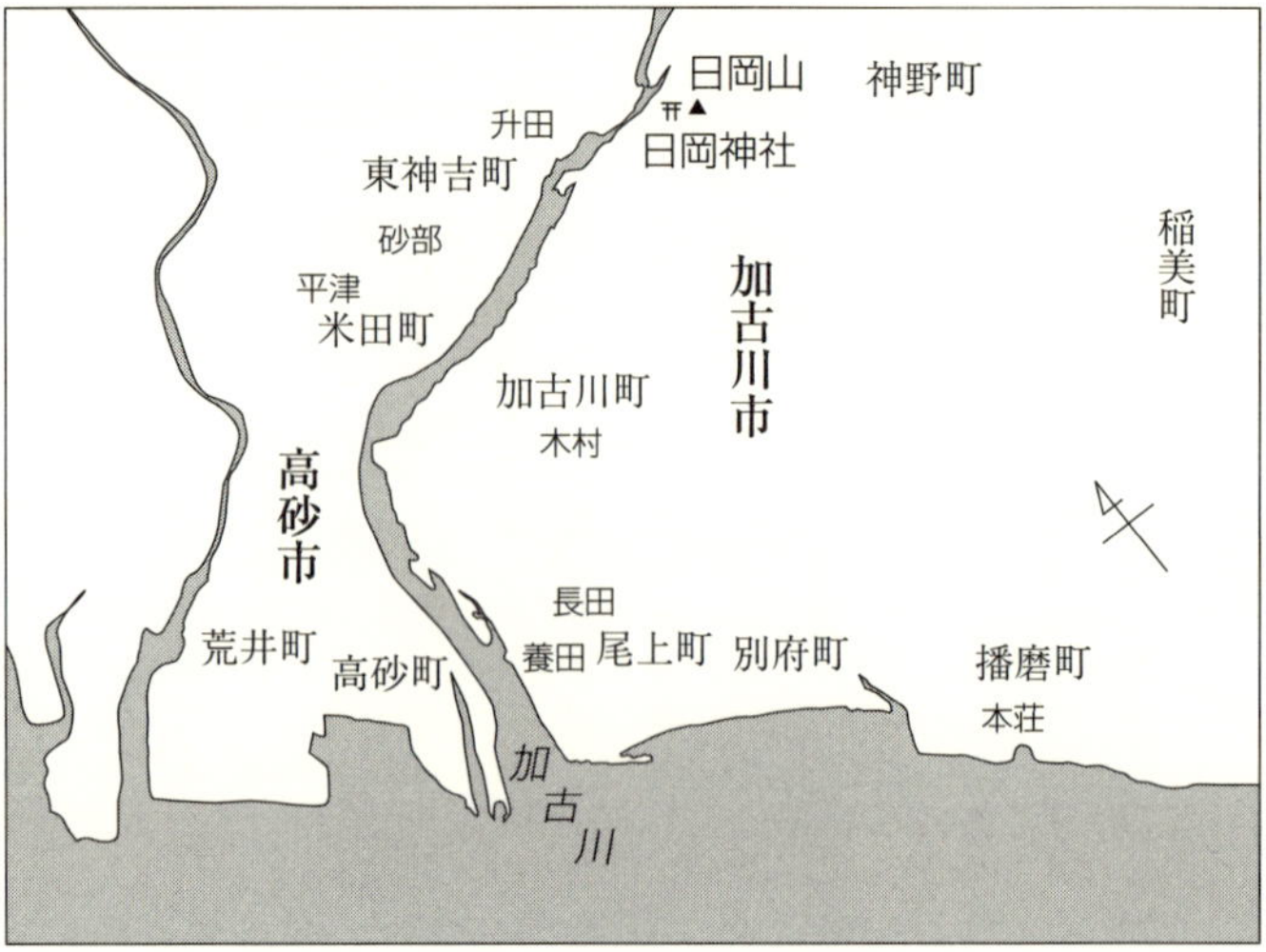

印南川（加古川）周辺図

積によって三角州《デルタ》に吸収され消失してしまったが、高砂市高砂町・荒井町付近のことである。

イナビヒメに逃げられたと聞いて、景行天皇は「賀古の松原」あたりを捜しまわった。賀古の松原とは、加古川河口の海辺にある松原のことで、現在の尾上町の「尾上の松」あたりのことといわれている。

このとき白い犬がいて、海にむかって長く吠えた。景行天皇が「これは誰の犬か」と聞くと、須受武良首《すずむらのおびと》が「これは別嬢の飼っている犬です」と答えた。景行天皇は喜んで、「よくぞ告《のり》つるかも」とほめた。このため、須受武良首は告首《のりのおびと》と称されるようになったという。

景行天皇は、イナビヒメが対岸の小島にいることを知り、すぐ渡りたいとおもったが、腹が減ったため、とりあえず阿閇津《あえつ》（加古郡播磨町本荘付近の津）にいき、そこで御食《みあえ》をとった。このため、阿閇の村というようになったという。「阿閇神社」の小字名「阿閇元」に比定されている。

このとき入江の魚をとって御坏物《みつきもの》としたため、この場所を「御坏《みつき》の江」とよぶようになったというが、それは加古川市別府町の小江のことであるという（『大日本地名辞書』）。また、舟に乗る場所で、木の若枝で榭《たな》を作ったので、榭津とよぶようになったという。

景行天皇は島に渡って、ようやくイナビヒメに逢うことができた。天皇は勅して、「この島に隠《なび》し愛妻《はしつま》よ」といったことから、この島を南毗都麻とよぶようになったという。

景行天皇は、自分の舟とイナビヒメの舟を縄でつないで島から帰ってきた。仲立ちをした伊志治は、その功により大中《おおなかの》伊志治とよばれるようになったという。前に述べたように、伊志治とは息長命のことである。息長氏はもと近江国坂田郡（滋賀県米原市息長）を本拠とした古代豪族である。神功皇后が別名を息長足姫尊《おきながたらしひめのみこと》といわれるのは、その父系が息長氏であるからである。

『播磨国風土記』によると、息長命（大中伊志治）は、賀毛郡の山直らの始祖であるという。

賀毛（茂）郡とは、『和名抄』によると、加古川流域の三重、上鴨、穂積、川内、酒見、大神、住吉、川合、夷俘の九郷のことである。現在では加東、加西の二市に分かれているが、兵庫県の小野市、東条町、社町、滝野町、和泉町あたりが古い時代の賀毛（茂）郡であった。『住吉大社神代記』に、山直阿我奈賀という人物名がでてくるが、我奈賀という名は為奈川のなまったもので、摂津国河辺郡為奈郷（兵庫県尼崎市東北部）のことであろう。

いずれにしても、播磨から摂津あたりにかけて勢力を張った山直の先祖の息長命は、無事に景行天皇とイナビヒメの仲人の役を務め上げたのである。

イナビヒメをつれ帰った景行天皇は、加古川河口にあった印南の六継《むつぎ》の村（加古川市東神吉町砂部《いさべ》）に帰ってきた。この村で、二人ははじめて結ばれた。

『播磨国風土記』には、

「はじめてここで密事《むつびごと》をなしとげられた。だからこの村を六継の村という。天皇は『ここは波の音や鳥の声がひどくうるさい』と仰せられ、南の高宮にお遷りになった。だから高宮の村（米田町平津）という。このとき酒殿をつくったところはすなわち酒屋の村といい、食料貯蔵庫である贄殿《にえどの》をつくったところはすなわち贄田の村とよび、宮をつくったところは館の村とよぶ。また、城宮《きみや》（加古川町木村）にお遷りになり、そこではじめて婚姻の儀をあげられた。その後、別嬢の寝室の床掃《とこはらえ》に奉仕した出雲臣比須良売《いずものおみひすらめ》を息長命に妻として賜った。息長命の墓は賀古の駅の西にある」

とある。

出雲臣比須良売とはもちろん、古代における大豪族であった出雲氏に連なる女性であったろう。

『播磨国風土記』は、
「やがて年月を経て、イナビヒメはこの宮で薨じた。墓は日岡につくった。そこでここに葬ろうとして、その遺骸を奉持して印南川を渡るとき、大きなつむじ風が川下から吹いてきて、その遺骸を川のなかに巻き込んでしまった。捜し求めても、みつけることができない。わずかに櫛箱と褶《ひれ》（薄い肩掛け）がみつかっただけである。そこで、この二つのものをその墓に葬った。だから褶墓《ひれはか》とよんでいる。ここにおいて天皇は恋い悲しみ、神に誓って、『この川のものは食うまい』といわれた。こういうわけで、その川の年魚《あゆ》は天皇に献上しないこととされたが、その後病気になられたとき薬として食することを許された。やがて宮を賀古の松原につくってお遷りになった。ある人がここに冷たい清水を掘ってだした。だから松原の御井という」
と、日岡の「褶墓」の由来を記している。

加古川は、姫路平野の中心部を南に流れ播磨灘に注ぐ、全長八六キロの兵庫県で最も長い川である。下流では印南川ともよばれた。

氷上《ひかみ》郡の遠坂峠あたりの石生《いそお》に見分橋《みわかれ》という小さな橋がある。標高九四・五メートルの、この橋の下が本州で最も低い分水嶺となっている。この地点を境に北へ流れる全長一四六キロの由良川は日本海へ注ぎ込み、南へ流れる加古川は瀬戸内海へ注ぎ込む。したがって、加古川と由良川は、古い時代から播磨地方と丹波地方を結ぶきわめて重要な交流ルートであった。

加古川は、丹波の篠山盆地や氷上盆地を潤しながら、途中、北方の兵庫県と京都府の境あたりを源とする佐治《さじ》川や東方の篠山盆地を流れる篠山川など大小百十九の支流をもち、滝野町の闘竜灘あたりでやや狭くなるが、加西市、小野市、三木市あたりでは沖積作用によって段丘や低湿地を形成し、下流では加古川と高砂市にまたがる大きな三角州《デルタ》を形成している。

加古川の東岸の氷丘村（加古川市加古川町大野）に標高約五〇メートルの丘陵がある。最も高いところで五八

・五メートルしかないが、低いながらも日岡山とよばれている。『播磨国風土記』には、「狩りをしていたとき、一頭の鹿がこの丘に走り登って比比《ひひ》と鳴いた。このためこの丘を日岡と名づけた」とあるが、この日岡山の頂上に「日岡山古墳」があり、明治十六（一八八三）年「比礼墓」（褶墓）に認定され、「稲日大郎姫命日岡陵」として宮内庁によって管理されている。

この「日岡陵」は、全長約八七メートル、後円部東西径約四九メートル、前方部前面幅約三四メートルの前期型の前方後円墳である。もともと円墳であったものに、後世になって前方部をつけ加えたのではないかと疑う説もあったが、現在では否定されている（櫃本誠一編『風土記の考古学2　播磨国風土記の巻』同成社）。

日岡山の西南山麓には「日岡神社」（加古川市加古川町大野字日岡山）がある。主祭神は天伊佐佐比古《あまのいささひこ》で、相殿には天照大神、豊玉比売命、鵜葺草葺不合命、市杵島比売命を祀っている。『延喜式』神名帳には「日岡坐《ひおかます》天伊佐々比古神社」とあるが、『播磨国風土記』には、日岡に祀られている神は大御津歯命《おおみつはのみこと》の子の伊波都比古命《いわつひこのみこと》と書かれている。

天伊佐々比古は、日岡神社の主祭神とされているが、四道将軍の一人として吉備へ派遣された彦《ひこ》五十《い》狭芹彦《させりひこ》、すなわち吉備津彦とも伝えられている。孝霊天皇の子で、吉備地方を平定したときの話が、桃太郎伝説のモデルになったといわれている。

伊佐々比古と伊波都比古命との関係は不明であるが、伊波都比古命という名の本体部は、「伊波」である。「伊波」は「いなみ」とも読めるから、印南地方を根拠にした伝統的な地方豪族という意味で、「印南の支配者」とでもいうような通称であったかもしれない。

この日岡神社の近くには日岡山三号墳があり、南東山麓には南大塚古墳、西大塚古墳、勅使塚古墳、北大塚古墳の四基の前方後円墳のほか十基の小円墳がつくられている。このうち小円墳数基は横穴式石室をもつ後期の古墳であることが確認されている。

ちなみに、『播磨国風土記』に記された「松原の御井」とは、加古川市尾上町養田《ようだ》にある松原清水といわれている（井上通泰『播磨国風土記新考』）。

このほか、景行天皇がイナビヒメを妻問いに訪れたときの地名説話が『播磨国風土記』にいくつか紹介されている。

賀古郡の条には、「〈望理《まがり》の里〉大帯日子天皇（景行天皇）が御巡幸なされたとき、この村の川が曲がっているのをみて、勅して、『この川の曲がりははなはだ見事なことぞ』と仰せられた。だから望理という」とある。

望理という地名は、『和名抄』には「賀古郡望理郷」としてでており、現在の加古川市神野町八幡といわれている。

「〈長田の里〉むかし大帯日子命がイナビヒメのところに幸行なされたとき、道のほとりに長い田があった。勅して、『なんと長田であることか』と仰せられた。だから長田という」

長田という地名は、おなじく『和名抄』の「賀古郡長田（奈加太）」のことであり、加古川市尾上町長田のことといわれている。また、印南郡の条には、「〈益気《やけ》の里〉宅《やけ》とよぶわけは、大帯日子命が御宅（屯倉）をおつくりになった。だから宅の村という」とある。これまた加古郡の益田（末須田）のことで、加古川市東神吉町升田のことといわれている。


景行天皇はイナビヒメとの間に双子の男児をもうけている。日岡神社の社伝によると「美乃利《みのり》」という場所で出産したという。景行天皇は双子が生まれたと聞いて、いぶかしく思い、臼にむかって大声を上げた。このため、兄を大碓《おおうす》、弟は小碓と名づけたという。

弟の小碓は、またの名を日本童男《やまとおぐな》といい、のちの日本武尊（『古事記』では倭建命）、すなわちヤマトタケルである。

『日本書紀』は、この大碓・小碓二人の子のほか、もう一人稚倭根子《わかやまとねこ》という皇子が生まれたとする別伝を紹介しているが、『古事記』は、櫛角別王《くしつのわけのみこ》、倭根子命《やまとねこのみこと》、神櫛王《かむくしのみこ》の三人の子が生まれたと記している。『日本書紀』では、神櫛王は神櫛皇子とあり、のちに述べるように景行天皇と五十《い》河媛《かわひめ》の間にできた子であるとする。

日岡神社の社伝によると、櫛角別王は景行天皇とイナビヒメの長男であり、イナビヒメが櫛角別を生んだとき、難産で苦しんだという。このため、イナビヒメが大碓・小碓の双子を身ごもったとき、安産を祈って「亥巳籠《いみごもり》」をおこない、天伊佐佐比古命は祖神を祀ったという。いまでも日岡神社の年中行事の一つとして旧正月の亥の日から巳の日までの八日間にわたって「亥巳籠」がおこなわれる。安産のための御神供がつくられ、頭人《とうにん》が定められる。神殿は榊で囲われてしめ縄が張られ、柱には鈴が結わえられて、いっさいの音が禁じられる。そして、亥巳籠明けの午の日には、頭渡しと的射の神事がおこなわれる。

ヤサカノイリビメと七男七女

『日本書紀』によると、景行天皇は、即位三年の春二月一日に神々を祀るために紀伊国（和歌山県）へ行幸すべきかどうかを占ったところ不吉とでたので、代わりに屋主忍男武雄心命《やぬしおしおたけおこころのみこと》を派遣した。屋主忍男武雄心は、『日本書紀』の伝える「一書」では武猪心《たけいこころ》ともいい、『新撰姓氏録』右京皇別上には、屋主忍雄猪心命と書かれている。

紀伊へ派遣された屋主忍男武雄心は、天皇に代わって阿備の柏原で神々を祀った。阿備の柏原の所在地についてはよくわかっていないが、一般には和歌山県海草郡安原村（和歌山市）の相坂から松原あたりと考えられている。

屋主忍男武雄心は、阿備の柏原に九年間滞在したが、その間に紀直《きのあたい》の先祖の菟道彦《うじひこ》の娘の影媛をめとって、武内宿禰を生ませたという。

『古事記』によれば、武内宿禰は成務天皇、仲哀天皇、応神天皇、仁徳天皇の四朝に仕え、『日本書紀』によれば、景行天皇、成務天皇、仲哀天皇、応神天皇、仁徳天皇の五朝に仕えて活躍した人物であるという。景行天皇は武内宿禰を、「棟梁《むねはり》の臣《まえつきみ》」とし、成務天皇は「大臣《おおおみ》」とした。仁徳天皇の五十年に、仁徳天皇が「武内宿禰よ、あなたこそ国第一の長生きの人だ」と歌のなかでたたえているから、『日本書紀』の年紀をそのまま信用すれば、武内宿禰は三百歳ほどの長寿を保ったこととなる。

『日本書紀』によれば、武内宿禰は第八代孝元天皇を曾祖父、その皇子の彦太忍信（＝比古布都押之信）を祖父、その子の屋主忍男武雄心を父とするが、『古事記』によれば、武内宿禰の父は孝元天皇の皇子の比古布都押《ひこふつおし》之信《のまこと》であるとする。伝承されるうちに、屋主忍男武雄心の名が『古事記』のほうで欠落したとみるべきであろう。

即位四年春二月十一日に景行天皇は長良川上流の美濃（岐阜県南部）に行幸している。このとき、つきしたがう者たちが、「この国に美人がいます。弟媛《おとひめ》といい、容姿端麗で、八坂入彦《やさかのいりひこ》皇子の娘です」とそそのかした。オトヒメは、単に妹とでもいうような意味であろう。

八坂入彦の父は崇神天皇で、母は尾張大海媛《おわりのおおしあまひめ》である。『古事記』では尾張の連の祖の「意富阿麻比売」と書き、『先代旧事本紀』の「天孫本紀」では饒速日命六世の孫の宇那比《うなひ》姫の娘大海姫命、またの名を葛木高名姫命《かつらぎのたかなひめのみこと》であるとする。大海媛という名からみて、八坂入彦は尾張国の海部郡海部郷あたりを根拠とする海人族を率いていた豪族であったろう。八坂入彦は母の大海媛とともに、このあたりを根拠に住み着いていたのであろう。

景行天皇は、妃にしようとおもって、オトヒメの家を訪ねた。天皇の訪問を聞くや、オトヒメは竹林のなかに隠れてしまった。イナビヒメが天皇の到着を聞いて南毗都麻の島に逃げて隠れたのと同様である。景行天皇は、オトヒメを誘い出すために「泳宮《くくりのみや》」の池に鯉を放ち、朝夕眺めて遊んだ。

泳宮とは、『万葉集』巻十三（三二四二）の「ももきね　美濃の国の　高北の　八十一隣《くくり》の宮に　日向ひに　行靡闕矣　ありと聞きて　我が行く道の　奥十山《おきそやま》　美濃の山　靡《なび》けと　人は踏めども　かく寄れと　人は突けども　心なき山の　奥十山　美濃の山」という歌にでており、岐阜県可児《かに》市の久々利《くくり》といわれている。

この歌は景行天皇の故事を踏まえた歌のようでもあり、美濃の泳宮に美人があると聞いて口説きにいったが、なかなか色よい返事をもらえない、というような意味である。

やがて、オトヒメが鯉につられてこっそりとやってきた。景行天皇はオトヒメをとどめて、召し出した。ところが、オトヒメはあまりにも幼過ぎたのか、不感症だったのか、まったく性的興奮を覚えなかったらしい。

「夫婦の道はいまもむかしもおなじなのに、私はそんな気が起きません。私は交接の道を望みません。いま天皇の命により恐れ多くも大殿のなかに召されましたが、気持ちよくありません。また、私の顔も美しくなく、長く後宮にお仕えすることはできません。ただ私の姉は名を八坂入媛《やさかのいりびめ》といい、顔もよく志も貞潔です。どうか後宮に召し入れてください」と申し出た。

オトヒメは、身代わりに姉のヤサカノイリビメを推薦したのである。景行天皇はその申し出を受け入れ、ヤサカノイリビメを妃とした。ずっと先のことであるが、イナビヒメの没後、ヤサカノイリビメは皇后となった。

景行天皇とヤサカノイリビメとの間には、七男六女が生まれた。これを列挙すれば、次のとおりとなる。

（一）稚足彦《わかたらしひこ》天皇（長男）

『日本書紀』には和風名のうしろに天皇の尊称が付されているとおり、のちの成務天皇のことである。『古事記』では若帯日子命とされている。

（二）五百城入彦《いおきいりびこ》皇子（二男）

『古事記』では五百木之入日子命とあり、尾張連の先祖の建伊那陀宿禰《たけいなだすくね》の娘志理都紀斗売《しりつきとめ》との間に、高木之入日売命《たかぎのいりひめのみこと》（『日本書紀』では高城入姫《たかきのいりひめ》）、中日売命《なかつひめのみこと》（『日本書紀』では仲姫《なかつひめ》）、弟日売命《おとひめのみこと》（『日本書紀』では弟姫《おとひめ》）の三人の娘をもうけ、しかも三人とも応神天皇の妃となっている。そのうち、中日売命は大雀命《おおさざきのみこと》（仁徳天皇）を生んでいる。

（三）忍之別《おしのわけ》皇子（三男）

『古事記』には押別命《おしわけのみこと》とあり、『日本書紀』にもこれ以外の記事はないから、地方に赴任したままで終わったのであろう。

（四）稚倭根子《わかやまとねこ》皇子（四男）

『古事記』では倭根子命とあり、母はイナビヒメとされている。『日本書紀』景行天皇二年の条の「一書」も、イナビヒメの第三子とする。

（五）大酢別《おおすわけ》皇子（五男）

『古事記』にはみえず、仁賢天皇の諱が大脚《おおし》または大為《おおす》であることから、大酢別皇子と仁賢天皇を同一人物であるとする説があるが、大きく時代が異なるため、この説は成り立たない。

（六）渟熨斗《ぬのし》皇女（一女）

『古事記』には沼代郎女《ぬのしろのいらつめ》とあり、別の妾の子とされている。

（七）渟名城《ぬなき》皇女（二女）

『古事記』には沼名木郎女《ぬなきのいらつめ》とあり、これまた別の妾の子とされている。

（八）五百城入姫《いおきいりひめ》皇女（三女）

『古事記』には五百木之入日売命と書かれている。

（九）鹿弭依姫《かごよりひめ》皇女（四女）

『古事記』には香余理比売命とあり、別の妾の子とされている。

（十）五十狭城入彦《いさきいりびこ》皇子（六男）

『古事記』で別の妾の子とされている若木之入日子王《わかきのいりひこのみこ》と同一人物ではないかとする説もあるが、確証はない。ちなみに、『先代旧事本紀』の「天皇本紀」には、三河長谷部《みかわはせべ》の直《あたい》の先祖とされている。三河長谷部とは、三河国碧海郡長谷部郷（愛知県）あたりを拠点とした地方豪族である。

（十一）吉備兄彦《きびのえひこ》皇子（七男）

『古事記』には吉備之兄日子王とあり、別の妾の子とされている。

（十二）高城入姫《たかきいりびめ》皇女（五女）

『古事記』には高木比売命とあり、別の妾の子とされている。

（十三）弟姫《おとひめ》皇女（六女）

『古事記』には弟比売命とあり、別の妾の子とされている。

これとは別に、景行天皇は三尾氏《みおのうじ》の磐城別《いわきわけ》の妹の水歯郎媛《みずはのいらつめ》を妃として、五百野《いおの》皇女をもうけている。三尾氏は近江国高島郡三尾郷（滋賀県高島市）を本拠とする氏族で、垂仁天皇の皇子石衝別王の子孫とされている。『古事記』垂仁天皇の段に、「石衝別王は羽咋君《はくいのきみ》で、三尾《みお》の祖」とあり、『日本書紀』垂仁天皇三十四年三月の条に、「磐衝別命《いわつくわけ》は、三尾君の始祖なり」と書かれている。また、『先代旧事本紀』の「国造本紀」の羽咋国造の項に、「泊瀬朝倉朝《はつせのあさくらのみかど》の御世（雄略天皇時代）に、三尾君の祖の石撞別命《いわつくわけのみこと》の子の石城別王《いわきわけのみこ》を国造に定められた」とある。

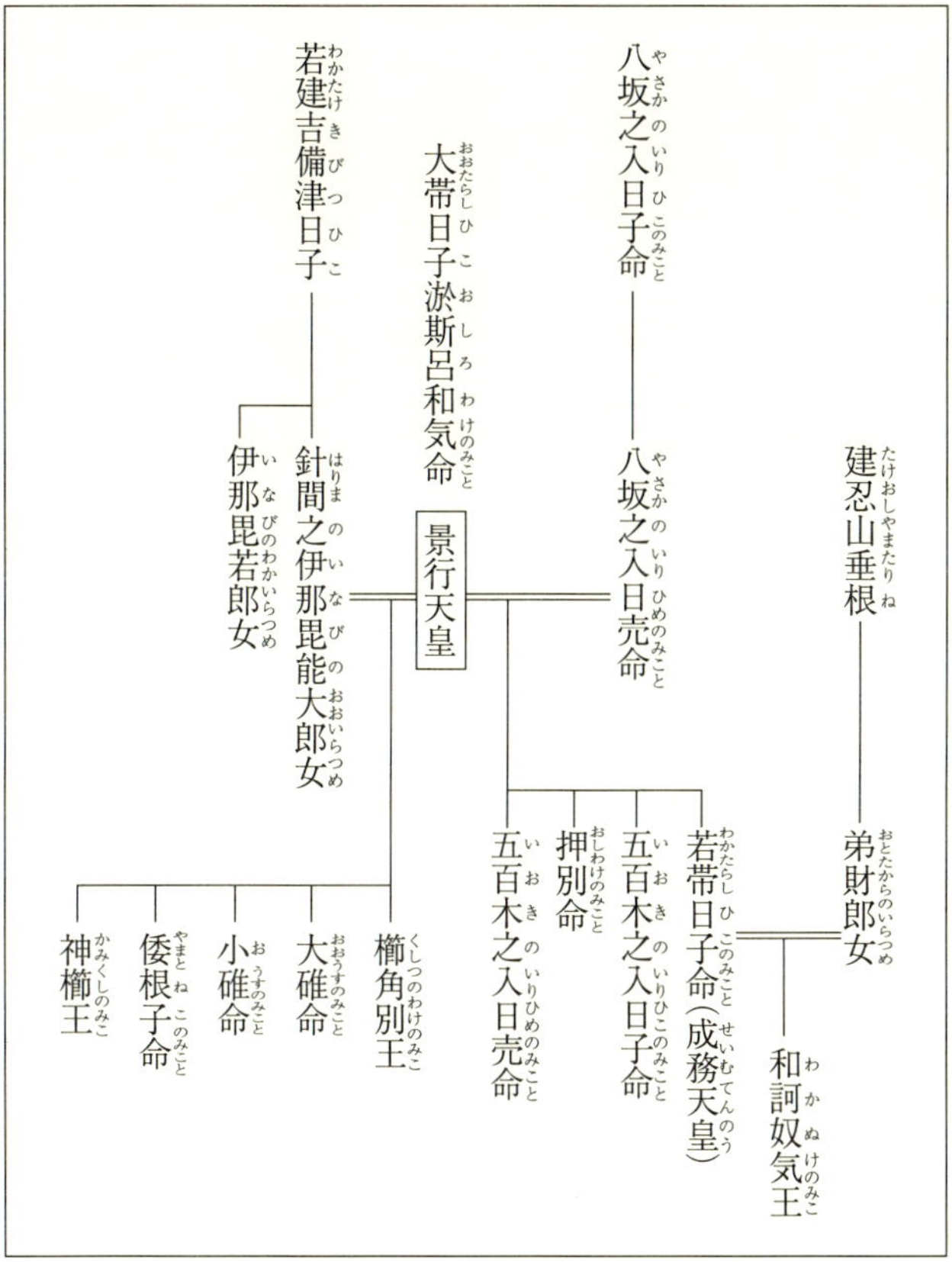

『古事記』による系図

五百野皇女は、朝命により、景行天皇二十年二月四日に天照大神を祀るために派遣されている。神に仕える斎女として生涯を終えたのであろう。

次の妃の五十《い》河媛《かわひめ》は、神《かむ》櫛《くし》皇子と稲背入彦《いなせのいりびこ》皇子を生んだ。兄の神櫛皇子は讃岐の国造の先祖、弟の稲背入彦皇子は播磨別の先祖とされている。神櫛皇子は、

『古事記』では神櫛王と書かれ、すでに述べたように、母はイナビヒメで、大碓・小碓の実兄とされている。

次の妃の阿部氏木事《あべのうじのこごと》の娘の高田媛《たかたひめ》は、武国凝別皇子《たけくにこりわけ》を生んだ。武国凝別皇子は伊予国の御村別《みむらのわけ》の始祖とされている。

次の妃の日向髪長大田根《ひむかのかみながおおたね》は、日向襲津彦皇子《ひむかのそつびこ》を生んだ。日向襲津彦皇子は阿牟君《あむのきみ》の先祖とされている。阿牟とは、長門国阿武郡阿武郷（山口県阿武郡阿武町・萩市）あたりを根拠にした豪族と考えられている。

次の妃の襲武媛《そのたけひめ》は、国乳別《くにちわけ》皇子、国背別《くにそわけ》皇子、豊戸別《とよとわけ》皇子を生んだ。襲武媛とは、九州の熊襲の一族で、大隅国の贈於郡あたりを根拠とした地方豪族の娘であったろう。国乳別皇子は水沼別《みぬまのわけ》の先祖であり、『先代旧事本紀』によると、国背別皇子もまた水沼君の先祖であるという。豊戸別皇子は火国別《ひのくにわけ》の先祖であるとされるが、火国とは肥国のことであり、のちの肥前・肥後（佐賀・長崎・熊本県）のことである。

それにしても、景行天皇の絶倫ぶりには驚かされる。皇后のイナビヒメ（稲日大郎姫）のほか、ヤサカノイリビメ（八坂入媛）、ミズハヒメ（水歯郎媛）、イカワヒメ（五十河媛）、タカタヒメ（高田媛）、日向のカミナガオオタネ（髪長大田根）、襲のタケヒメ（武媛）など六人の妃との間に、『日本書紀』によると、男女合わせて八十人の子をつくったのである。

このうち、ヤマトタケル、成務天皇、五百城入彦皇子の三人を除いた七十余人の皇子は、みなそれぞれ国や郡に封じられて地方に赴いたとされる。諸国に派遣された皇子およびその子孫のことを「別《わけ》」とよぶことについては、すでに述べたとおりである。

ちなみに、『先代旧事本紀』には、景行天皇の子は男女合わせて八十一人で、そのうち男子は五十五人、女子は二十六人で、五人の男子と一人の女子をとどめただけで、残りの男子五十人、女子二十五人は地方の州県に封じたと記されている。そして、この地方に派遣された皇子たちは「国史《くにのふみ》に入れず」と書かれている。中央で編纂された国の史書から除外されることになったのである。

精力絶倫の景行天皇は、各地で后を求めたらしい。
美濃国造《みののくにのみやつこ》神骨《かむほね》に二人の娘があり、姉は兄遠子《えとおこ》、妹は弟遠子《おととおこ》といって、そろって美人であるという。神骨は、岐阜県の本巣郡（本巣市）あたりを根拠とした豪族であったらしく、『古事記』には神大根王《かむおおねのみこ》と書かれており、開化天皇の皇子日子坐王《ひこいますのみこ》の子で、またの名を八瓜入日子《やつりのいりびこ》ともいった。日子坐王は、すでに述べたとおり四道将軍の一人、丹波道主王の父でもあった。

景行天皇は美人姉妹という噂を確かめるため、大碓命を派遣した。ところが、偵察に赴いた大碓命は、その姉妹があまりに美人であったためか、つい密通してしまったのである。このことによって、景行天皇は大碓命に不信感を抱くようになったという。

『日本書紀』によると、景行天皇四年十一月になって地方巡幸からもどった景行天皇は、大和の纏向《まきむく》（奈良県桜井市）に都をつくったという。これが、「纏向の日代宮《ひしろのみや》」であり、日代宮跡の伝承地は奈良県桜井市穴師《あなし》とされている。この桜井市穴師には、先代の垂仁天皇の珠城宮《たまきのみや》跡も伝えられている。

奈良県桜井市にある纏向遺跡は、弥生時代末期から古墳時代前期を中心とする遺跡で、三輪山の北西、旧巻向川沿いのやや盛り上がった地域に立地し、南北一・五キロ、東西二キロの広さにおよんでいる。遺跡の規模や内容から、初期大和政権の中枢的な遺跡と考えられている。

豊前の長峡宮

熊襲の反乱

『日本書紀』によると、景行天皇十二年秋七月に、「熊襲《くまそ》反《そむ》きて朝貢《みつきたてまつ》らず」という大事件が勃発した。朝廷にしたがわない東方の蛮賊を蝦夷といい、九州の蛮賊を熊襲という。『豊後国風土記』では熊襲を「球磨《くま》贈於《そ》」と表記しており、もともとはクマ（肥後国球磨郡）とソ（大隅国贈於《そお》郡）を拠点にした部族をさしていたようである。

『古事記』大八島国《おおやしまのくに》生成の条に、「筑紫嶋」の四面の一つとして熊曾国とある。『古事記』の熊曾、『日本書紀』の熊襲もまた、筑紫・肥・豊・日向からさらに南に下った薩摩・大隅地方のことを指しているのであろう。

しかしながら、『日本書紀』仲哀天皇の条によると、神功皇后は熊襲の首魁である熊鷲《くまわし》を九州北部の甘木・朝倉地方で攻め滅ぼしている。かならずしも南部九州の部族をさしているわけではなく、九州における反朝廷勢力を総称して熊襲とよんでいるようでもある。

景行天皇がむかったのは、南部九州であった。景行天皇は熊襲の反乱という報告を聞くや、八月十五日に九州にむけて出発した。

『日本書紀』によると、景行天皇は九月五日に、「周芳の娑麼《すわのさば》」に到着したという。娑麼とは、佐波（山口県防府市）のことである。佐波は、瀬戸内海における海上交通の要所で、仲哀天皇と神功皇后もまた、九州征討の前進基地としている。

景行天皇率いる軍勢は、船団を編成して瀬戸内海を西に下ったのである。佐波に着いた景行天皇が海上はるか南の方角を眺めると、いくつもの煙が立ち昇っている。そこで景行天皇は重臣たちを集めて、「南のほうに盛んに煙が立ち昇っている。賊がいるにちがいない」といい、多臣《おおのおみ》の祖武諸木《たけもろき》、国前臣《くにさきのおみ》の祖菟名手《うなて》、物部君《もののべのきみ》の祖夏花《なつはな》の三人を偵察のために派遣した。

多臣の「多」という字は、「太」、「大」、「富」、「於保」とも書かれることがあるが、大和国十市郡飫富《おお》郷（奈良県磯城郡田原本町多《おお》）を拠点とする豪族で、初代神武天皇の皇子「神八井耳命《かみやいみみのみこと》」の末裔とされる氏族である。神八井耳命は神武天皇と伊須気余理比売命《いすけよりひめのみこと》との間にできた皇子で、『古事記』によると、兄は日子八井命《ひこやいのみこと》、弟は神沼河耳命《かみぬなかわみみのみこと》という。

神武天皇亡きあと、腹違いの兄の多芸志美美命《たぎしみみのみこと》が皇位を狙っていることを知り、神八井耳は弟の神沼河耳とともに多芸志美美を攻めた。ところが神八井耳は手が震えて殺すことができず、代わって弟の神沼河耳が多芸志美美を殺した。これを恥じた神八井耳は、神沼河耳に皇位を譲り、祭祀をおこなう忌人《いわいひと》の地位に甘んじて天皇を補佐したといわれる。神沼河耳こそ第二代綏靖《すいぜい》天皇である。

『古事記』によると、神八井耳命は、「意富《おお》の臣、小子部《ちいさこべ》の連、坂合部の連、火の君、大分《おおきた》の君、阿蘇の君、筑紫の三家《みやけ》の連、雀部《さざきべ》の臣、雀部の造、小長谷《おはつせ》の造、都祁《つけ》の直、伊余の国造、科野《しなの》の国造、道奥《みちのく》の石城《いわき》の国造、常道《ひたち》の仲の国造、長狭《ながさ》の国造、伊勢の船木《ふなき》の直、尾張の丹波《にわ》の臣、島田の臣などの祖」というふうに、全国各地の多くの氏族の先祖とされている。とりわけ、火の君、大分の君、阿蘇の君、筑紫の三家の連など九州を代表する豪族の先祖とされていることが注目される。

景行天皇としては、九州の諸豪族とゆかりのある多臣の先祖武諸木を随行することによって、九州掃討作戦を円滑に進めようとしたのであろう。ちなみに、『古事記』を編纂した太安万侶《おおのやすまろ》は、この多氏の末裔である。

国前とは、国東半島の豊後国国埼郡国前郷（大分県国東市国東町）あたりのことである。『古事記』孝霊天皇の段には、孝霊天皇の皇子の「日子刺肩別《ひこさしかたわけ》」が国前臣の先祖とされているが、『先代旧事本紀』の「国造本紀」には、景行天皇を継いだ成務天皇の時代に、吉備都命六世の孫の「牟佐自命《むさじのみこと》」が国前国造に、

「宇那足尼《うなのすくね》」が豊国造になったことが記されている。「牟佐自命」はともかく、「宇那足尼」は「菟名手」と同一人物とみて差し支えなかろう。

また、『豊後国風土記』には、

「豊後の国は、もとは豊前の国と合わせて一つの国となっていた。むかし、纒向の日代の宮に天の下をお治めになった大足彦天皇（景行天皇）は、豊国直の祖の菟名手を豊国に派遣された。菟名手は豊前国の仲津郡の中臣村にいきついたが、日が暮れてしまったので、そこに宿泊した。翌日の明け方、白い鳥が北から飛んできて、この村に集まってきた。菟名手はさっそく家来にいいつけてその鳥を見張らせた。するとその鳥は餅《もち》に化け、さらには数千株もある芋草《いも》に化けた。芋の葉と花は冬でも栄えた。菟名手は不思議におもい、すっかり喜んで、『鳥が生まれ変わった芋などみたことはありません。こんなおめでたいことはありません』といい、天皇に報告した。天皇はお喜びになり、『天の神から授かったためでたいしるしの物、地の神から授かった豊草である』と仰せられ、豊国直という姓を授けられた。これが豊国のはじまりである。その後二つの国に分け、豊前・豊後国とした」

とあり、やはり景行天皇が菟名手を豊国の直に任じたことが書かれている。

ちなみに、豊前国の仲津郡の中臣村とは、『和名抄』にいう中津郡八郷の一つ、中臣郷のことで、今川と祓川にはさまれた福岡県行橋市草場・福富からみやこ町犀川久冨あたりの地域といわれている。そこにある「草場神社」は、「豊日別神社」ともよばれ、宇佐神宮ともかかわりの深い古い神社である。

渡辺重春『豊前志』は、「草場村に在庁屋敷という場所があり、ここが国府の跡であろう」とする。国府とは、七世紀後半ごろから全国の国々に置かれた、律令制に基づく中央政府の出先機関のことである。国府は各国内の官道に沿ったところに立地することが多い。

最近の調査では、豊前国府は草場よりやや西南のみやこ町国作《こくさく》・惣社《そうしゃ》付近であったとする説が有力になっている。いずれにしても、『日本書紀』や『豊後国風土記』の記事は、景行天皇によって菟名手が豊国の直に任じられたことを伝えている。

最後に、物部君の祖夏花のことである。

物部氏とは、神武天皇に先立って高天原から大和に天降ったとされるニギハヤヒ（饒速日命・邇芸速日命）を祖とし、大伴氏とならび大和朝廷の軍事権をつかさどった、古代日本における最も有力な氏族である。『先代旧事本紀』巻三「天神本紀」によると、天照大神が瑞穂《みずほ》国に天押穂耳尊に詔して天降りさせようとしたとき、その后の栲幡千々《たくはたちち》姫命がニギハヤヒを生んだので、天押穂耳尊は天照大神の許しを得て、ニギハヤヒを天降りさせることとした。ニギハヤヒは天照大神に天璽瑞宝《あまつしるしのみずのたから》十種を授けられ、三十二柱の神々と五部人《いつとものひと》、五部造《いつとものみやつこ》、船長《ふねのおさ》、梶取《かじとり》を引き連れていったという。そのとき、北部九州の遠賀川流域の鞍手郡内に地名をもつ物部氏を中心とする八氏族と周辺地域の五氏族がニギハヤヒに随行している。

大阪教育大学名誉教授の鳥越憲三郎氏もまた、『弥生の王国』（中公新書）のなかで、「物部一族はもと鞍手郡を中心とした地域に居住し、そこから主力が河内・大和へ向けて移動したことが確かである」と指摘されている。そうだとすると、多臣とおなじく、物部君の祖夏花もまた九州ゆかりの人物として景行天皇に随行してきたものであったろう。

神夏磯媛と四人の豪族

景行天皇は、武諸木と菟名手、夏花の三人の将を偵察のために派遣した。三人は佐波から船団を組んで周防灘を進んでいった。

豊前国には、神夏磯媛《かむなつそひめ》という女性首長がいた。『日本書紀』には、「一国《ひとくに》の魁師《ひとごのかみ》なり」とある。魁師は、首渠・尊長・君長・賊首・梟師とも書かれ、「人《ひと》」と「兄《このかみ》」の複合語で、頭《かしら》というような意味である。この当時、神夏磯媛は豊前国で大きな勢力をもっていたのであろう。

神夏磯媛は、天皇の使いが派遣されたことを聞くや、恭順の意を表すため、磯津山《しつのやま》からとった榊の木の上枝に八握の剣、中枝には八咫の鏡、下枝には八尺瓊をさげかけ、また白旗を船の舳先に立てて海上で出迎えた。

磯津山とは、貫山《ぬきさん》（標高七一一・六メートル、北九州市小倉南区）のことといわれている。芝津山、四極《しわす》山、禰疑山ともいい、貫山地の主峰である。貫山を源として貫川が周防灘に注ぎ込み、貫川流域は貫という地名でよばれる。『日本書紀』安閑天皇二年五月の条には、朝廷直轄の「大抜屯倉」が置かれたことが記されている。上貫遺跡、横沼古墳、御座遺跡、両岡様石棺群、高島遺跡、下貫石棺群など多くの遺跡があることから、貫川流域は古くから開けていた地域であったことはまちがいない。

また、「貫」の北方四キロのところには竹馬川があり、北九州市小倉北区と南区の境界に位置する足立山（五九七・八メートル）と長野岳を源に、小倉平野を東に流れ、周防灘に注ぎ込んでいる。

その下流右岸に田原（小倉南区）という土地がある。「たはら」あるいは「たわら」と読まれるが、地名の由来は、景行天皇が土蜘蛛を無事に平定することができ、「心平らかなり」といったからであるという。もともと「平らぎ村」とよばれていたらしい。

おなじく竹馬川下流右岸に、津田（小倉南区）というところがあり、この地名の由来も、景行天皇の土蜘蛛退治の際に血が流れたため「血田」とよばれ、それがなまって津田とよばれるようになったという（伊東尾四郎編『企救郡誌』）。

竹馬川流域には、津田団地遺跡、森山遺跡、津田八幡神社の石棺など弥生時代から古墳時代にかけての遺跡が数多く所在し、中流域の長野（小倉南区）あたりにも、弥生時代の上長野遺跡、峠遺跡、冷水遺跡や上長野石棺群、下長野古墳、長野遺跡、若宮八幡遺跡など多くの遺跡があり、「ヌキ」から竹馬川流域にかけて、邪馬台国時代かそれ以前の弥生時代に、一つのクニが形成されていたことはまちがいない。

『魏志倭人伝』には、朝鮮半島の狗邪韓国から対馬国、一支（壱岐）国、末盧（松浦）国、伊都（怡土）国、奴（那珂）国、不弥（宇美）国、投馬国を経て、邪馬台国にいたると記されている。つづけて、この女王国の周辺諸国として、「斯馬国、己百支国、伊邪国、都支国、弥奴国、好古都国、不呼国、姐奴国、対蘇国、蘇奴国、呼邑国、華奴蘇奴国、鬼国、為吾国、鬼奴国、邪馬国、躬臣国、巴利国、支惟国、烏奴国、奴国」の二十一国が列挙されている。

このうち、支惟国《きくこく》と烏奴国《あなこく》は、それぞれ企救国、穴門国とも読める。関門海峡をはさんだ地域である。邪馬台国にいたる途中にでてくる奴国は、博多湾岸のいわゆる金印奴国のことであるが、周辺諸国の末尾にでてくる奴国について『魏志倭人伝』は、「次に奴国があり、これは女王国の境界の尽きるところである」と書いている。

もし支惟国と烏奴国が関門海峡をはさんだ地域であるとすれば、この場合の奴国は、金印奴国のことではなくて、関門海峡近くにあったクニをさしている可能性が高い。豊前の中津というような説もないわけではないが、あるいはこの「ヌキ国」も候補地の一つに数えるべきであろう。

「夏磯」は一般には「ナツソ」と訓じられているが、「ナツキ」とも読め、「ナキ」――「ヌキ」にも通じるようにおもえる。

神夏磯媛は弁明して、次のように申し立てた。

「どうか兵を送らないでください。私の仲間は決して叛くことはありません。すぐにでも帰順いたします。ただほかに悪い賊たちがいます。その一人を鼻垂《はなたり》といいます。王を気どって山谷に人をよび集め、宇佐の川上にたむろしています。二人目を耳垂《みみたり》といいます。人を損ない破り、むさぼり食い、人民を掠めています。これは御木《みけ》の川上にいます。三人目を麻剝《あさはぎ》といいます。ひそかに仲間を集めて、高羽の川上にいます。四人目を土折猪折《つちおりいおり》といいます。緑野の川上に隠れており、険しい山川を利用して人民を掠めとっています。この四人のいるところが要害の地であります。それぞれが、仲間をしたがえた首長です。みな皇室の命令にはしたがわない、といっています。すみやかに討たれるのがいいでしょう。逃さないようにすべきです」

神夏磯媛は、
(一)「宇佐の川上」を根拠とする「鼻垂」
(二)「御木の川上」を拠点とする「耳垂」

（三）「高羽の川上」を拠点とする「麻剥」
（四）「緑野の川上」を拠点とする「土折猪折」

という四人の豪族の名を告げることによって身の潔白をしめそうとしたわけである。

一人目は、「宇佐の川上」を根拠とする「鼻垂」である。『日本書紀』原文には、菟狭と書かれているが、宇佐（大分県宇佐市）のことである。宇佐の川上とは、駅館《やっかん》川の上流という意味である。

駅館川は日出生台・塚原高原から北流し、宇佐郡全域を経て周防灘に注ぐ全長約四五キロの二級河川である。恵良川や深見川、津房《つぶさ》川、佐田川などの大きな支流を有している。もともとは宇佐川（宇沙川、菟狭川）とよばれたが、伊藤常足編『太宰管内志』によると、律令時代に宇佐の駅が川岸に置かれていたところから駅館川と称するようになったらしい。

駅館川の東方、御許《おもと》山北麓に連なる宇佐丘陵の北側には宇佐八幡宮があり、寄藻《よりも》川が東へ流れ、和間《わま》浜で周防灘に注ぎ込んでいる。

宇佐地方には弥生時代の水田耕作の代表的な遺跡といわれる台ノ原遺跡があり、駅館川右岸の川部遺跡やその南方に連なる東上田遺跡からは大規模な環濠集落がみつかっている。宇佐を中心に古代のクニが存在していたのであろう。

駅館川右岸台地には、五世紀前半ごろの九州最古の前方後円墳といわれる赤塚古墳もあり、五面の三角縁神獣鏡が出土している。周辺には六基の前方後円墳や中小の古墳、方形周溝墓などが密集しており、宇佐地方に古い時代から強力な支配力を有した部族がいたことは明らかである。宇佐八幡の鎮座する亀山を邪馬台国の女王卑弥呼の墳墓とする説もあるなど、邪馬台国所在地論争においてもしばしば登場する、注目すべき地域である。

『日本書紀』神武天皇即位前紀によると、菟狭津彦と菟狭津媛は、菟狭の川上に「足一騰宮《あしひとつあがりのみや》」をつくって神

宇佐市の亀山に鎮座する宇佐神宮

武天皇をもてなしたとある。大和朝廷とはもともとゆかりの深い土地柄であり、古い時代には「宇佐の国」とよばれていた。そのような豊前国の一大勢力である宇佐一族の根拠地に、鼻垂が勢力を張ってたむろしているというわけである。

　駅館川の上流、津房川と新貝川の合流したあたりに盆地が形成されており、安心院《あじむ》（宇佐市安心院町）とよばれている。地名の由来として、安心院盆地はもと大きな湖であったところから、葦の生い茂った土地という意味の「あじぶ」「あじむ」から生じたとする説と、八幡大菩薩が比売大神の故地である都麻垣（宇佐八摂社の一つ妻垣社）を訪れて修行し、「安楽の御心」を得たためであるという説（『宇佐託宣集』）がある。

　ただし、『日本書紀』巻一に、宗像三女神の記事に関する伝承として、「日神（天照大神）が生まれた三柱の女神を葦原中国《あしはらのなかつくに》の宇佐嶋に降らせられたが、いまは海北道中《うみのきたのみちのなか》（朝鮮への航路）のなかにおいでになる。名づけて道主貴《ちぬしのむち》という」とあることが注目されよう。

　宗像三女神とは、田心姫、湍津姫、市杵島姫のことである。『古事記』によると、天照大神がスサノオノミコトとの誓約のために生んだ神々で、「天の安河」をはさんで玉と交換して得たスサノオノミコトの十拳の剣を三段にうち折り、「天の真名井」に振りすすぎ、嚙んで吐いた息吹の狭霧《さぎり》から生じたという。『日本書紀』には、「これすなわち胸肩の君らがいつき祭る神なり」、つまり「宗像の君らの氏神である」と書かれている。宗像三女神は、天照大神によって、まず「葦原中国の宇佐嶋」に天降りさせられたという。海からやってきたらしく、まず市杵島（杵築市）に到着したという伝承が残されている。

　市杵島は杵築市の「奈多《なだ》八幡宮」（杵築市奈多）から東方海上約一・五キロのところにある小さな島で、長期間にわたる波浪と慶長年間の大津波によって削られてしまい、島は岩礁のようになっている。島には鳥居が立てられ、宇佐八幡行幸会のときには薦でつくった衣装などを海中に投じて竜宮城へ還す行事がおこなわれる。

『大日本地名辞書』によると、「宇佐嶋」は前後の文脈から、宗像大社の沖津宮が祀られている沖ノ島であるとしているが、この説は「宇佐」という固有の地名から逸脱した解釈であるといえよう。文字どおり解釈すれば、天照大神はもともと宗像三女神を宇佐地方に配属したのである。「嶋」という文字が付加されているが、地形からみて国東半島のことをさしたものであろう。宗像三女神はまず周防灘海域を治めるため国東半島の宇佐に配属され、その後玄界灘に面した宗像地域に転属させられたのであろう。

そうすると、志賀島のワタツミ三神を氏神とする安曇一族の「あずみ」と安心院《あじむ》の「あじむ」とは、何らかのつながりがあるのかもしれない。あるいは出雲《いずも》との音類似もこれらと何らかのかかわりがあるのかもしれず、ひょっとしたら海を介したこれらの交流は、日本国家の創世記の謎を解明する大きな手がかりになるかもしれない。

それはともかくとして、「妻垣八幡宮」の社伝をはじめ、鼻垂が安心院を拠点にしていたという伝承が残されている。年代が異なるためにわかには信じられないが、『扶桑略記』には、養老四（七二〇）年、宇佐公比古が勅命により菟狭川上流にいた鼻垂を討伐したことから、人々が安心して居住できるようになったと記されている。

いずれにしろ、鼻垂が拠点としていた「宇佐の川上」の第一候補は、安心院といっていいであろう。

鼻垂とは文字どおり鼻を垂らすというような意味であろうが、鼻飾りの風習をもっていた部族であったかもしれない。神武天皇時代の宇佐一族とこの鼻垂一族との関係は不明であるが、「みだりに名号を仮りて（王を気どっていた）」という神夏磯媛の言葉からみて、ひょっとしたら景行天皇の西征に際して、宇佐国王の末裔である宇佐一族は非協力的な態度をとり、そのために鼻垂という蔑称で記録にとどめられてしまったのかもしれない。

二人目は、「御木の川上」を拠点とする「耳垂」である。

『和名抄』によると、豊前国には田河、企救、京都、仲津、築城、上毛、下毛、宇佐の八郡があり、「御木」とは、このうち上毛郡と下毛郡のことをさす。そこを流れる最も大きな川は山国川であるが、古くは「御木《みけ》川」とよばれ、祓川上流域の城井（京都郡みやこ町城井）もまた古い時代には和歌山県の紀伊とおなじく「木」と書かれたところからみて、このあたり一帯は、古い時代には「毛国《けのくに》」あるいは「木国《きのくに》」とよばれていたのであろう。『魏志倭人伝』にでてくる「鬼国」とも音が通じる。建築材や船材に用いられる楠や檜の名産地であったらしく、神功皇后の朝鮮出兵に際して帆柱（みやこ町伊良原）の木を伐採したという伝承が残されている。

「毛国」あるいは「木国」はかなり広大な地域であったらしく、豊前市を流れる岩岳川もまた御木川とよばれる。犬ケ岳の北斜面を源に、求菩提山東麓の鳥井畑から東に流れ、北流して周防灘に注ぎ込む川であるが、上流の岩屋（豊前市）という地名は、景行天皇が討伐した土蜘蛛にちなむという。いずれにしろ、耳垂は古い時代の「毛国」あるいは「木国」の末裔であった可能性もある。

耳垂もまた、鼻垂とおなじく奇妙な名前である。耳を垂らすという意味であろうが、これまた耳飾りの風習をもつ部族であったかもしれない。

『魏志倭人伝』には「投馬国」の官職として「弥弥（耳）」と「弥弥那利（耳成あるいは耳垂）」が記されており、『古事記』上巻にも「天の忍穂耳《おしほみみ》」「須賀の八耳《やつみみ》」「布帝耳《ふてみみ》」と記されている。『日本書紀』と『古事記』中巻によれば、神武天皇の皇子に「神八井耳命」と「神沼河耳命」がおり、また「多芸志美美命」などの「ミミ」が記されている。

さらには、開化天皇の和風諡号の「若倭《わかやまと》根《ね》子《こ》日《ひ》子《こ》大毘毘《おおびび》」の「毘毘」もまた「耳」に通じるであろうし、『肥前国風土記』の松浦郡値嘉島《ちかのしま》の条にでてくる「大耳《おおみみ》」「垂耳《たりみみ》」もまた同様であろう。これからみると、「耳」は邪馬台国時代の官職名に由来するもので、それが人名のなかに継承されたのであろう。

三人目は、「高羽の川上」を拠点とする「麻剝」である。

高羽とは田川（田川郡）のことである。田河とも書かれ、『和名抄』では多加波と書かれる。高羽の川とは、彦山川のことであろう。田川郡添田町から直方市に流れる一級河川で、直方で遠賀川と合流する。

麻剥という名からして、麻の皮を剥いだ衣を身にまとう風習をもった部族であったかもしれない。弥生時代の遺跡から麻の種子が発掘され、また登呂遺跡や北部九州の甕棺などからも麻の織布がみつかるなど、古い時代から麻の繊維が衣料に用いられたことが確認されている。『魏志倭人伝』にも、「紵麻《ちょま》を植え、細紵《さいちょ》をつくる」とあり、邪馬台国時代の倭人が麻の繊維を利用して糸をつむぎ、布を織っていたことが記されている。


四人目は、「緑野の川上」を拠点とする「土折猪折《つちおりいおり》」である。土折猪折とは意味のとりづらい言葉であるが、一般的には、「土折」とは「土に居り」という意味で、土の上に直接座っているさまを表し、「猪折」も、やはり座っているさまを表すとされている。土に座る者への蔑称であろう。おそらく、土折猪折は「一処《ひとところ》の長《ひとごのかみ》」という地方豪族でありながら、山奥の洞窟にでも住んでいたものと思われる。

緑野の川上とは、『大日本地名辞書』によると、古くは規矩《きく》川とよばれた紫川（北九州市小倉北区・小倉南区）の川上のことであるという。しかしながら、この説は地勢的にみて疑問がある。前述した三人の土蜘蛛が、豊前国南部の宇佐、上毛・下毛郡、田川郡あたりを拠点とした者たちであることからみて、紫川はやや北方に偏り過ぎているようにおもわれるからである。

彦山川上流には支流の深倉川があり、田川郡添田町落合には深倉峡とよばれる渓谷がある。そのあたりを流れる深倉川は緑川ともよばれるが、それは土蜘蛛の麻剥が景行天皇に討伐された際、この川が血みどろになり、このため「血みどろ川」とよばれ、それがなまって緑川になったという伝承が残されている。これからみると、緑野とは緑川付近にひろがる野原のことであったかもしれない。


神夏磯媛は、景行天皇によって派遣された武諸木、菟名手、夏花らにむかって、これら四人の「一処の長」の討伐を進言したのである。「一国《ひとくに》の魁師《ひとごのかみ》」たる神夏磯媛は、かねてから国内で不穏な動きをみせていた土豪勢力を、天皇家の軍隊を利用して掃討しようとしたのかもしれない。

武諸木らは、まず高羽の川上を拠点とする麻剝と手下どもをおびき寄せ、赤い上着、ズボンや珍しい品々を与えて喜ばせ、そののち麻剝を利用して宇佐の川上の鼻垂、御木の川上の耳垂、緑野の川上の土折猪折ら三人の土豪を手下ともども集めさせた。全員そろったところで、朝廷軍は彼らを捕らえて殺した。

峻厳な土地を拠点にしていた彼らを真正面から討ちとることはなかなか難しいので、朝廷軍は謀略により滅ぼしたのである。

こうして四人の土蜘蛛を討伐させたのち、景行天皇は「周芳《すわ》の娑麼《さば》（佐波）」から船に乗って九州に渡った。『日本書紀』には、「豊前国《とよのくにのみちのくちのくに》の長峡県《ながおのあがた》に到りて、行宮《かりみや》を興《た》て居《ま》します。故、その処《ところ》を号《なづ》けて京《みやこ》という」と書かれている。

長峡の行宮

景行天皇は豊前国の長峡県に行宮を建てて拠点としたために、この地は「京《みやこ》」とよばれるようになったという。しかしながら、「みやこ」という地名はもっと古い時代にさかのぼるという説がある。

安本美典氏は、「季刊邪馬台国」四十一号（梓書院）のなかで、邪馬台国卑弥呼の宗女の台与《とよ》の都は、京都郡であった可能性がある、とする。『魏志倭人伝』には「壹與」（壱与）とあるが、臺與（台与）を書き誤ったものであり、台与は豊に通じる。「京都という地名は、景行天皇の時代よりも、もっと早くからあったとみてよいであろう。とすれば、この地が極めて古い時代に、ほんとうの都であった可能性もでてくる」とし、卑弥呼は天照大神であり、台与は万幡豊秋津師比売《よろずはたとよあきづしひめ》とする。万幡豊秋津師比売は高木の神の娘で、天照大神の子の天忍穂耳《あめのおしほみみ》命《のみこと》と結婚して、のちに日向に天降った邇邇芸命《ににぎのみこと》を生む。卑弥呼の死後、邪馬台国の中心地は東方の豊国に移り、京都が都とされ、その次の代にさらに南下して日向に都を移したと解するわけである。

もしそうであるとすれば、初代神武天皇の東征以来ほぼ一世紀ぶり、邪馬台国の卑弥呼以来約一世紀半ぶりに九州を訪れた景行天皇は、大和朝廷ゆかりの地というべき京都郡にまず行宮を築いたのであろう。

ところで、長峡県の行宮の所在地である。長峡という名は、この地を流れる長峡川や長尾（行橋市）という地名に残されている。

長峡川は、カルスト台地で有名な平尾台の南斜面を水源とする、長さ一七・三キロの二級河川で、大橋川ともよばれる。初代川、井尻川、小波瀬川などの支流と合流し、周防灘に注ぎ込む。長峡川下流域の今川、祓川にはさまれた三角州は、河川の堆積作用によってわりと新しく陸地になったところで、集落が形成されたのは鎌倉時代以降とみられている。したがって、常識的に考えれば、長峡県の行宮の所在地は長峡川の中上流域ということになる。

長峡川中流左岸に長木《おさぎ》（行橋市）というところがある。長峡川支流の柵見川が流れ、北と南は丘陵地である。長は首長を意味し、木は城に通じるので、むかしこの地に京都郡営が設置されていたのではないかとする説があり（『行橋市史』）、狭間畏三『神代帝都考』によれば、「皇孫瓊々杵（邇邇芸）命の御陵は長木字オオクビにあった」という。

地内には行橋市最大の八雷神社古墳をはじめ、力石竹ケ本横穴群、小口迫池横穴群、下屋敷遺跡、堂原遺跡などがあり、古くから開けていた土地であることはまちがいない。その北方約二キロの平尾台東麓の丘陵地帯には、ずばり長尾（行橋市）という地名がある。

伊東尾四郎編『京都郡誌』は「長尾は長峡県の地にして、庄塚は長峡県主の墓であろう」とし、「地名の意味は山尾のごとく長くなだれたる地勢に由来するのであろう」とする。

地内には、峠遺跡や長尾立花遺跡、花熊遺跡、長尾楠木横穴群、長尾野田遺跡、下原古墳、下原横穴群がある。長峡川中流域のみやこ町勝山黒田には橘塚、綾塚という古墳がある。二つの古墳とも全国有数の巨石墳で、いずれも六世紀末ごろの古墳とみられている。

前田（行橋市）には古墳時代の横穴墓群を含む大規模な遺跡が、標高三〇メートルの丘陵上に分布しており、また竹並（行橋市）にもおびただしい横穴墓群が集中して発掘されているが、最も古いもので五世紀後半あたりであるらしい。

いずれも、景行天皇の時代からいえばかなり新しい遺跡であるが、地勢や地名などからいえば長峡県の行宮の所在地は、長峡川中上流域にかけての一帯、とりわけ長尾（行橋市）あたりを第一候補とすべきであろう。ただし、地元の伝承としては、長峡の行宮の所在地は、長尾から七キロ南方にある御所ケ谷（行橋市）とされている。

近くには津積《つづみ》（行橋市）という地名があり、南側の大半は山林であるが、古い時代にはこのあたりに海岸線があったという。『豊前志』には、「村の上に大池があり、そうするとこの池の堤から出た名前であろうか。あるいは、津迫《つつめ》の意か。古い時代にはこの近隣まで入海にて、この村が津の迫であったせいであろうか」とある。

津積には、大島神社西南遺跡、津積御峰古墳群、津積御峰石塔群、内屋敷遺跡、藪ノ下石塔群、魂塚堀殿古墳群、高来池南古墳群、ヒガン田山古墳群、御所ケ谷池西古墳群、御所ケ谷東古墳、鋤迫サヤケ谷古墳、鋤迫サヤケ谷遺跡、サヤケ谷東古墳群、西山遺跡などがあり、古い時代から開けていた地域であった。

その津積から二キロほど東北に、大谷（行橋市）というところがある。馬ケ岳の北麓、井尻川上流右岸に位置し、南側は山林、北側の平野部に集落と水田がひろがっている。

古い時代には、やはりこのあたりまで海岸線が入り込んでいたといわれ、『豊前志』には、「舟岡山、碇塚などという海にちなんだ地名があり、またその村で井戸を掘ると、牡蠣貝や舟板などが地中から出てくる」と書かれている。地内には、天神尾遺跡、遠弥遺跡、七反田遺跡、山伏田遺跡、茶臼山古墳群、清水古墳、妙見古墳、ゴウヤ古墳群、鹿ケ谷横穴群などがあり、これまた古くから開けていた地域である。

周防灘に面したところに蓑島があり、現在では陸つづきとなっているが、むかしは内陸深くまで入海で、蓑島が風波を防いでくれるため、津積や大谷あたりの海岸は、船の繋留地としては絶好の場所であったかもしれない。

その津積の南方にあるのが「御所ケ谷」で、ここには「景行神社」があって、景行天皇行宮の地との伝承が残されている。標高二四六・九メートルのホトギ山から西へ延びる尾根には、延長約三キロにおよぶ神籠石（国史跡）が並んでいる。東門、中門、西門、西内門、南門、東北門の跡があり、とりわけ高さ六・五－七・五メートルの中門、長さ一八メートルにおよぶ石塁は壮観である。

これらの神籠石群は、白村江の戦い（六六三年）において唐・新羅軍に日本・百済軍が壊滅的な打撃を受け、本土防衛のために斉明天皇と天智天皇が北部九州に築いた山城であるとする説が有力である。『日本書紀』によると、白村江の敗戦を受けて、「対馬、壱岐、筑紫国などに防人と烽《のろし》を置き、筑紫に大堤を築いて貯水し、名を水城という」とある。太宰府市の水城から吉松までの全長一キロ、幅四〇メートル、高さ一三メートルの土塁が築かれ、翌年には大野城や基肄城などがつくられた。これらは『日本書紀』に記録があるが、久留米の高良山や前原の雷山、瀬高の女山などの神籠石群についてはその目的も築造年代もはっきりしていない。大勢としては「白村江の戦い」以降の築造のようであるが、その立地条件からみて単純な対外防衛施設とはおもえない。御所ケ谷の神籠石群についても、玄界灘から遠く離れた周防灘を見下ろす場所に山城を築く理由がよくわからない。

瀬戸内海沿岸地域の永納山、鬼ノ城、大廻小廻山、城山城などの峻厳な高地からも、北部九州の神籠石とは異なる工法ではあるが、列石を版築土塁で覆い、あるいは石垣を築いた山城がみつかっている。これまた、対外防衛施設というよりも、国内的な部族間の防衛施設のようでもあり、築造時期ももっとさかのぼる可能性すらある。

今後の大きな研究課題ともいえるが、御所ケ谷の神籠石群についても、古代の山岳信仰や部族間紛争と関連した施設であったかもしれない。

貝原益軒の『豊国紀行』には、「長峡県の行宮のあった場所は、上野の東、馬ケ岳の西、堤村の十町（約一キロ）ほど南にあり、いまも礎がある。天子の行宮があったため、この郡を京都郡と名づけた」とあり、『豊前志』にも、「景行帝の行宮の跡は、いま御所ケ谷という」とあるとおり、御所ケ谷は景行天皇の「長峡の行宮」の有力な候補地とされている。

ただし、『太宰管内志』は、「津積村御所ケ谷という地名に御所という名を用いたのは、貴人の居城であったからである。景行天皇の長峡の行宮の跡とするのは、いにしえの帝都に石畳を用いることがないということを知らぬ人の説であって、論外である」と、否定的な見解をしめしている。

さらには、「長峡の行宮」の所在地を、竹馬川流域の長野（小倉南区）に比定する説もある（『書紀集解』）。古い地名で、発音もよく似ているからである。しかしながら、この説では長峡が京都郡ではなくて企救郡に属することとなり、地勢的に疑問というべきであろう。厳密な考証が必要であろうが、現時点においては長尾説が最も有力であるといえよう。

豊後の来田見宮

という。

姫島から碩田国へ

『日本書紀』によると、豊前国の「長峡の行宮」に滞在していた景行天皇は、冬十月に「碩田国《おおきたのくに》」にいたったという。

『日本書紀』には書かれていないが、『豊後国風土記』によると、「むかし、纏向の日代の宮に天下をお治めになった天皇（景行天皇）の御船が、周防の佐婆津から出発し、ご渡海されたが、はるか遠くにこの豊後の国をご覧になり、勅して、『あそこにみえるのは、もしかすると国の埼ではなかろうか』と仰せられた。それによって国埼の郡という」とある。景行天皇は長峡川河口の港から、宇島（豊前市）、広津（築上郡吉富町）、宇佐の和間ノ浜（宇佐市松崎）などを経たのち、国東半島を迂回して「碩田国」へ入ったのである。

国東半島を迂回するとき、おそらく景行天皇は姫島《ひめしま》（大分県東国東郡姫島村）に立ち寄ったであろう。

姫島は国東半島の北方四キロ、周防灘に浮かぶ東西約七キロ、南北約二キロ、周囲約一七キロの小さな島で、島の中央には矢筈岳（標高二六六・六メートル）がそびえ、西に達磨山、北に城山がある。島の集落は、この三つの山に囲まれた地域に集中している。

姫島は女嶋とも書かれるが、その名は『古事記』の国生み神話にでてくるほどであるから、きわめて古い地名であるといっていい。『古事記』では、大八島創造後、吉備の児島、小豆島、大島を生み、次に女島を生んだとする。『古事記』には、またの名を天一根《あめひとつね》という、とある。

姫島は、古い時代から黒曜石の特産地として知られていた。姫島の西北部にある観音崎の崖には、東西一二〇

東国東郡・姫島の海岸（木下陽一氏撮影）

メートル、高さ四〇メートルにわたって黒曜石が露出しており、縄文時代から弥生時代を通じ石器素材の一大供給基地であった。大分県下はもちろんのこと、宮崎や鹿児島などの南九州地域や、豊後水道や周防灘を越えた愛媛、高知、山口、広島、岡山などの四国・西瀬戸地域などから、姫島産の黒曜石でつくられた石器がみつかっている。姫島で採掘された黒曜石は、舟で国東半島に運ばれ、そこで製品化されたらしい。

姫島の東南一三キロの羽田遺跡（国東市国東町）からは、姫島産黒曜石の原石、剝片、石核、石鏃などの石器製品が大量にみつかり、姫島産黒曜石を原材料とした石器生産拠点があったことをしめしている。その量からみて、他地域への供給を目的としたものと考えられており、この地域に石器製造の専門的な技術者集団が住み着いていたのであろう。

また、姫島には「比売語曾神社」（姫島村両瀬）が祀られているが、これは『日本書紀』の崇神天皇時代に朝鮮の意富加羅国《おおからのくに》の王子都怒我阿羅斯等《つぬがあらしと》が海を渡ってきたという記事に由来する。意富加羅国とは、朝鮮半島南部にあった加耶諸国の一つである大伽耶ないし金海加耶のことである。

『日本書紀』には、「都怒我阿羅斯等は朝鮮にいたときに所有していた黄牛を村役人らに無断で食われてしまった。ある老人のお告げにより、村人らが祀る白い石を牛の代わりにもらって帰ると、その石はきれいな娘になった。ところがその娘は東のほうへ立ち去ってしまった。都怒我阿羅斯等はその娘を追いかけて日本へやってきた。その娘は難波にいたって比売語曾社（大阪市東成区東小橋）の神となり、また豊国の国前郡にいって比売語曾社の祭神となった」とある。

姫島は、周防灘を通って四国・瀬戸内海方面へむかう海上交通の要路にあり、朝鮮から渡来した娘は、国東半島沖の姫島を経由して難波、すなわち大阪方面へむかったのであろう。

『日本書紀』によると、娘を追って日本にやってきた都怒我阿羅斯等は、まず穴門（山口県）に到着し、国王と自称する伊都都比古と会見したが、その風体からとても国王にはみえなかったため、ふたたび船に乗って日本海を北上し出雲方面へむかい、角鹿（敦賀）に到着し、そこから上陸した。そして、垂仁天皇時代に朝鮮に帰国したという。

景行天皇からみれば、崇神天皇は祖父、垂仁天皇は父にあたる。景行天皇は、当然のことながら比売語曾社の由来を知っていたはずである。

姫島村の比売語曾神社（曺智鉉氏撮影）

姫島には産土神として「大帯《おおたらし》八幡社」が祀られている。地元の伝承では、神功皇后の和風諡号である息長帯《おきながたらし》姫命《ひめのみこと》に由来するといわれているが、景行天皇の和風諡号である「大足彦《おおたらしひこ》」にもかかわりがあるかもしれない。

国東半島の北部、伊美川の河口にある伊美（国東市国見町）にも、景行天皇の足跡が残されている。すなわち、『豊後国風土記』には、「おなじ天皇（景行天皇）がこの村におられて、『この国の道路ははるかに遠々しく、山は険しく、谷は深く、行き来する者もまれなところだが、いまやここに国をみることができた』と勅しておっしゃられたので、国見の村といった。いま伊美の郷というのは、それをなまったものである」と書かれ、この地には「伊美別宮社」が祀られている。

「岩倉八幡宮（櫛来神社《くしく》）」（国見町櫛来字古江）は、神功皇后や応神天皇とともに、帯中津日子命《たらしなかつひこのみこと》を祭神としているが、これはもちろん景行天皇のことである。

伊美を出発した景行天皇は、海岸沿いに別府湾をめざした。

前述したとおり、羽田遺跡では姫島産の黒曜石を用いた石器製品がつくられていたが、景行天皇がこの地を通過したころには、鉄製品に押されてかつての勢いはすっかり衰えていたであろう。

羽田遺跡の南方に、弥生時代の「安国寺遺跡」（国東町）がある。U字形の環濠や水田跡がみつかり、「東の登呂（静岡県）、西の安国寺」といわれるほど豊富な遺物や住居跡が発見されている。景行天皇たちも、当然この安国寺の集落をみたはずである。

熊尾遺跡（国東町）からも姫島産黒曜石やその半製品などがみつかっており、ここにも石器の生産をおこなう人々が住んでいたらしい。これまた、景行天皇当時、集落はあったものの、石器の製造は大きく衰退していたはずである。

景行天皇は国東半島を迂回し、奈多の海岸を通過して、別府湾に入った。いよいよ「碩田国」である。

碩田国について『日本書紀』は、「その地形がひろく、大きくて麗しい。よって碩田《おおきた》と名づけた」と書き、『豊後国風土記』も「むかし、纏向の日代の宮に天下をお治めになった天皇（景行天皇）が、豊前国の京郡の行宮からこの郡に行幸なされて地形をご覧になり、感嘆して『この郡は、なんとひろく大きいことか。碩田の国（碩田は大分という）と名づけるがよい』と仰せられた。大分の由来である」と書いている。

『和名抄』には、「豊後国大分郡」とあり、阿南、稙田《わさだ》、津守、荏隈《えのくま》、判太《はんだ》、跡部《あとべ》、武蔵、笠祖、笠和、神前の十郷からなっている。

のちに国東郡に編入された武蔵郷が含まれているところから、当時の大分郡は現在の大分市と大分郡よりもひろい区域であったようであり、『大日本地名辞書』は速見郡、海部郡および大野郡や直入郡などの高原地帯も包摂していたとするが、現在の大分平野を中心とする区域であったことはまちがいない。

古代の人々にとって、生活用水や農業用水を確保するためには、河川の存在が絶対的な条件である。河川があれば、必ず海と山がある。中上流域の南向きの暖かくて乾いた丘陵地帯に集落をつくり、背後の山々から鳥や獣、木の実、山菜、木材など豊富な山の幸を手に入れることができる。また、河川を使って、舟で多くの人と物資を運び、魚や貝、海藻などのさまざまな海の幸を手に入れ、また海からやってきた他国の商人たちと交易をする。古くから開けていた地域は、必ずこのような基本的条件を備えているが、大分平野もその条件を確実に備えている。


大分平野には、大分川、大野川などが南北に貫流し、流域には三角州が集まって沖積平野が形成されている。東西約二四キロの肥沃な平野で、別府湾に面しているため海も穏やかで、年間通して比較的温和な気候に恵まれている。背後には一五〇―三〇〇メートルの丘陵地や台地がひろがり、その奥には九州山地に連なる山々が迫り出している。まさしく、大分平野は古代の人々が住み着く基本的な条件を、十分に備えている。

縄文時代から弥生時代、古墳時代など各時代の遺跡も豊富で、大在《おおざい》（大分市）の海岸砂丘上にある浜遺跡からは、弥生時代中期・後期の大型器台や壺形埴輪などの祭祀用土器や甕棺とともに、中広銅剣四本が出土している。中広銅剣は山陽・四国地方を中心に出土するもので、周防灘地域と瀬戸内海地域との交流をしめすものといえよう。


大分市内には古墳も多く、とりわけ大分川支流の七瀬川に沿う丘陵上にあった御陵古墳（大分市木上）は、全長八〇メートルに達する大分平野最大の前方後円墳であるが、昭和四十三（一九六八）年の宅地造成工事のために消失した。伝承によると、神武天皇の子神八井耳命の子大分君の墳墓であるという。かつて墳丘上には享保十八（一七三三）年に建てられた「古皇之御陵」なる石碑があったという。

大分川支流の寒田《そうだ》川中流右岸に、豊後一の宮とされる「西寒多《ささむた》神社」（大分市寒田）がある。式内名神大社で旧国幣中社である。本宮山（標高六〇七・五メートル）の北東麓にあり、天照大神、イザナギ、イザナミノミコ

豊後一の宮，西寒多神社（大分市寒田。大分市観光課提供）

ト、月読尊、大直日神《おおなおび》、神直日神《かんなおび》、天思兼神《あめのおもいかね》を祭神としているが、もともとは「西寒多神」が主たる祭神であったようである。

『三代実録』によると、貞観十一（八六九）年三月二十二日の条に「西寒多の神に従五位下が授与された」という記事がある。ササムタ神（ないしソウダ神）は、国造大分君の氏神ともいわれており、いつのころからか由緒がわからなくなっていた土着の神を公式に認知したのがこの記事であったろう。唐橋世済編『豊後国志』に「山頂に祠あり」と記されているように、本宮山山頂に祀られていた神であったという。『大分郡志』によると、神功皇后が朝鮮出兵の帰途西寒田山に登り、一本の白旗を奉納し、のちに応神天皇のときに武内宿禰が勅命により社殿を創建したという。

速見の速津媛

碩田国――すなわち大分国に足を踏み入れた景行天皇一行は、『日本書紀』によると、まず「速見の邑《むら》」に到着した。

速見の邑とは、速見郡（大分県速見郡、別府市、杵築市）のことで、大分郡の北方に所在している。西は豊前国宇佐郡に接し、北は国東郡に接する。南部には、伽藍岳（標高一〇四五メートル）、鶴見岳（標高一三七五メートル）、由布岳（一五八四メートル）、福万山（一二三六メートル）などの高い火山があり、別府、由布院、湯平には温泉が湧き出ている。北部も山岳地帯で、国東半島の頸部には八坂川が東に流れて別府湾に注いでいる。

速見の邑に到着したところ、そこにもこの地方を治める女酋がいて、景行天皇一行をみずから出迎えたのである。その女酋の名は、「速津媛《はやつひめ》」といった。『日本書紀』では、「一処《ひとところ》の長《ひとごのかみ》」と形容されているから、「一国の長」と形容された豊前の神夏磯媛にくらべると、治める範囲も権力も小さな女王であったろう。

　速津媛は景行天皇にむかって、「この山に大きな石窟《いわや》があり、ネズミの岩窟と申します。二人の土蜘蛛がいて、その岩窟に住んでおります。一人を青《あお》といい、二人目を白《しろ》といいます。また、直入郡の禰疑野《ねぎの》に三人の土蜘蛛がいて、一人を打猨《うちさる》といい、二人目を八田《やた》といい、三人目を国摩侶《くにまろ》といいます。この五人はみな力が強く、また大勢の仲間をもっています。みな、天皇に服従しないといっています。もし強引に召喚すれば、兵を起こして抵抗するといっています」と述べた。

　同様の記事が、『豊後国風土記』にも載せられている。

「むかし、纏向の日代の宮に天下をお治めになった天皇（景行天皇）が、球磨贈於《くまそ》を討とうとおもって筑紫においでになり、周防の佐婆津から船出してお渡りになり、海部郡《あまべ》の宮浦《みやのうら》にお泊まりになった。そのとき、この村に女人があった。名を速津媛といい、この処の首長であった。さて天皇が行幸なさると聞いて、親しくみずからお迎えして、『この山に大きな岩窟があります。名をネズミの岩窟といい、土蜘蛛が二人住んでいます。その名を青・白といいます。また直入郡の禰疑野に土蜘蛛三人がいます。名を打猴・八田・国摩侶といいます。この五人はみな人となりが強暴で、手下も多い。みな誹って、天皇の命令にはしたがうまいといっています。もし強いてお召しになろうとすれば、軍を催して抵抗するでしょう』といった。そこで天皇は兵士を派遣してその要害を抑え、ことごとく誅滅した。こういうわけで名を速津媛の国といった。のちの人が改めて、速見の郡という」

　この記事によると、速津媛の拠点は、「海部郡」の「宮浦」とされている。

　海部郡は、大分県の東南部に位置しており、西は大分郡と大野郡に接し、南は日向国臼杵郡と接している。東部は豊後水道に接し、リアス式海岸には多くの浦と小さな島々があり、古代海人族の一大拠点の一つであった。

『日本書紀』神武天皇即位前記には、日向から大和にむけて東征する途中、「速吸《はやすい》の門」にさしかかったとき、曲浦《わだのうら》で釣りをしていた珍彦《うずひこ》という漁人が現れ、神武天皇一行を水先案内した。この功により、珍彦は神武天皇から「椎根津彦《しいねつひこ》」という名を賜り、倭国造らの祖先となったという。『古事記』は「槁根津日子《さおねつひこ》」と書くが、同一人物をさしていることは明らかである。大分市関には、「椎根津彦神社」が祀られている。

「速吸の門」とは、豊後水道の最も狭い部分、豊予海峡のことである。『古事記』は明石海峡のごとく記しているが、これは何らかの誤伝であろう。「速吸の門」は「速吸の瀬戸」ともよばれ、激しい潮流のため、海の難所として知られている。『太宰管内志』は、「早吸門に潮が通うときは、たいそうな音がして海底から湧き出して、海底に吸い込まれるようだ」と記している。

佐賀関半島の突端から四国の佐田岬（愛媛県）まではわずか一四キロで、関崎の沖合い三・七キロにある高島（きくの島）からは、一〇キロにも満たない距離である。晴れた日には、間近に四国を望むことができる。その速吸の門を望む佐賀関半島の先端の上浦《うわうら》には、式内社の「早吸日女《はやすいひめ》神社」（大分市関）が祀られている。

上浦の曲浦（和多浦）の清地《すがち》にある。

佐賀関という地名は、清地の「清《すが》」に由来するという。「素娥《すが》」あるいは「素賀《すが》」とも書かれ、それが「佐加」となり、「佐賀」になったという。『太宰管内志』にも、「佐加は差我と訓《よ》むべきである。地名の意味は清々《すがすが》しい地であるからだろう」と書かれている。

祭神は「速吸比咩《はやすいのひめ》」で、イザナギノミコトのことといわれているが、これは後世の付会であると思われる。もともと、「速吸の門」あたりに勢力を張っていた「速水族」とでもいうべき海人族の女酋であったにちがいない。時代が下り、大和朝廷による支配が進むにつれて一海人族の女酋たる速吸姫を祭神とすることにはばかりが生じ、大和朝廷の祖神ともいうべきイザナギノミコトと同一神としたのであろう。

『続日本後紀』の承和十（八四三）年の条に、無位の早吸比咩神が従五位下に叙せられたとあり、『三代実録』によると元慶七（八八三）年に正五位下に叙せられたとあるから、少なくとも、平安時代前期までは速吸姫がイザナギノミコトとみられていなかったことは明らかである。

景行天皇を出迎えた速津媛こそが、速吸比咩であった可能性もある。

『日本書紀』によると速津媛は速見の邑（速見郡）を根拠にした女酋であり、『豊後国風土記』によると海部郡の宮浦を根拠にした女酋とされている。広域的に考えれば、速見郡から海部郡にかけて勢力を有していたと解してもそれほどおかしなことではない。

『和名抄』によると、速見郡には、朝見、八坂、由布、大神《おおが》、山香の五郷が含まれており、このうち由布には、速津媛が祀ったと伝えられる「宇奈岐日女《うなくひめ》神社」（大分県由布市湯布院町川上）がある。木綿《ゆふ》社あるいは木綿山神社ともよばれ、六所宮、六所権現ともよばれる。祭神は、国常立尊《くにのとこたちのみこと》、国狭槌尊《くにのさづちのみこと》、彦火火出見尊《ひこほほでみのみこと》、彦波瀲武鸕鷀草葺不合尊《ひこなぎさたけうがやふきあえずのみこと》、神倭磐余彦尊《かむやまといわれひこのみこと》、神渟名川耳《かむぬなかわみみ》尊《のみこと》であり、肝心の宇奈岐日女は祭神とされていない。「神社明細牒」には、景行天皇の親征のとき、この地で祭祀を営み、景行天皇三年に速津媛が勅を奉じて創建したとある。由布岳の南西山麓の由布院盆地に所在している。

速津媛の創建と伝えられる宇奈岐日女神社（湯布院町）

宇奈岐日女という女神については、ウナギを沼沢の精霊として祀ったとする説や強力《ごうりき》の権現に由布院盆地をつくらせた神であるとする説、勾玉などを首からかけた女神の意であるとする説などがあるが、かつて由布院盆地を支配していた女酋名に由来するというべきであろう。

もっと空想をたくましくすれば、速津媛が治めていた領域――クニは、「ハヤツ（速津）国」とよばれていたかもしれず、関門海峡の最も狭いところは「隼人の迫門」といい、のちに「速鞆瀬戸」あるいは「早鞆瀬戸」と書かれたように、「ハヤツ（速津）国」はもともと「隼人国」とよばれていたのかもしれない。

隼人という呼称

前述したように、海部郡は、南は日向国と境を接している。「隼人」がはじめて文献上に現れるのは、『日本書紀』巻二、神代下第九段の記事で、そこには「火闌降命《ほのすそりのみこと》は、隼人らの始祖である」と書かれている。火闌降命は、『古事記』では火照命《ほでりのみこと》と表記され、海幸彦とよばれる人物である。邇邇芸命《ににぎのみこと》と娘木花《このはなの》佐久夜毘売《さくやひめ》の間に生まれた。邇邇芸命は、天照大神の子天之忍穂耳命と高木神（高御産巣日神）の娘万幡豊秋津師比売の間に生まれた子で、天照大神の孫にあたる。

『古事記』によれば、天照大神と高御産巣日神から「豊葦原の瑞穂の国」の統治を委任する神勅を受けた邇邇芸命は、天児屋《あまこやね》命、布刀玉命《ふとだまのみこと》、伊斯許理度売命《いしこりどめのみこと》、玉祖命《たまのやのみこと》をしたがえ、思金《おもいかね》神、手力男《たぢからお》神、天石門別《あめのいわとわけ》神らとともに、猨田毘古《さるたひこ》神を先導に高千穂の山に天降った。天降った邇邇芸命は、笠狭《かささ》の岬に居を構え、そこで大山津見神の娘木花佐久夜毘売と出会い、火照命《ほでりのみこと》（海幸彦）、火須勢理命《ほすせりのみこと》、穂穂手見命《ほほでみのみこと》（山幸彦）の三人の男子を生んだ。

『古事記』によると、ある日、山幸彦（穂穂手見命）は、海幸彦（火照命）と互いの道具を交換することをおもいつき、しぶる海幸彦を説得して道具を交換した。山幸彦は海幸彦の道具をもって海に出かけたが、魚は一匹も釣れず、それどころか大事な釣り針を海中に落としてしまった。

山幸彦はあやまり、自分の剣を壊して多くの釣り針をつくって弁償しようとしたが、海幸彦は許さず、海中に落とした釣り針を返すように求めた。困った山幸彦が涙にくれていると、塩椎神《しおつちのかみ》が現れ、海神たる「綿津見《わたつみ》神の宮」へいくことを勧められた。山幸彦は綿津見神の宮へ出かけ、綿津見神の娘の豊玉毘売《とよたまひめ》と出会って結ばれる。

幸せな生活がつづいて三年目、山幸彦は落とした釣り針のことをおもい出してはため息をつくようになった。理由を知った綿津見神は、魚たちを集めて釣り針の行方を尋ねた。すると、鯛が「のどに何かひっかかって物も食べられない」といっているという。鯛ののどをみてみると、やはり釣り針を飲み込んでいた。綿津見神はさっそく釣り針を取り出して山幸彦に渡し、海幸彦に返すときの呪詛の言葉を教え、「もし海幸彦が恨んで攻めてきたら、この塩盈珠《しおみつたま》を使って溺れさせ、あやまったならこの塩乾珠《しおひるたま》で水を退かせて助けなさい」といって地上に帰した。山幸彦は綿津見神に教えられたように海幸彦を苦しめ、ついに山幸彦に対して海幸彦が守護人として仕えることを誓った。

『古事記』は、「そこでいまにいたるまでその溺れたときのしわざを演じてお仕え申し上げるのです」と、朝廷への「隼人舞」とよばれる歌舞奉納の起源を説明し、『日本書紀』の「一書」は、「それで火酢芹命の後裔のもろもろの隼人たちは、いまにいたるまで天皇の宮の垣のそばを離れないで、吠える犬の役をしてお仕えしているのである」と、隼人による「朝廷警護」の起源を記している。

『日本書紀』敏達天皇十四年八月の条には、「三輪君逆《さかう》は、隼人に殯庭《かりもがりのにわ》を守らせた」とあり、隼人が宮門の警備のみならず、殯庭の警備にあたったことが記されている。

『日本書紀』天武天皇十一（六八二）年七月条にも、「隼人が大勢やってきて、貢物を献上した。この日に大隅の隼人と阿多の隼人が御所で相撲をとった。大隅の隼人が勝った」と、隼人の朝貢と相撲の奉納に関する記事が記されており、この当時、南九州の居住民や畿内に移配された一族のことを隼人といい、薩摩国東部の大隅隼人と薩摩国西部の阿多隼人に大別されていたことがわかる。

大和朝廷は、後世の律令時代においても隼人が言語風俗面で倭人と大いに異なるところから、隼人を「夷人雑類」に区分し、律令制度の完全適用を留保する一方、朝貢を強制するなど、異民族の一種として取り扱っている。

隼人を、東南アジアに由来するインドネシア系種族とみる説もあり、弥生人と縄文人という区分からすれば、縄文人の系列に属する部族であるようにおもわれる。したがって、九州における先住民族で、狩猟や漁業などを主とする狩猟民族であった可能性が高い。

むろん南部九州が主たる勢力範囲ではあったが、一部の勢力は中部・北部九州に勢力をのばした時期もあったはずである。中部九州から北部九州に進出した部族を熊襲とよぶかどうかはともかく、農耕を主体とする弥生文化の隆盛に伴い、南部九州方面に勢力の撤退を余儀なくされ、また大和朝廷の中央集権体制が浸透するにしたがって、ますます九州における勢力の縮小を余儀なくされたものとおもわれる。律令時代には日向地方を放棄して薩摩地方に拠点を移し、「海上の道」に進出して、南西諸島――すなわち奄美大島、種子島などの薩南諸島や沖縄諸島、八重山諸島などの先島諸島方面に勢力をのばしていったのかもしれない。

大和朝廷の始祖の一人ともいうべき山幸彦を支援した勢力が九州における海人勢力としての隼人であり、『古事記』『日本書紀』の神話では隼人をホホデミノミコト（海幸彦）の末裔とするなど、神武天皇の東征にあたっても最大の支援勢力として活躍したのが隼人であった可能性もある。

景行天皇当時、海部郡という郡名はなかったはずである。

『日本書紀』には、景行天皇から三代のちの応神天皇時代に「処々の海人がさばめきて」命令にしたがわなかったので、それを平定するため、神功皇后の朝鮮出兵に際して功績のあった安曇の連の祖の大浜宿禰を「海人の宰」に任命し、「諸国に令して海人と山守部が定められた」とあり、『古事記』にも、「この御世に、海部・山部・山守部・伊勢部を定められた」とある。海部氏はそれぞれの領海を管轄し、航海に従事するとともに、漁獲物を朝廷に貢納するなどの職をつかさどった。

海部という地名は、遠江（静岡県）以西にひろく分布しており、郡名や郷名として数多く残存しているが、豊後の海部郡もその一つと考えていい。したがって、景行天皇当時は海部郡という地名ではなく、別の名でよばれていたはずである。その具体的な地名について言及した文献資料は残っていないが、ひょっとしたら、「ハヤツ（速津）国」ないし「隼人国」とよばれていたかもしれない。

豊後地方に残存していた隼人の勢力を率いたのが、「速津媛《はやつひめ》」ないし「速吸比咩《はやすいのひめ》」と考えるわけである。

隼人のハヤは必ずしもハヤ（南風）に由来するものではなく、隼のようにすばやく海を往来できる独自の航法をもった海人族に対する呼称とみるべきであろう。

『太宰管内志』や『豊後国志』によると、早吸日女神社は、当初は現在地から約一キロ西方の「田刈穂浦」あるいは「高風浦」の古宮（大分市関）にあったらしい。遷座された時期は不明であるが、大宝元（七〇一）年とも昌泰年間（八九八－九〇一年）ともいわれている。

景行天皇は、そこにしばらくとどまったであろう。『豊後国風土記』には、「穂門《ほと》の郷は、郡役所の南方にある。むかし、纏向の日代の宮に天下をお治めになった天皇（景行天皇）が、御船をこの門に停泊されたときに、海の底に海藻がたくさんはえていて、長く美しかった。そこで、『最勝海藻《ほつめ》をとれ』とおっしゃられた。そういうわけで、最勝海藻の門《と》といった。いま穂門の郷というのは、なまったものである」とある。

穂門は、『和名抄』には「海部郡の穂門」としてでてくる古い地名である。津久見湾入口に「保戸島《ほと》」があるが、穂門郷の範囲は、津久見湾に臨む津久見市から南側の佐伯市あたりまでひろがる範囲であったと考えられている。最勝海藻とは、「最高級の海藻」という意味である。速津媛は地元でとれた最高級の海産物でもてなした。アワビやカツオなどの魚介類も食膳に並べたにちがいない。

ちなみに、海部郡の熊崎川河口付近に「下山古墳」という五世紀半ばの前方後円墳があり、被葬者は女性とみられているが、その頭蓋骨に外耳道骨腫が認められたという。外耳道骨腫は潜水を職業とする人々に多くみられる現象で、したがってこの被葬者はこの地域を支配した女酋で、かつ海女であったと考えられている。

四世紀半ば過ぎの景行天皇の時代からみれば、百年近くのちの時代の古墳であるが、ひょっとしたら速津媛の係累に連なる女性であったかもしれない。

来田見の仮宮

速見郡から海部郡にかけての海人族の女酋であった速津媛は、景行天皇に対面するや、恭順の意をしめすとともに、「速見村の山の岩窟」を拠点とする「青」と「白」、「直入郡の禰疑野」を拠点とする「打猨《うちさる》」「八田」「国摩侶」という五人の土蜘蛛の名を告げた。

「青」と「白」が拠点としていたのは、『豊後国風土記』などからみて、直入郡西部の山岳地帯であったようである。

直入郡は、豊後国八郡の一つで、豊後国の南西部に位置している。北は大分郡と玖珠郡、東は大野郡、南は日向国臼杵郡（宮崎県西臼杵郡）、西は肥後国阿蘇郡（熊本県）に接した高原地帯である。阿蘇外輪山の東麓に位置し、北方には久住山（標高一七八八メートル）を主峰とする九重山系がそびえ、南方には九州山脈の主峰祖母山（標高一七五八メートル）がそびえている。

直入郡の範囲は、現在の竹田市の区域である。東に傾斜した竹田盆地には、高い山々に源を発する小さな川が集まり、さらに東へ流れて、豊後最大の大野川の本流に集まり、やがて別府湾に注ぎ込む。

『豊後国風土記』には、直入という地名の由来について、「むかし、郡役所の東の桑木の村に桑がはえていた。その高さはきわめて高く、幹も枝も直く美しかったから、土地の人は直桑《なおくわ》の村といった。のちの人が改めて直入の郡といった」とある。

「青」と「白」は、ネズミの岩窟に住んでいた。山岳地帯の岩屋に住み着き、狩猟生活を営んでいたのであろう。青と白という名は、部族を象徴する刺青や化粧、あるいは衣装などに青い色と白い色を用いていたからにちがいない。

「打猨」とは、このあたり一帯に生息していた日本猿に由来するものであろう。猿はすばしこく、敏捷で、打猨もまた猿のように山岳地帯を根城にしていたのであろう。『日本書紀』神功皇后条にみえる「熊鰐」や「熊鷲」など、動物名をとって命名する風習に由来するものであろう。それにくらべて、「八田」と「国摩侶」の命名の由来はよくわからない。

八咫といえば、長さを表し、『古事記』や『日本書紀』では、大きな鏡を表すものとして「八咫の鏡」が慣用語のように用いられている。この八咫と関連したものであろうか。それとも文字どおり、多くの田を所有していた人物であろうか。

おなじく、『日本書紀』神功皇后条には、「烏摩呂《おまろ》」という名がみえ、後世の「丸」や「麻呂」などに連なる命名法が、景行天皇当時の九州において、すでにおこなわれていたのかもしれない。そうすると、「国摩侶」という名は、文字どおりクニを支配していた者に対する尊称ということになる。

『古事記』や『日本書紀』においては、朝廷に服従しない部族に対する蔑称として土蜘蛛という言葉を用い、首長の名も蔑称に改変したとおもわれるケースも見受けられるが、それほど徹底したものではなかったのかもしれない。

景行天皇は、これら五人の土蜘蛛を討伐するため、来田見邑《くたみむら》に移動した。来田見は、球覃とも書かれ、現在は朽網と書かれる。竹田市北部の山岳地帯に位置し、朽網山や朽網川（芹川）などにも地名の名残を残している。

仮宮の所在地とされる宮処野神社（竹田市久住町）

『豊後国風土記』に、来田見という地名の由来が記されている。

「この村に泉がある。おなじ天皇（景行天皇）が行幸されたとき、食膳を奉仕する人が飲料水として泉の水を汲ませると、そこに蛇龗《おかみ》がいた。それを聞いて天皇は、『きっと臭いにちがいない。汲んで使ってはならない』と命じられた。これによって名を『臭水《くさいずみ》』といい、その名にちなんで村の名とした。いま球覃《くたみ》の郷というのは、なまったものである」

火山が多いため、このあたりで湧いてくる水には硫黄分などが多く含まれており、飲料水には適さないことがあろう。蛇龗とは、サンショウウオまたはイモリのことをさすらしい。

来田見邑に移動した景行天皇は、そこに仮宮を建てた。これまた『豊後国風土記』には、「宮処野《みやこの》は朽網《くたみ》の郷にある野である。おなじ天皇（景行天皇）が土蜘蛛を討伐しようとなさったとき、行宮（仮宮）をこの野にお建てになった。このことをもって宮処野という」とある。仮宮の所在地は、竹田市久住町仏原の宮園といわれ、「宮処野神社」が祀られている。

ちなみに、宮処野神社は嵯峨宮神社ともよばれるが、これは嵯峨天皇に由来するものである。弘仁年間（八一〇－八二四年）、直入郡擬大領膳臣広雄の娘が嵯峨天皇に仕えて寵愛を受けたが、崩御ののち故郷に帰って尼となり、終生嵯峨天皇を弔ったという。尼が亡くなったのち宮処野神社近くに葬られたが、そのことにちなんで嵯峨宮とよぶようになったという。

地元の伝承では、宮処野神社の南側にある田は景行天皇の仮宮を警護した場所であるといい、禁忌の地とされ、のちの時代になっても糞尿などの肥料をまくことが禁じられたという。また、そのそばには泉があり、「御供水」とよばれたという。

『豊後国風土記』には、「球覃の峰は、郡役所の北にある。この峰の頂上にいつも火が燃えている。麓には数々の川がある。名を神の川という。また、二つの湯の川がある。流れて神の川と合流する」とあり、朽網川は、別名神川《かむのかわ》とよばれていたことがわかる。

北方にみえる球覃の峰、すなわち朽網山とは、九重山、大船山、黒岳三山の総称であり、九重連峰、九重火山群のことである。『豊後国志』には、「郡の北朽網郷にあり。豊後国風土記は球覃の峰と書く。万葉集に詠われたところであり、九重、大船、黒岳が鼎のように立ち並んで、根を合わせている。三山を総称して朽網山という。もってこの国の鎮護となす」とあり、『万葉集』巻十一（二六七四）には、「朽網山夕居る雲の薄れゆかば我は恋なむきみが目を欲《ほ》り」という歌が収録されている。

三神の祭祀

来田見の宮処野に仮宮を建てた景行天皇は、「柏峡《かしわお》の大野」に前進基地を設けた。

『日本書紀』には、「天皇はまず敵を討つため、柏峡の大野にやどられた。その野に石があった。長さ六尺、厚さ一尺五寸。天皇は神意をうかがう占いをされて、『わたしが土蜘蛛を滅ぼすことができるのなら、この石を蹴ったら柏の葉のように舞い上がれ』といわれた。そして蹴られると、柏の葉のように大空に舞い上がった。それでその石を名づけて『踏石《ほみし》』という。このときにお祈りされた神は、志我神、直入物部神《なおいりもののべ》、直入中臣神《なおいりなかとみ》の三神である」と書かれている。

『豊後国風土記』にも、「蹴石野は、柏原の郷のなかにある。おなじ天皇が土蜘蛛の賊を討つため、柏峡の大野におでましになると、野のなかに石があった。長さ六尺、幅は三尺、厚さ一尺五寸である。天皇は神意をうかがうため、『わたしは賊を滅ぼそうとおもうが、この石を蹴ったら柏の葉のように舞い上がれ』といわれた。そして蹴られると、柏の葉のように大空に舞い上がった。これによって蹴石野という」とある。

柏峡とは、竹田市荻町の柏原《かしわばる》のことである。大野川源流の新藤川と山崎川によって南北にはさまれた阿蘇溶岩台地上に位置する。『豊後国風土記』には、「柏原の郷は、郡役所の南方にある。むかし、この野に柏の木がたくさんはえていた。それで柏原の郷という」と書かれている。

由布市庄内町の直入中臣神神社

景行天皇は、直入郡の柏原に前進基地をつくり、石蹴り占いをおこなって神意を尋ね、「志我神」「直入物部神」「直入中臣神」の三神を祀った。

志我神が祀られたのは、大野郡の志賀（豊後大野市朝地町市万田《いちまんだ》）の「志加若宮神社（若宮神社）」といわれている（『大日本地名辞書』『豊後国志』）。直入物部神が祀られたのは、直入郡の「鶴《つる》田《た》籾山《もみやま》八幡社」（竹田市直入町社家《しゃけ》）といわれ、境内には景行天皇の腰掛石とよばれる石があり、神社を見下ろす丘陵地には、前方後円墳や円墳などもあり、古くから開けていた地域である。直入中臣神が祀られたのは、大分郡の「直入中臣神神社《なおいりなかとみのかみ》」（由布市庄内町阿蘇野地区中村）といわれる。「石明神」ともよばれ、境内東側には御神体石が祀られている。

景行天皇は、どうしてこれらの三神を祀ったのであろうか。まず、志我神のことである。志我神といえば、博多湾にある志賀島が想起されよう。

イザナギノミコトはイザナミノミコトを追って黄泉の国へいき、蛆虫《うじ》のわいた妻の死体をみて逃げ帰り、汚れを落とすために「筑紫の日向の橘の小門の阿波岐原」でみそぎをおこなった。上つ瀬は速く、下つ瀬は弱いので、中つ瀬で水にもぐって身をすすいだところ、底津綿津見神・中津綿津見神・上津綿津見神のワタツミ三神と底筒男命・中筒男命・上筒男命の住吉三神が生まれた。

志賀島を拠点とする海人族の安曇氏は、ワタツミ三神を氏神にしている。したがって、志我神はワタツミ三神のことをさすのであろうが、景行天皇当時、大野郡あたりにも志我一族がいて、景行天皇は彼らとの関係を深めるため、その氏神を祀ったのであろうか。

次に、直入物部神のことである。物部氏といえば、すでに述べたように、その遠祖は天忍穂耳命の子で大和地方へいわば先駆けて天降った饒速日命である。物部氏の氏神は、石上神宮（奈良県天理市布留町）の祭神である「布留御魂」で、朝廷の守り神ともされている。

物部氏もまた、北部九州と縁の深い氏族で、『先代旧事本紀』巻三「天神本紀」によると、筑紫玄田物部、二田物部（筑紫郡二田）、筑紫聞物部（豊前国企救郡）、筑紫贄田物部（筑前）、狭田物部、赤間物部、島戸物部など、北部九州の物部一族も神武天皇の東征に随行している。このように、物部一族は、皇室とは深い関係にあり、景行天皇の九州遠征にあたっても物部君の祖夏花が随行していたことについては、すでに述べたとおりである。

景行天皇が直入物部神を祀ったのは、このようなことを踏まえたのかもしれないが、もっと単純にいえば、この直入地方を根拠とする物部氏がいて、彼らと関係を深めるため、景行天皇はその氏神を祀ったとも考えられる。

さらに、直入中臣神のことである。中臣氏といえば、『日本書紀』巻一、神代上七段に「中臣連の遠祖は天児《あまのこ》屋命《やねのみこと》」とあり、また『続日本紀』天応元（七八一）年七月の条に「中臣の遠祖は天御中主命である。伊賀都臣《いかつおみ》はその二十世孫意美佐夜麻《おみさやま》の子なり」とあるように、「神と人との中をとりもつ臣」として祭祀をつかさどった、きわめて古い氏族であった。しかも、物部氏とおなじく北部九州地域にもその勢力があり、『豊後国風土記』にも、景行天皇時代に仲津郡に中臣村があったことが記されている。

この当時、仲津郡のみならず大分郡や直入郡にも中臣一族に属する部族がおり、景行天皇は彼らとの関係を深めるために、その氏神を祀ったのであろう。

以上をまとめていえば、景行天皇は豊後の山岳地帯にいた土蜘蛛勢力を掃討するにあたり、地元の有力氏族たちと同盟を結んだのであろう。

土蜘蛛掃討

こうして戦闘態勢を整えた景行天皇は、多臣の祖武諸木や国前臣の祖菟名手、物部君の祖夏花らの重臣たちと土蜘蛛掃討作戦を練った。

急戦で対処するか、持久戦で対処するか議論になったが、『日本書紀』によると、景行天皇は「多くの兵で一挙に土蜘蛛を討とう。山野に隠れたら、後々の災いとなる」と断を下した。そして、兵たちに命じて、椿の木で椎《つち》をつくらせた。椎とは木槌のことである。

『豊後国風土記』も、「大野郡の海石榴市《つばきち》・血田は、ともに郡役所の南にある。むかし、纏向の日代の宮に天下をお治めになった天皇（景行天皇）が球覃の行宮におられた。そこで、ネズミの石窟の土蜘蛛を誅伐しようとおもって群臣に命じて、椿の木を伐りとり、槌につくって武器とし、そこで勇猛な兵卒を選んで武器の槌を授けた」と書いている。

そして、強兵を選んで攻撃を命じた。先制攻撃を命じられた兵たちは、『日本書紀』と『豊後国風土記』によると、山を穿ち、草を払って前進していった。奇襲攻撃をおこなうため、椎で道を切り開きながら山野を突き進んでいったのであろう。

そして、「石室《いわむろ》の土蜘蛛」――すなわちネズミの岩窟を根拠としていた「青」と「白」率いる勢力に対して攻撃をおこない、「稲葉の川上」で全滅させた。「青」と「白」の一族郎党の血がおびただしく流れて、くるぶしまでつかったといい、このため血田とよばれるようになったという。

「稲葉の川上」とは、稲葉川の上流ということである。稲葉川は、大野川の上流、九重山から東南に流れる川で、その上流といえば飛田川（竹田市）のことである。『豊後国志』には、「稲葉、久住、志土知の三本の川が一つに合わさり、市用《いちもつ》の東から流れて、騎牟礼の南を過ぎ、坂折にいたる。山王山をめぐって東折、荒牧北と田原南を過ぎ、飛田川となる」とあり、稲葉川のうち、飛田から下木《したぎ》までの約二キロを飛田川という。

椿の木で槌をつくったという海石榴市は大野郡内ではみあたらないが、直入郡の稲葉村（竹田市久住町白丹《しらに》）に海石榴山がある。『豊後国志』には「朽網郷稲葉村にある。山はそれほど高くないが、非常に険しい。風土記は海石榴市と血田を大野郡としているが、それは誤りである」とあり、『太宰管内志』も「海石榴市と血田は直入郡の禰疑野《ねぎの》の下方にあるべきである。朽網郷稲葉村に海石榴山があるが、それが旧跡であろう」と書いている。

おびただしい血の流れた「血田」という地は、大野郡内にある「知田《ちた》」（豊後大野市緒方町）のことであろう。智田とも書かれる。緒方盆地の東南部山麓、大野川支流の緒方川あたりにある。

「青」と「白」の一族郎党を全滅させた景行天皇は、次に「打猨」を攻撃することとした。打猨は、禰疑山を根拠にしていた。そこで、景行天皇以下の軍勢は、禰疑山にむかった。ところが、打猨たちから激しい抵抗を受けた。『日本書紀』は、「打猨を討とうとして、禰疑山を越えた。そのとき、敵の射る矢が横の山から飛んできて、降る雨のようであった」と書いている。

禰疑山とは竹田市の菅生《すごう》あたりにあった荒野といわれている。阿蘇外輪山の東山腹に位置する標高六〇〇メートル前後の台地で、東方にむかってゆるやかに傾斜している。また、池部村（竹田市）の北部にある「朝鍋の洞穴」に禰疑山の賊が住んでいたという伝承が残されている。

菅生から荻町にかけて、弥生時代後期から古墳時代はじめの集落跡があいついでみつかっている。とりわけ菅生台地最大の集落跡である「石井入口遺跡」では、弥生時代後期の住居跡百六十九軒のほか、古墳時代の住居跡が確認されており、全体では五百軒を超える大集落跡とみられている。また、手斧、手鎌、鉋《かんな》、刀子《とうす》、鉄鏃《てつぞく》などの鉄器や鏡片などもみつかっており、このなかには韓国慶尚北道の漁隠洞遺跡のものとおなじ鋳型でつくられたものや、中国の後漢時代の画像鏡なども含まれている。

このことは、北部九州の玄界灘沿岸にあった奴国や伊都国、あるいは筑後川上流域にあったとみられる邪馬台国との交流をしめすものであり、この地域がきわめて古い時代から開けていたことがわかる。

『日本書紀』では「土蜘蛛」という蔑称をかぶせられているが、菅生台地を中心とした地域には、古い時代からつづいたクニがあり、景行天皇時代においても独自の勢力を誇っていたのであろう。ついでながら、明治三十三（一九〇〇）年、菅生村の「今《いま》」というところから、古い椿の根がみつかり、郡長の渡辺村男は時の皇太子に献上したという。

打猨に激しい抵抗を受けた景行天皇たちは、禰疑山からいったん「城原《きはら》」に退却した。「城原」とは、竹田市にある「木原《きばる》」のことである。木原山（標高六六九メートル）南麓にあり、稲葉川支流の久住川流域に位置している。

城原まで退却した景行天皇は、川のほとりに陣を敷いて、占いをおこなった。今後の作戦展開について骨卜をおこない、吉とでたため、兵を整え攻撃を再開したところ、禰疑山にいた八田をたちまち打ち破ることができた。

次に打猨に対して攻撃をはじめた。八田を失って戦意喪失した打猨は、「降伏いたします」と申し出たが、景行天皇は許そうとしなかった。このため、進退に窮した打猨以下一族郎党は、谷に身を投げて自決してしまった。国摩侶の一族郎党の末期については、『日本書紀』に記載はないが、同様の運命をたどったであろう。

『豊後国風土記』は、禰疑野という地名の由来について、「むかし、纏向の日代の宮に天下をお治めになった天皇（景行天皇）が行幸されたとき、この野に土蜘蛛があった。名を打猴、八田、国摩侶という三人である。天皇はみずからこの賊を討とうとおもわれ、この野においでになって、兵士たち一人ひとりに労をねぎらって言葉を

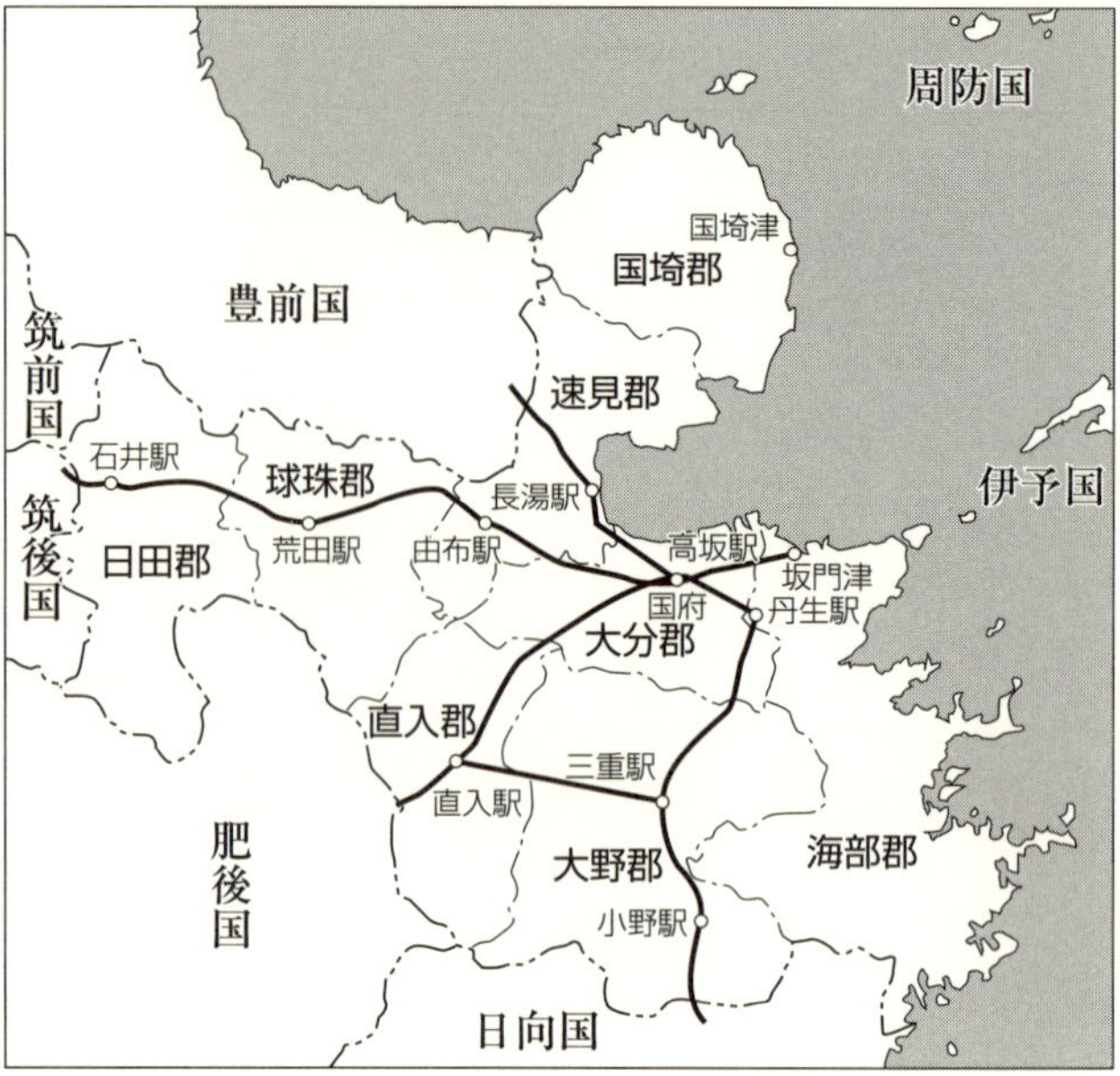

豊後国と日向国をつなぐ古代官道（古代交通研究会編『日本古代道路事典』〔八木書店〕に掲載の図をもとに作製）

かけられた。それで禰疑野というようになった」と書いている。

竹田市には土蜘蛛の死体を埋葬したといわれる蜘蛛塚があり（北村清士編『直入郡全史』）、景行天皇を祭神とする「禰疑野神社」もある。

こうして、豊前・豊後における土蜘蛛掃討作戦を完了した景行天皇は、直入郡から大野郡方面へ移動していった。『豊後国風土記』に、「おなじ天皇（景行天皇）が行幸なさったとき、網磯野《あみしの》に小竹鹿奥《しのかおく》と小竹鹿臣《しのかおみ》という土蜘蛛がいた。この二人が天皇にお食事を差し上げるため猟をした。その猟人の声がやかましかったので、天皇は『大囂《あなみす》（大変やかましい）』とおっしゃられた。そういうわけで、この地を大囂野《あなみすの》といった。いま網磯野《あみしの》というのは、なまったものである」と書かれている。網磯野とは、阿志野（豊後大野市朝地町綿田）のことである（『箋釈豊後風土記』）。

景行天皇に叱られた小竹鹿奥と小竹鹿臣という土蜘蛛は、景行天皇たちが用いる言葉とはかなりちがった言葉を用いていたのであろう。言語は、それを知らない人間にはうるさく聞こえるものである。

豊後地方における作戦を終了した景行天皇たちは、大野郡方面から陸路で日向にむかった。

古代律令制時代には、地方は国・郡・里（郷）に区分され、各国には国府（国衙）が置かれ、各郡には郡衙（郡家）が置かれた。国府間には官道が整備され、官道の要所には駅（駅家）が設置され、運搬用の馬などが配置された。ただし、これらの官道は、それぞれの地域で、きわめて古い時代から、いわば自然発生的にできた道路を整備したものが多く、景行天皇時代においても、基本的には、後世の官道の原型となった道路に沿って軍を進めていったであろう。

豊後から日向に向かうルートを、「日向道」という。現大分市からは、「高坂駅―丹生駅―三重駅―小野駅」を経て日向に入る。高坂駅は大分市大字古国府《ふるごう》の印鑰社《いんやく》あたりにあったといわれており、丹生駅は海部郡の丹生郷(臼杵市)にあったらしい。三重駅は豊後大野市三重町大字市場付近にあったという。

ただし、景行天皇が直入郡方面から大野郡を経て日向にむかっているようにおもえることから、景行天皇のたどったルートは、「直入駅―三重駅―小野駅」という順であったろう。

小野駅は、佐伯市の宇目小野市《うめおのいち》にあったとされている(『太宰管内志』ほか)。宇目小野市の田代川沿いにある八柱神社の近くには、ウマヤノアトという地名もあるらしい。

地元の伝承では、景行天皇たちは宇目村を通っている。宇目村の由来は、景行天皇が榎峠を通るとき、梅の大木をみて、この地を「梅の里」と称したからであるという(『宇目町誌』)。

日向の高屋宮

高千穂論争と神代三山陵論争

景行天皇一行は、小野（佐伯市宇目小野市）を通って、日向国に入った。

ただし、それ以降の行程について『日本書紀』はまったく記載せず、「十一月に、日向国《ひむかのくに》に到りて、行宮《かりみや》を起《た》てて居《ま》します。これを高屋宮《たかやのみや》という」とあるのみである。十月に大分に入り土蜘蛛を討伐したのち、十一月に日向に到着し、以来六年間にわたり「高屋宮」を拠点に中・南九州の平定を進めた重要な拠点でありながら、高屋宮を具体的に特定するに足りる情報は記載されていない。

『日向国風土記』も散逸しており、わずかな断片のみがほかの文献に引用されているだけであり、『日本書紀』を補完できる資料もない。にもかかわらず、日向は古代の歴史を知るうえで、きわめて重要な地域であり、高屋宮の所在地についても、古来多くの議論がおこなわれてきた。

『古事記』『日本書紀』は、いずれも天照大神の孫の邇邇芸命（瓊瓊杵尊）が、「筑紫の日向の高千穂の久士布流多気《くじふるたけ》」あるいは「日向の高千穂の峰《たけ》」に天降ったことを記している。『古事記』によると、先導役を務めていた天忍日命《あめのおしひのみこと》と天津久米命《あまつくめのみこと》は、「此地《ここ》は韓国《からくに》に向かい、笠紗《かささ》の御前《みさき》を真来通りて、朝日の直刺《たださ》す国、夕日の日照る国なり。故、此地はいと吉《よ》き地《ところ》」といったという。

高天原から天降った邇邇芸命は、その地に宮殿をつくり拠点とした。これが、日向王朝初代である。

このように、日向は大和朝廷の創始にかかわるきわめて重要な地域である。したがって、邇邇芸命が天降ったとされる高千穂の所在をめぐって、戦前まで大きな論争がおこなわれてきた。いわゆる「高千穂論争」である。

「高千穂＝宮崎県西臼杵郡説」と「高千穂＝霧島山説」が戦前まで鋭く対立し、どちらかといえば霧島山説がやや優勢のうちに推移してきたが、戦後においては「高千穂論争」に対する関心もほとんど薄れてしまい、現在にいたっている。

おなじく、邇邇芸命、穂穂手見命、鵜葺草葺不合命――いわゆる日向王朝三代を葬った陵墓の所在地をめぐっても、戦前まで激しい議論がつづけられてきた。「神代三山陵論争」である。

『古事記』『日本書紀』は、神代三山陵の所在地について、次のように記している。

	『古事記』	『日本書紀』	『延喜式』
邇邇芸命	記載なし	筑紫の日向の可愛の山陵	在日向国無陵戸
穂穂手見命	高千穂の山の西	日向の高屋の山の上の陵	在日向国無陵戸
鵜葺草葺不合命	記載なし	日向の吾平の山の上の陵	在日向国無陵戸

穂穂手見命の御陵は、『古事記』によれば「高千穂の山の西」とされ、『日本書紀』によると「日向の高屋《たかや》の山の上の陵《みささぎ》」とされているのである。「高屋」といえば、景行天皇が拠点とした「高屋宮」との関連がでてくる。「高千穂論争」と「神代三山陵論争」は、景行天皇の足跡をたどる場合においても、避けて通ることのできない問題なのである。

日高重孝氏の『日向の研究　巻二』や平部嶠南の『日向地誌』などに記された「高屋の山の上の陵」の伝承地について、安本美典氏は、『邪馬台国は、その後どうなったか』（廣済堂出版）のなかで詳細かつ精緻にまとめられている。

安本氏によると、「高屋の山の上の陵」の伝承地は、

（1）大隅国始良《あいら》郡溝辺村大字麓（鹿児島県霧島市溝辺町大字麓字菅ノ口）
（2）大隅国始良郡鹿児島神社付近の石体《しやくたい》の宮（鹿児島県霧島市隼人町字宮内）
（3）大隅国肝属《きもつき》郡内之浦大字北方（鹿児島県肝属郡肝付町大字北方）
（4）薩摩国川辺郡宮原村の竹屋神社（鹿児島県南さつま市加世田宮原）
（5）薩摩国川辺郡加世田郷内山田村の竹屋山（鹿児島県南さつま市加世田内山田）
（6）薩摩国川辺郡加世田半島の野間嶽（鹿児島県南さつま市笠沙町中央の野間岳）
（7）日向国那珂郡江田村の久牟鉢山《くにはちやま》（宮崎県宮崎市木花）
（8）日向国宮崎郡村角《むらすみ》（宮崎県宮崎市村角町）
（9）日向国児湯郡都於郡《とのこおり》（宮崎県西都市都於郡町）
（10）日向国臼杵郡高千穂町大字押方（宮崎県西臼杵郡高千穂町大字押方）
（11）日向国西臼杵郡田原村《たばるそん》大字河内（宮崎県西臼杵郡高千穂町大字田原字河内）

の十一カ所に上るという。

このほか、高千穂の所在地について二カ所、「筑紫の日向の可愛（埃）の山陵」の所在地について八カ所、「日向の吾平の山の上の陵」について七カ所の候補地が乱立し、長い間議論されてきた。

明治新政府は、神代三山陵の所在地について、明治七（一八七四）年七月十日に、天皇の御裁可によって次のように定めた。

「筑紫の日向の可愛（埃）の山陵」……鹿児島県薩摩郡川内町宮内（薩摩川内市宮内町）
「高屋の山の上の陵」……鹿児島県始良郡溝辺村大字麓（霧島市溝辺町麓）

「日向の吾平の山の上の陵」……鹿児島県肝属郡始良郷上名村鵜戸の窟（鹿屋市吾平町）

明治七年といえば、征韓論争に敗れた西郷隆盛らが野に下った翌年のことであるが、それでも明治新政府内には島津久光、大久保利通、寺島宗則、西郷従道、川村純義など有力な薩摩出身者がいた。神代三山陵のすべてが鹿児島県内に決定されたことについては、何がしかの政治的配慮がなされた可能性が高いというべきであろう。

これらの所在地論争に深入りすれば、優に一冊の書物ができあがるであろう。本書のテーマからいって深入りすることはできないが、避けて通ることもできない。景行天皇の足跡という観点から、必要に応じて論及することとしたい。

ただし、一つだけ指摘しておくと、これらの所在地問題が皇室の出自の問題と深くかかわっているため、日本における多くの碩学たちの研究対象とされ、また長期間にわたり、関連する地元の人々の最も関心の深い事項の一つであったことによって、ある種の弊害が生じているようにおもわれる。

その弊害とは、後世の人々によってもともとの伝承に加工・修正・付加がおこなわれていることである。世間の注目を集めない地域には、わりと素朴な伝承が残されていることが多い。それにひきかえ、人々の関心を集めた地域には、粉飾された伝承が残され、本来の伝承が失われている可能性が高い。

対馬の神社についてもこのような傾向が見受けられるが、日向の伝承についても、かなり後世の粉飾を受け、変質しているようにおもわれる。しかも、残念なことに、『古事記』『日本書紀』を補強してくれるはずの『日向国風土記』もほとんど散逸している。

宮崎県西臼杵郡の高千穂は、高千穂論争上最も有力な地域とおもわれるが、「天の岩戸」や「天の真名井」、「天の安の河原」など日本神話にかかわる伝承が、いわばセットで残され過ぎており、おそらくこのような造作現象が生じた結果であろう。

あまりにもでき過ぎた伝承は、逆に疑わしさを増大させる。もともとの伝承までも疑わしくなってくる。しかも、本来の伝承と後世付加された伝承を厳密に峻別することは、ほとんど不可能に近い。地元の利害や名誉の問題もからんでいる。戦前ほどではないにしろ、高千穂と確定された場合の有形無形の波及効果は計り知れないであろう。

高千穂論争における対立は、極端にいえば、宮崎県と鹿児島県との対立であり、宮崎県内における南北対立である。明治新政府は天皇の御裁可という手段によって「神代三山陵」の所在地を定め、「高千穂＝霧島山説」で統一を図ろうとしたが、歴史的事実というものは、もとより政治決着を図るべき問題ではない。

日向への進攻ルート

前述したように、豊前・豊後を制圧した景行天皇は、残された伝承からみて、小野（佐伯市宇目小野市）から陸路日向をめざした。景行天皇がどれくらいの軍勢を率いていたか、まったく記録にないが、景行天皇が万全を期して親征に赴いたことからみて、数千人規模ということはありえないであろう。少なくとも一万人は超えていたはずである。

『和名抄』には、平安時代における古代交通のルートが記されている。むろん、四世紀半ば過ぎの景行天皇の時代における交通路は不明であるが、道路というものは地勢や地形と密接な関係があり、長い時間をかけ、安全で通りやすいところを通るという自然の摂理のなかで形成されたもので、大規模な掘削技術のなかった古代においては、基本的には『和名抄』に記されたルートや伝統的な海岸沿いのルートか、あるいは海路で南下していったにちがいない。

『和名抄』のルートによれば、次のとおりとなる。

長井―川辺《かわのべ》―刈田《かりた》―美祢《みね》―去飛《さるとび》―児湯（日向国府）

それに対して、日高正晴氏は「日向山地古道」をたどって南下したであろうと推察されている。

日高氏は、『古代日向の国』（ＮＨＫブックス）のなかで、

「景行天皇の巡幸説話の経路について、筆者が以前から興味をそそられていることがある。それは最初、天皇が日向入りした時、海路によらず、直入県から真直ぐ日向の子湯県地域と推定される高屋宮に到着していることである。そこで考えられることは、この際の巡路は、地理的にどの地域が想定されるのであろうか、ということである。日向国境に接する直入郡から日向中央平野部に出る最短距離は、高千穂に出て、東臼杵郡諸塚を通り、米良越えする道順である。古来、この高千穂－諸塚－東米良－西都の『日向山地古道』は、中世・近世においても、肥後、豊後に通じる山道として、山地における唯一の交通路であった」

と、高千穂を起点に西都へむかう「山地ルート」を想定されている。

日高氏は、この「山地ルート」は古くは「襲のクニ」にあたる地域であり、高屋宮は西都市につくられたという前提でこの説を唱えられている。

『日本書紀』に記載された景行天皇のルートは、豊後から日向へ向かい、日向の高屋宮を拠点にしたのちに襲国を討伐し、その後高屋宮に六年間滞在して御刀媛を后にして豊国別皇子をもうけ、しかるのちにはじめて子湯県の丹裳《にも》の小野に巡幸している。

子湯県は『和名抄』の日向国児湯郡のことで、現在の西都市のことといわれている。

景行天皇は高屋宮から子湯県（西都市）へいったのであるから、逆にいえば、高屋宮は子湯県（西都市）とは別の場所に所在していたということになる。したがって、高屋宮が西都市にあったことを前提とする「日向山地古道」説は、その点において疑問が残る。また、襲のクニのど真ん中ともいえる「山地ルート」は、景行天皇の安全確保という面からも危険性が高い。

戦略的にみても、水軍との連携を図るには、海岸寄りの「和名抄コース」のほうが適している。ただし、「和名抄コース」もまた最終的には西都に通じているため、「日向山地古道」説と同様の問題が生じてしまう。して

みると、景行天皇は「和名抄コース」で日向に入ったものの、途中から船に乗って海路高屋宮へむかったとみるべきであろう。

日向の県

前述したように、景行天皇が榎峠を通るとき梅の大木を愛でたことから「梅の里」と称するようになったというから、景行天皇は、まず豊後の小野から榎峠を通って長井方面にむかっている。

長井は、北川中流域に位置し、西側は可愛《え》の岳（標高七八二メートル、宮崎県東臼杵郡北川町東部）に連なる山岳地帯で、東側に平坦地が開けている。

この地域にある日向国東臼杵郡可愛の嶽（岳）と日向国東臼杵郡北川村字俵野小字松尾（宮崎県東臼杵郡北川町大字長井字俵野）の二カ所が、瓊瓊芸命を葬った「筑紫の日向の可愛（埃）の山陵」の伝承地とされている。可愛の岳の東麓には、高さ約三メートル、周囲約六〇メートルの円墳があり、「経塚」とよばれ、「可愛《えの》神社」が祀られている。

可愛神社は天照大神、天忍穂耳命、瓊瓊芸命を祭神としているが、社伝によると、景行天皇の二代前の崇神天皇六十五年、可愛の岳にはじめて祀られたといい、山頂には石鉾があったという。

長井から北川に沿って南下すると、五ケ瀬川にでる。五ケ瀬川の河口には、延岡（延岡市）がある。近世初期までは、「県《あがた》」とよばれていた。「県」とは、律令制時代以前における大和朝廷の地方行政単位をいい、国よりも小さい郡程度の領域とみられている。九州・西日本地域に多くみられ、県主の服属伝承が多いことから、五世紀以前の早い段階で大和朝廷に服属した地域に置かれたとする説がある。

前述したように豊前の長狭県や豊後の直入県なども「県」と呼称されているが、いずれも景行天皇の経路にあたっている。

『古事記』景行天皇段に、「それよりほかの七十七王は、ことごとく国々の国造《くにのみやつこ》・別《わけ》・稲置《いなき》・県主《あがたぬし》とに別け賜ひき」とあり、景行天皇が多くの皇子を地方の行政官に任命したことが記されている。『日本書紀』成務天皇五年の条には、景行天皇を継いだ成務天皇も、「諸国に令して、国郡に長《おさ》を立て、県邑に稲置を置く」とあり、国郡と県邑に区分してそれぞれに行政官を置いたことが記されている。

おそらく、「県」は、日向国の「吾田」（日南市）や薩摩国の「吾田」などと同様に、もともと「吾が田」に由来するものであろう。朝廷直轄の地というようなニュアンスである。中国でも、もともと郡と県とは規模的には大差なく、そのうち王室の直轄領を県といったらしい。

日向の県（延岡）に入った景行天皇は、当然のことながら、「吾が田なり」と、大和朝廷に服属すべきことを宣言したであろう。

県（延岡）の地は、五ケ瀬川とともに北川、祝子《ほうり》川、大瀬川などの支流が集まる沖積低地である。五ケ瀬川は、全長一〇六キロ、流域面積約一八〇〇平方キロにおよぶ宮崎県北部最大の河川である。宮崎県西臼杵郡五ケ瀬町鞍岡の山地を源に、熊本県上益城郡山都町を経て、西臼杵郡の高千穂町、日之影町から延岡市の北方町を通り、方財町で日向灘に注ぐ。

古代交通の要所、高千穂

五ケ瀬川の上流域は、阿蘇火山の噴出物でできた溶結凝灰岩が堆積している。岩に覆われた斜面はとても人の住める環境ではなかったが、長い年月をかけて五ケ瀬川の水が溶結凝灰岩を削り、削り残したところに段丘がつくられた。その段丘上に人が住み着き、集落ができたのである。高千穂（西臼杵郡高千穂町）も、そのような集落の一つであった。北は祖母山、古祖母山、本谷山、東は乙野山、二ツ岳、大平山、南は諸塚山など高い山々に囲まれ、西には阿蘇外輪山山麓が迫っている。高千穂は、これらの山々に囲まれた盆地のなかにある。

五ケ瀬川上流の両岸には溶結凝灰岩の断崖がそそり立ち、独特の景観をつくり出しており、「高千穂峡」あるいは「五ケ瀬川峡谷」として国名勝および天然記念物に指定され、多くの観光客が訪れている。

前述したように、瓊瓊芸命が天降ったとされる高千穂の有力候補地とされており、「神代三山陵」の伝承地がセットで存在している。

瓊瓊芸命の「筑紫の日向の可愛（埃）の山陵」……高千穂町東南の榎嶽
穂穂手見命の「高屋の山の上の陵」……高千穂町の大字押方または大字河内
鵜葺草葺不合命の「日向の吾平の山の上の陵」……高千穂町の大字三田井小字吾平

また、「高屋の山の上の陵」の所在地は、景行天皇の「高屋宮」の伝承地ともいわれている。

この地域が「神代三山陵」の所在地かどうかはともかくとして、景行天皇が日向に対する戦略拠点として、この地に高屋宮を置いたということについては誤伝とみるべきであろう。高千穂では、日向国の西北部に偏り過ぎている。

景行天皇の時代、日向国の範囲は、宮崎県全域のほか鹿児島県東部の大隅国と鹿児島県西部の薩摩国を含む地域であった。薩摩国が日向国から分立されたのは、大宝二（七〇二）年のことである。『続日本紀』大宝二年四月十五日の条には「筑紫七国」とあり、この時点では九州には筑前・筑後・豊前・豊後・肥前・肥後・日向の七国しかなかったが、『続日本紀』大宝二年十月三日の条には、「唱更《はやひと》の国司等」に「いまの薩摩国である」と注が付されている。大宝二年四月十五日から十月三日までの間に薩摩国が分立したのである。

薩摩国は、それ以前において日向国の一部として「阿多」ないし「吾田」あるいは「唱更国」とよばれていた地域である。出水・高城・薩摩・甑島・日置・伊作・阿多・河辺・頴娃《えい》・揖宿《いぶすき》・給黎《きいれ》・谿山《たにやま》・鹿児島の十三郡からなる。

おなじく、大隅国は和銅六（七一三）年の隼人平定の際、日向国から分割された。大隅国は、それ以前においては「襲」ないし「贈於」あるいは「大隅」とよばれた。肝坏・贈於・大隅・始羅の四郡からなる。

日向・大隅・薩摩という広大な地域を治める戦略上の拠点としては、西臼杵郡の高千穂はあまりにも北の端に寄り過ぎていることは明らかである。

現在においても、高千穂は交通の便が悪く、景行天皇が船団を率いて海陸両面から作戦を展開していることを考えると、あまりにも山間部に寄り過ぎている。五ケ瀬川上流域の険しい山岳地帯に戦略拠点を置くよりも、海岸部に近い県（延岡）あたりに置いたほうがよほど優れている。いや、日向・大隅・薩摩を制圧するうえでは、県ですら北方に寄り過ぎている。

五ケ瀬川流域の東臼杵郡と西臼杵郡あたりは、議論するまでもなく、候補地から除外すべきであろう。高千穂に残された「高屋宮」の伝承の中身を検討する以前に、戦略的な観点からみて、「高千穂＝高屋宮説」は成り立たないようにおもえる。

ただし、高千穂と県に、戦略上の価値がまったくないかといえば、そうではない。県は、日向と豊前・豊後をつなぐ海陸の要所であり、高千穂もまた豊後・肥後と日向を結ぶ古代陸路の結節点に位置しており、いずれも古代交通の要所であった。

近世においては、高千穂から阿蘇郡の高森町方面とを結ぶ「熊本往還」と、上益城郡方面とを結ぶ「熊本街道」があり、岩戸川沿いに豊後の直入方面（竹田市）とを結ぶ道路や、日之影川沿いに豊後の大野郡の小野（佐伯市宇目小野市）方面とを結ぶ道路もあった。

国見ケ丘とよばれる丘は、神武天皇の孫の建磐竜命《たていわたつのみこと》が九州統治のため西下したとき、阿蘇にむかう途中、この丘から国見をしたことに由来するといわれる。この伝承は、高千穂から阿蘇方面へ抜けるルートが、戦略的に重要な価値をもっていたことをしめしている。

高千穂から五ケ瀬川沿いに歩く「高千穂往還」は、県（延岡）に通じる。直入郡からは「日田往還」によって、日田から筑前の甘木・朝倉地域に通じている。これらは近世において整備された街道であるが、古代においても原型となる踏み分け道があったはずである。そうすると、高千穂というのが、日向と肥後・豊前・豊後・筑前を結ぶ交通の要所にあることが明らかとなる。

肥後阿蘇郡にも知保郷、阿蘇郡草部村に千穂野、上益城郡に高千穂という地名があり、もともとの高千穂のエリアとしては豊後・日向・肥後にまたがる中九州の広大な区域であった可能性も高い。

甘木・朝倉方面あるいは豊前の京都郡あたりから日向にむかった天孫族の邇邇芸命が五ケ瀬川上流の高千穂にまず第一歩を記した歴史的な記憶が、『古事記』『日本書紀』ともに伝える高千穂への天降りとみてさしつかえないであろう。これからみると、「高千穂＝霧島山説」は、日向の南方に寄り過ぎており、天孫族が南方から天降ったのならともかく、北部九州方面から南下したのであれば、やや遠隔に過ぎるといわなければならない。

天孫降臨の地「高千穂」には、多くの伝承が残されている。

『和名抄』によると、高千穂はもと「智保」と書かれた。『日向国風土記』逸文には、「知鋪」と書かれている。高千穂神社（高千穂町三田井）が、『続日本後紀』では「高智保皇神」、『三代実録』では「高智保神」と書かれているように、この地域がもともと「タカチホ」とよばれていたことは、ほぼまちがいない。「智保」と書かれたのは、和銅六年の「郡郷の名は、今後好ましい漢字二字で表記せよ」という勅命によって改められたのであろう。

社伝によると、高千穂神社は景行天皇の先代の垂仁天皇時代に創建されたという。

天照大神が隠れたという「天の岩戸」や「天香山」「高天原」「天の真名井」などの伝承地も残されており、二上山は天孫降臨の地といわれている。三田井には、「槵触神社」も祀られている。

これらの伝承をみれば、この高千穂こそ神話の地にふさわしい場所のようにおもえるが、天孫降臨のみならず、日本神話にかかわるさまざまな伝承が、いわばセットで残され過ぎており、後世になって付会されたのではないかという疑わしさを逆に増大させている。

邇邇芸命は高天原にいた天照大神によってこの高千穂に派遣されたのであるから、天照大神がこの地にいたは

高千穂・真名井の滝（木下陽一氏撮影）

ずはない。別場所にいたから邇邇芸命を派遣せざるをえなかったのである。したがって、常識的にいって、天の岩戸など天照大神がこの地にいたことを前提とする伝承は、後世の付会とみるべきであり、高千穂伝承の中核は、邇邇芸命の天降りにかかわる部分にあるというべきであろう。

五ケ瀬川中下流域の河岸段丘には、縄文時代の遺跡も多く残されており、上流域の高千穂からも陣内遺跡やセベット遺跡、梅ノ木原遺跡などの縄文時代の遺跡がみつかっている。

高千穂はつい最近まで焼畑農業が残っていた地域であり、水田は畑地の一割にも満たなかった。縄文遺跡から数多く出土する石鍬や石鎌などからみて、豊後地方の山間地帯とおなじように、高千穂においてもきわめて古い時代から山間地農業が営まれていたのであろう。

高千穂の弥生時代の遺跡については、あまり調査がおこなわれていないが、田原川左岸の南西にむいた傾斜地には薄糸平遺跡があり、弥生時代後期の工字施文甕形土器や多量の磨製石鏃など「山の民の土器」ともいうべき遺物も出土しており、弥生時代においても引きつづき山間地農業が営まれたことをしめしている。しかしながら、水稲耕作をしめす遺跡は、いまのところみつかっていない。

おそらく、三世紀半ば過ぎごろ高天原から派遣された邇邇芸命は、豊後方面からまずこの険しい山岳地帯に侵入し、作戦展開の最も初期の段階において日向攻略の橋頭堡を築いたであろう。『古事記』『日本書紀』の記述は、このような歴史的事実を踏まえたものである可能性が高い。ただし、「神代三山陵」や景行天皇の「高屋宮」の伝承に関しては別である。

穂穂手見命の「高屋の山の上の陵」の伝承地は、高千穂町の押方または河内に残されている。河内の丸山箱式石棺群からは古墳時代の箱式石棺十基と横穴二基が発掘され、刀子、鉄輪、平玉などがみつかっているものの、「高屋」という地名はなく、比定地とされる神塚山や水の神塚は、「古い時代の墳墓とみとめるべきかどうか、疑問がある」（安本美典『邪馬台国は、その後どうなったか』）といわれている。

前述したように、戦略上の拠点として景行天皇がこの地に「高屋宮」を置くはずもないから、高屋宮と「高屋の山の上の陵」が同一の地をさすという前提に立てば、ともに否定されるという結果になってしまう。高屋宮は、高千穂にはなかったと断定していいであろう。

五ケ瀬川流域の遺跡

五ケ瀬川流域からは、おびただしい古墳群がみつかっている。

神武天皇には、五瀬命《いつせのみこと》という兄がいる。神武天皇とともに日向から大和に東征したが、孔舎衛《くさえ》坂の戦いで負傷し、紀伊の男の水門《おのみなと》で没し、竈山に葬られたと伝えられる人物である。五ケ瀬川という名は、この五瀬命とかかわりがあるのかもしれない。

五ケ瀬川とその支流が集まる下流域には、河川の沖積作用によって扇状地性三角州が形成された延岡平野がひろがっている。前述したように、古代の人々にとって、生活用水や農業用水を確保するためには、河川の存在が絶対的な条件である。河川があれば、必ず海と山がある。延岡平野もこのような条件を備えた地域である。

五ケ瀬川と多くの支流の、南向きの暖かくて乾いた丘陵地帯に集落をつくることで、上流の高千穂あたりの山々から鳥や獣、木の実、山菜、木材など、豊富な山の幸を手に入れることができる。また、河川を使って、舟で多くの人と物資を運び、日向灘の魚や貝、海藻などのさまざまな海の幸を手に入れることができる。延岡平野もまた、古代人が暮らすことのできる基本的条件を備えているというべきであろう。

延岡平野からは縄文時代や弥生時代の遺跡がみつかっている。恒富の愛宕山（標高二五一・二メートル）の周囲には、沖田貝塚や愛宕貝塚などの縄文遺跡があり、本村には弥生時代の遺物を含んだ地層が残されている。

　五ケ瀬川下流右岸の大貫を中心に国史跡の南方古墳群がある。縄文時代早期の大貫貝塚からはハマグリ、カキ、サザエ、魚骨、押型文土器などが出土しており、このあたり一帯はきわめて古い時代から人が住み着いていたことがわかっている。古墳時代の遺跡も豊かである。

　舞野（延岡市）は、五ケ瀬川下流左岸の行縢《むかばき》川流域にある。円墳三十五基、前方後円墳五基、横穴古墳二基の計四十二基からなる南方古墳群（国史跡）があり、舞野古墳ともいわれている。舞野には、ヤマトタケルを祭神とする舞野神社がある。ヤマトタケルが行縢山に住む川上梟師《たける》を征伐し、戦勝祝いの舞をこの地で舞ったことに由来するという。

　おなじく、五ケ瀬川中・下流の祝子川、北川、大瀬川、沖田川が集まる流域には、県史跡の「延岡古墳」がある。延岡市の祝子・粟野名《あわのみよう》・稲葉崎・三須・恒富・岡富の各地区には、円墳二十一基、横穴七基があり、ほとんどの円墳には祠が祀られている。

　小野《この》には延岡古墳に属する三基の円墳があるが、そのうちの一基（四号墳）からは、亀型刳抜石棺が出土している。稲葉崎字馬畑にある円墳（二十一号墳）は、延岡古墳中最大の規模で、前方後円墳の可能性もあるという。

　古代官道は、長井（東臼杵郡北川町）から川辺（延岡市）につづいていた。延岡市西階《にししな》町一丁目から三丁目にかけて川辺という字があるが、この地にあたるとみられている。

美々津の神武伝承

　景行天皇一行は、県（延岡）で水軍と合流し、日向を南下していったであろう。陸行すれば、川辺（延岡市西階町）の次は、刈田（宮崎県東臼杵郡門川町・日向市）である。

　刈田とは、『和名抄』にでてくる臼杵郡四郷の一つで、『太宰管内志』には「加理多」と書かれ、『大日本地名辞書』には「カダ」と書かれている。豊前にも刈田（福岡県京都郡苅田町）があり、賀田、神田などとも書かれ、現在は「かんだ」と読まれるが、古代における訓は「かた」あるいは「がた」で、潟すなわち海辺の遠浅に由来するといわれている。日向の刈田も、同様に解すべきであろう。

五十鈴川の北側の丘陵地帯に多くの古代遺跡がある。川内の赤木や松瀬、尾末の七曲には縄文時代の遺跡があり、加草の中村遺跡や神舞の折立遺跡などの弥生遺跡も確認されている。古墳時代のものとしては、五十鈴川左岸の門川一―三号横穴、門川四・五号墳があり、中山と笠原には箱式石棺が露出している。平坦地は少ないものの、古代から連綿と小集落が形成されていた地域で、門川湾は古くから泊地として利用されてきた。

刈田からは、耳川河口の美祢（美禰、日向市美々津町）にいたる。

耳川は、東臼杵郡椎葉村を源とし、諸塚村、美郷町から日向市に東流する全長一〇三キロの二級河川である。耳川上流から河口付近まで、V字谷の険しい渓谷がつづいている。したがって、古代から河口付近のわずかな平坦地や丘陵地帯の狭隘な土地を利用して小集落が形成されただけで、主として海上交通の要衝として利用されてきた地域であった。

この地には、神武天皇東征にかかわる多くの伝承が残されている。

神武天皇が東征する際、美々津から船出した（『日向地誌』）。この地が別名「立縫の里」とよばれるのは、神武天皇が船出に際して立ったまま衣の綻びを縫ったからであるといい、この伝承にちなむ「立縫いの舞」という伝統芸能も残されている。また、船出まで楯などの武器を準備したため、「楯縫いの里」とも称したという（喜田貞吉『日向国史』、『大日本地名辞書』）。

「立磐神社」（美々津町）の祭神は住吉三神であるが、これは神武天皇東遷のおり、航海安全を祈って住吉三神を祀ったことにちなんだもので、景行天皇時代に創建されたという。

「都農神社」（児湯郡都農町川北）の縁起によると、神武天皇の東遷に際し、南に都農神社、北に立磐神社を祀ったという。都農はおそらく「殿《との》」のことであり、祭殿のことであろう。また、立磐とは磐座《いわくら》のことであろう。神武天皇は祭殿と磐座で祭祀をおこなったのである。

美々津町に残る古い家並み（木下陽一氏撮影）

立磐神社の境内には神武天皇が腰かけたといわれる腰掛石があり、『太宰管内志』には、「立岩権現といって耳川の辺町の口に神社がある。神社のうしろに大岩があり、周囲は二町（約二〇〇メートル）ばかり、高さは五丈ほどの大岩である。この地は神武天皇の船出されたところと伝えられている」とある。

美々津では、毎年旧暦八月一日、子供たちが「起きよ、起きよ」と叫んで町民を起こしまわる「起きよ祭」がおこなわれるが、これは神武天皇の出発の日が急遽変更になり、「起きよ、起きよ」という神の声で旗を押し立てて浜辺に集合した故事にちなむものであるという。突然の日程変更で献上すべき団子が間に合わなかったので、蒸した小豆と米紛を混ぜた餅を献上したのが「つきいれ餅」の由来という。

美々津の沖合には八重と黒八重という岩礁があるが、ここを神武天皇が通り、ふたたび日向に帰ってこなかったところから、古来この岩礁の間を通ってはならないとする禁忌《タブー》があったという（『宮崎県史蹟調査』『日向市の歴史』）。

米ノ山の北麓に位置する細島《ほそしま》は、鉾島がなまったものといわれる。美々津を出航した神武天皇が細島の沖にさしかかったとき、漁夫たちが慌てて釣りをやめ、小船で帰ろうとした。理由を聞くと、昼ごろになると大きな魚が現れて舟を転覆させるからであるという。神武天皇は、「この鉾を立てて祀れば、大魚はこない」といって、漁夫たちに鉾を授け、それを祀ったところが鉾島神社であるという。

美々津という地名の由来は、神武天皇船出の港として「御津《みつ》」が転化したともいい、神武天皇船出の際、后は日向国に残ったが、このとき手研耳命（多芸志美美《たぎしみみ》命）と研耳命（岐須美美《きすみみ》命）の二人の皇子が名残を惜しんで、皇子の名の「耳」をこの地に残したからであるともいう（黒木晩石編『美々津郷土誌』）。

耳川流域は、これ以前から「耳《みみ》」とよばれていた。耳を流れるから「耳川」であり、耳にあるから「耳の津」とよばれた。『延喜式』には美禰《みね》とあるが、これは美弥《みみ》の誤写ではないかと考えられている（『日向国史』『大日本地名辞書』）。この説が妥当であろう。

すでに述べたように、「耳」は邪馬台国時代の官職名に由来するきわめて古いものである。おそらく、この海上交通の要衝の地を管轄する「耳」が邪馬台国時代か日向王朝時代に配置され、それが地名として残存したのであろう。

景行天皇が海岸寄りコースをとったのであれば、神武天皇ゆかりのこの要衝の地を通っていったことはまちがいない。海陸いずれにしても、この地を通過しないかぎり、日向を南下することは困難であるからである。

去飛から児湯へ

美々津からは、去飛《さるとび》（児湯郡都農《つの》町）にむかったであろう。『延喜式』日向十六駅の一つで、「コヒ」と訓が付されているが、読み方については諸説がある。『日本地理志料』は「佐留登比《さるとひ》」とし、『太宰管内志』は「サルトビ」、『大日本地名辞書』は「イヌトビ」とする。

所在地についても諸説があるが、児湯郡都農町川北にある延喜式内社の「都農神社」付近が有力とされている（『日向国史』『宮崎県の歴史』）。

『和名抄』の「都野郷」の地にあり、祭神は出雲の大己貴《おおなむち》神であるが、もともとは土着の神を祀っていた。『日向国風土記』逸文によると、神功皇后は新羅出兵に際して、古瘦《こゆ》（児湯郡）の吐濃《つの》の峰（都農神社の背後にある山）にいた「吐乃《つの》大明神」を乗船させて船の舳先を守らせ、帰国後皇后は韜馬《うしか》の峰（尾鈴山）に出向き、男女二人を召し抱えて神主としたという。このあたりには、神功皇后の船の舳先を守るほどの航海技術をもった海人族がいたのであろう。

『日向国風土記』逸文はつづけて、神主となった男女二人の子孫は「頭黒《かしらくろ》」といい、その子孫は大いに増えたが、流行の疫病で死滅し、男女二人しか残らなかった、これは国守が神人を酷使して国の賦役に使ったので、明神が怒って悪い病気をはやらせたからである、と記している。

「吐乃大明神」の末裔が「頭黒」とよばれたのは、額に黒い刺青をしていたからであるかもしれない。玄界灘に面した志賀島の海人は目のまわりに刺青を施し、宗像の海人は胸に刺青を施していた。いずれにしても、これらの「風土記」の記事は、都農神社のもともとの祭神が「吐乃大明神」であったことを示唆している。

『続日本紀』承和四(八三七)年に、都農神社が官社になったことが記されている。同十年九月に従五位下を授けられ、『三代実録』によると、天安二(八五八)年には高千穂の高智保神とともに従四位上を授けられたという。

周防国の都濃郡(山口県周南市)や石見国の都農郡とおなじく、角朝臣の居所であったからであるという説がある(『日本地理志料』)。また、『日本書紀』によると、雄略天皇九年五月条に小鹿火宿禰が新羅からの帰途、角国にとどまり角臣と名づけられたという記事があるが、景行天皇や神功皇后の時代からいえば、はるか後代のことである。都農の由来はずっと古い。

前述したように、都農神社の縁起によると、神武天皇の東遷に際し、南に都農神社、北に立磐神社を祀ったといわれ、都農はおそらく「殿《との》」のことである。神武天皇が磐座で祭祀をおこなったことからみて、都農という地名は、少なくとも神武天皇時代にさかのぼる古い地名であろう。

都農神社は日向一宮として古い時代から崇敬されていた神社で、神武天皇は宮崎宮を出発したのちこの地に寄港して、国土安泰・海上平穏・武運長久を祈って祭祀をおこなったという。

西部には尾鈴山(標高一四〇五・二メートル)を主峰とする尾鈴山地が立ち並び、東方の山麓部には丘陵がひろがり、海岸寄りには「原《はる》」とよばれる平坦な洪積台地がひろがっている。尾鈴山地を源とする都農川と名貫川という小さな川が流れ、河岸段丘を形づくっている。

都農川下流の福浦湾岸付近には、前方後円墳三基と円墳二十基がある。墳丘は封土の代わりに石を積み上げた独特の積石塚である。これらの古墳が築かれたのは、景行天皇の日向親征を機に、この地と大和朝廷との結びつきが強まったからであろう。

都農は児湯郡の東北端にあり、ここを過ぎると宮崎平野の中心部に接近していく。景行天皇たちが都農を通過したことはまちがいないが、その後どういう経路で「高屋宮」にいたったのか、ほとんど手がかりがない。

古代官道のルートは、去飛（都農）から児湯の駅に通じている。

児湯の駅の所在地については説が分かれており、『大日本地名辞書』は西都市三宅とするが、『日向国史』は児湯郡木城町高城《たかじよう》付近とする。一区間の距離からみて、西都市三宅ではなく、高城が最も有力な候補地であろう。

前述したように、『日本書紀』には、景行天皇が「高屋宮」に拠点を設けたのちに「子湯県の丹裳の小野」に巡幸したことが記されており、これは児湯郡の中心地である西都市のことと考えられている。

そうすると、穂穂手見命の「高千穂の山の西」にある「日向の高屋の山の上の陵」の候補地の一つとして日向国児湯郡都於郡（宮崎県西都市都於郡町）があるが、少なくとも景行天皇の「高屋宮」の候補地としては除外すべきということになる。

古代官道に沿っていえば、景行天皇一行は都農から高城（児湯郡木城町）めざして南下していったことになる。

高城は、小丸川下流の沖積地と洪積台地に所在する。地名の由来について『日向国史』は、「高城の名は郡衙に由来する。高城は古の児湯郡衙の城堡の名であろう。付近に四日市、出店などの名があるが、古代人民の群集地に縁があるようにも思える」というように記している。四日市や出店などという地名は、ずっと後代のもののようにおもえるが、地内からは縄文時代から古墳時代にかけての遺跡が発掘されており、このあたりに古代の拠点的な集落があったことはまちがいない。

小丸川下流域の台地上からは、縄文時代早期の押型文土器や塞ノ神式土器のほか石鏃などが出土し、弥生時代後期の土器や石斧なども出土している。

高城の山塚原の山林には三十一基の小墳からなる「山塚原古墳」があり、直刀、勾玉、金環などが出土し、岸立では横穴が数基みつかっている。これらの古墳と横穴は、椎木・川原に所在する古墳とともに「木城古墳」として県史跡に指定されている。

このあたりには、児湯郡の大垣郷と韓家郷《からや》があった。また、海岸部に近い小丸川と宮田川にはさまれたところに財部《たからべ》（児湯郡高鍋町）があり、「持田中尾遺跡」からは縄文時代から弥生時代の集落遺跡が発掘されている。また、小丸川左岸の持田台地には、国史跡の「持田古墳群」があり、円墳七十五基、前方後円墳十基が密集している。小丸川と宮田川河口右岸には円墳六十二基、前方後円墳三基、横穴墳二十七基の合計百七十七基に上る古墳が密集し、四世紀末から五世紀末にかけて築造されたとみなされている。後漢後半時代につくられた盤竜鏡のほか、内行花文鏡、画文帯神獣鏡、変形四獣鏡、画文帯環状乳神獣鏡、硬玉製の勾玉や垂下式の純金耳飾り、銀装の環頭太刀など北部九州の出土品との関連をうかがわせる遺物も出土しており、家形埴輪の一部なども出土している。

今後の一層の考古学的な調査が望まれるところであるが、景行天皇の日向親征を契機に大和朝廷との関係が強化されたようにみえるところから、いずれにしても、このあたり一帯が、古代史を解明するうえできわめて重要な地域であることをしめしている。

おそらく、景行天皇は高城から直接西都にむかわず、いったん小丸川を下り、財部（高鍋）から船に乗って南下したであろう。途中、一ツ瀬川河口に寄港したはずである。

一ツ瀬川下流左岸の新田原とよばれる台地上に、新田《にゅうた》（児湯郡新富町）がある。

古くから開けていた地域で、新田原A遺跡からは弥生時代後期の集落遺跡や土器などが発掘されている。住居跡十二軒のうち三軒は、宮崎県南部から大隅地方にかけて分布する独特の「花弁状集落」である。また、この地には宮崎県下最大の西都原古墳群に次ぐ古墳群があり、前方後円墳十七基、方形墳一基、円墳百八十基の計百九十八基の古墳が確認されており、新田原古墳群とよばれている。

高屋宮所在地の第一候補

景行天皇たちは、一ツ瀬川河口を過ぎて、さらに南下していった。南下するにつれて、広大な平野がひろがっていく。日本における隆起海岸平野を代表する宮崎平野である。九州第一の平野は、約一二〇〇平方キロのひろさの筑紫平野で、次順位が約八〇〇平方キロの宮崎平野である。

景行天皇たちは、海陸から大挙して宮崎平野を南下していった。宮崎平野こそ、かつての日向王朝の本拠地であった。天照大神の孫の邇邇芸命がはじめて高千穂に天降り、穂穂手見命から鵜葺草葺不合命まで三代にわたって宮崎平野に君臨し、神武天皇は大和にむかって東征していった。

第一代神武天皇、第二代綏靖天皇、第三代安寧天皇、第四代懿徳天皇、第五代孝昭天皇、第六代孝安天皇、第七代孝霊天皇、第八代孝元天皇、第九代開化天皇、第十代崇神天皇、第十一代垂仁天皇を経て、第十二代天皇が景行天皇である。神武天皇が大和に東征して以来、はじめてその皇位を継ぐ天皇の巡幸である。朝廷発祥の地を訪れた景行天皇が、神武天皇ゆかりの地付近に拠点を置いたと考えることは、きわめて当然の帰結であろう。

宮崎平野の大動脈は、大淀川である。鹿児島県の末吉町あたりの山地を源に、都城盆地から西諸県郡野尻町を経て、宮崎市で日向灘に注ぐ延長約八二キロの一級河川である。大淀川が正式名称とされたのは明治初期であるらしく、それ以前は赤井川あるいは赤江川ともよばれ、河口の港は赤江の津（宮崎市）とよばれた。

景行天皇は、おそらく赤江の津から上陸したであろう。

宮崎市内における穂穂手見命の高屋御陵伝承地は、那珂郡江田村の久牟鉢山《くにはちやま》（宮崎市木花）と宮崎郡村角（宮崎市村角町）の二カ所にある。

那珂郡江田村の久牟鉢山について、平部嶠南の『日向地誌』には、「霊山から西に向かって一キロほど上がっ

高屋宮の跡と伝えられる高屋神社（宮崎市村角町）

たところで、久牟鉢山の頂にいたる。その頂に小さな祠があり、『神社考』に彦火火出見尊（穂穂手見命）の陵であるという」と書かれているが、景行天皇の伝承は残されていない。

もう一方の村角町橘尊には、高屋神社があり、彦火火出見尊と景行天皇を祭神としており、彦火火出見尊の陵墓という伝承とともに、景行天皇の高屋宮の跡という伝承が残されている。『日向見聞録』には、「村角の八幡は、高屋八幡といい、彦火火出見尊を祀り、神社の西にその御陵がある。景行天皇の高屋行宮もこの地である」とある。円墳があり、地元では高屋山陵とよばれている。

彦火火出見尊（穂穂手見命）の陵であるかはともかく、景行天皇の伝承が残されていることに注目すべきであり、景行天皇の高屋宮の所在地としては、戦略的位置からみて、この宮崎市村角町橘尊の高屋神社を第一候補とすべきであろう。

日向の神話

皇祖発祥の地、日向

宮崎平野の大動脈である大淀川流域は、日向神話の舞台でもある。

『古事記』『日本書紀』に記された日向王朝三代にわたる皇祖発祥説話は、日本国の創建にかかわるきわめて重要な問題をはらんでいる。しかしながら、戦後の歴史学界においては、日向神話に批判的・否定的な見解が多数となっている。

『古事記』『日本書紀』は、大和朝廷の役人たちが机上でつくったものであり、信用できないと、ばっさり切り捨ててしまい、あるいは『古事記』『日本書紀』の記事をなぞりながらも、憶測に憶測を重ねるようにして、まったく別の伝承を造作する風潮が盛んになっている。多くの考古学者も、これらの風潮を受けて、『古事記』『日本書紀』を軽視するかたちで古代史像をつくりだそうとしている。

常識的にみて、遺跡や遺物だけで歴史を記述することはほとんど不可能であろう。そこらへんに転がっている食器や机、椅子だけで、どの程度その持ち主のことがわかるというのであろうか。遺跡や遺物はあくまで物でしかない。歴史の全体像を知るための補助的な役割に過ぎない。

『日本書紀』は、約四十年かけておこなわれた日本史上はじめての国家的な歴史編纂プロジェクトであり、古い時代のことがほとんど口承口伝でしか残されていないという困難な作業条件のなかで、おそらく当時の叡智を結集し、最大限の努力をもって編集されたものである。『古事記』もまた、稗田阿礼《ひえだのあれ》が暗記していた古い時代からの伝承を、太安万侶《おおのやすまろ》が漢字という文字を借りて後世に残したものである。

彼らの作業が一片の歴史的事実を含まない、あるいは信用できないとする倣岸不遜な態度は、おそらく正しい学問的態度とはいえないであろう。

戦前の皇国史観への反動ゆえか、『古事記』『日本書紀』を無視し、外国文献の『魏志倭人伝』のみを信奉して、邪馬台国の所在地のみに血眼になり、強引にその所在地を決定しようとする傾向も増大している。旧石器捏造事件にみられるように、遺跡・遺物に偏ったアプローチは、ともすれば功名主義に陥りやすい。

歴史というものは、考古学的な遺物に加え、神話や伝承のなかに隠されている。古い地名もまた伝承や歴史の結晶であり、ある意味では考古学的な遺物である。

『古事記』『日本書紀』についても、もちろん第一級の古代文献である。これらのものに対して、その語るところのものに真摯に耳を傾けねばならない。おそらく、これらの総合的な考察のなかから、歴史の真実の姿が浮かび上がってくるであろう。

ところで、日向のことである。『古事記』の国生み神話のところに、「次に筑紫の島を生みき。この島もまた身一つにして面《おも》四つあり。面ごとに名あり。故、筑紫国は白日別《しらひわけ》といひ、豊国は豊日別《とよひわけ》といひ、肥国は建日向豊《たけひむかいとよ》久士比泥別《くじひねわけ》といひ、熊曾国は建日別《たけひわけ》といふ」とあり、九州を四ブロックに区分し、それぞれ北部九州は筑紫国、西九州は肥国、東九州は豊国、南部九州は熊曾国に区分しているが、日向という名称はみあたらない。

肥国の建日向豊久士比泥別のなかに日向が混入しているという説もあるが、これに対して日高正晴氏は、「九州を四つに分けるという基本的考察の上での説話であり、東側にあるべき国が、西側の肥の国の名称の中に入り込むということは、どうも納得がいかない」（前掲『古代日向の国』）とされている。

『先代旧事本紀』には、『古事記』とは異なる伝承が記されており、筑紫は白日別、豊国は豊日別、肥国は建日別、日向は豊久士比泥別、熊襲は建日別とされているが、これだと九州は面五つ —— 五ブロックになってしまう。

日高氏は、「豊久士比泥別」と「豊日別」に共通する「豊」に注目し、日向はもともと豊のクニに包含されていたのではないか、と考えられている。この説が妥当であろう。

邪馬台国の所在地に関しては、畿内説と九州説の大きな対立があるほか、九州説の内部においてもさまざまな説が乱立している。この論争に深入りすることはできないが、そのなかで最も有力とおもわれるのは、しばしば紹介している安本美典氏の説である。

安本氏の論証は、統計的年代論や、鉄器や銅鏡などの考古学的遺物や遺跡の分布など多岐にわたるが、結論だけいえば、「高天原＝邪馬台国＝北部九州の甘木・朝倉地方」であり、「天照大神＝卑弥呼」であるとされている。この安本説は、『古事記』『日本書紀』の伝える神話や各地の伝承などとも整合性をもっており、その年代論においても、簡明で合理的な基準を与えてくれる。

神武天皇はじめ、景行天皇や神功皇后の実在性を疑う説も根強いが、安本説は、その実在性と活躍年代の確かな基準とイメージを提供してくれる。

安本氏の説かれるごとく、卑弥呼の宗女の「台与＝万幡豊秋津師比売」が豊前の京都郡を都としていたとすれば、邇邇芸命の南進は、まさに東九州における豊国の拡大ともいえる。

その当時における「高天原＝邪馬台国」勢力にとって、日向の地はいまだ名もなき未開の領域であり、日向という国名は、おそらく日高氏の説かれるごとく、もともと豊のクニから分立してできたものであったろう。

『古事記』『日本書紀』は、いずれも日向を天皇家発祥の地と伝えている。

天照大神から派遣された邇邇芸命は高千穂に天降り、日向に入って日向王朝の始祖となり、その子孫である神武天皇は、東征して大和に王朝を開いた。この神話伝承のなかに、史実の核が含まれているとみるべきであろう。

日向の王朝

宮崎県には、高天原の後継勢力である日向王朝の伝承が満ち満ちている。そればかりでなく、イザナギノミコトとイザナミノミコトの伝承や阿波岐原の伝承、天照大神の天の岩戸伝承など、『古事記』『日本書紀』の伝える神話が、高千穂と同様にいわばセットで残されている。いや、残され過ぎているのである。

高千穂の神話とおなじく、日向神話についても多くの人々の関心を集めたがゆえに、素朴な伝承の原型が変質してしまい、後世の人々による加工・修正・付加がおこなわれ、あるいは造作された伝承が残されているようにおもわれてならない。

阿波岐原や天の岩戸などの伝承をみれば、この宮崎こそ神話の地にふさわしい場所のようにおもえるが、後世になって付会されたのではないかという疑わしさを逆に増大させているのである。

邇邇芸命は高天原にいた天照大神によって高千穂に派遣され、そののちこの宮崎の地にやってきたとすれば、高千穂で述べたと同様、この地に天照大神がいたはずはない。別場所にいたから邇邇芸命を派遣せざるをえなかったのである。その親であるイザナギノミコトについても同様であろう。イザナギノミコトは「筑紫の日向の橘の小門の阿波岐原」でみそぎをしたとされ、確かに「日向」「小門」「阿波岐原」という地名は宮崎県に所在しているが、あとで述べるように、これらは奴国の博多湾岸にあったと考えるべきであり、したがって、イザナギノミコトの伝承や、天照大神がこの地にいたことを前提とする伝承は、基本的に後世の付会とみるべきである。すなわち、日向神話の中核は、邇邇芸命の天降りから穂穂手見命《ほほでみのみこと》、鵜葺草葺不合命《うがやふきあえずのみこと》にいたる日向王朝三代にかかわる伝承と神武天皇にかかわる伝承のなかに、真実の姿をとどめているというべきであろう。

このような基本的立場に立って、以下日向神話を検証してみたい。


日向王朝初代となった邇邇芸命は、笠狭の岬に居を構え、そこで大山津見神の娘木花佐久夜毘売と出会い、火《ほ》照命《でりみこと》（海幸彦）、火須勢理命《ほすせりのみこと》、穂穂手見命（山幸彦）の三人の男子を生んだ。日向王朝第二代となる穂穂手見命は、「綿津見《わたつみ》神の宮」へ赴き、綿津見神の娘の豊玉姫と出会って結ばれる。二人の間に生まれたのが、日向王朝第三代の鵜葺草葺不合命である。

鵜葺草葺不合命という名は、豊玉姫が出産のおり、鵜の羽を葺草《かや》にして浜辺に産屋をつくろうとしたが、屋根

古くは神武天皇社とよばれた宮崎神宮（宮崎市神宮）

を葺き終わらないうちに生まれたからであるという。豊玉姫は産屋に入るにあたって、夫の穂穂手見命になかをみないように頼んだが、ついつい穂穂手見命がのぞいたところ、豊玉姫はワニになっていた。豊玉姫は正体をみられたことを恥じて、生まれた子を浜辺に置いたまま、ふるさとの綿津見国へ帰ってしまう。豊玉姫は子育てを妹の玉依姫に託した。玉依姫は、長じた鵜葺草葺不合命と結婚し、彦五瀬命《ひこいつせのみこと》、稲飯命《いなひのみこと》、三毛入野命《みけぬのみこと》、神日本磐余《かむやまといわれ》彦尊《ひこのみこと》の四人の子を生んだ。神日本磐余彦尊が、大和朝廷初代の神武天皇である。

宮崎神宮（宮崎市神宮二丁目）は、主祭神として大和朝廷初代の神日本磐余彦尊を祀り、あわせて父で日向王朝第三代の鵜葺草葺不合命と母の玉依姫命を祀っている。古くは、神武天皇社あるいは神武天皇宮といわれ、地元では神武さまとよばれて親しまれている。社伝によると、神武天皇の宮跡で、神武天皇の孫の建磐竜《たていわたつ》命《のみこと》が筑紫の鎮守になったときに、宮跡に神武天皇の霊を祀ったという。

その後、崇神天皇および景行天皇のときに社殿が造営されたというから、景行天皇の足跡の一つに数えていいかもしれない。ちなみに、応神天皇時代に日向国造の老男命《おいおのみこと》が祭祀をおこなったという。

皇宮屋《こぐや》（宮崎市下北方町）は、神武天皇が居住していた高千穂宮跡と伝えられている。神武天皇が居住していたかどうかはともかく、高千穂宮跡というのは誤伝であろう。

奈古山の東腹にある奈古神社（宮崎市南方町御供田）は、長屋神社ともいい、瓊瓊芸命、鵜葺草葺不合命、神日本磐余彦尊を祭神としており、成務天皇時代の創建と伝えられている。宮崎という地名は、この奈古神社の前にひろがる宮前に由来するともいう。また、宮崎市佐土原町の下田島に阿佐加利神社があり、神武天皇がこの地で麻を刈ったことに由来するという。

宮崎市街地から約二〇キロ南下すると、周囲約二キロの青島があり、古くは淡島とよばれたという。青島には、穂穂手見命、豊玉姫、塩筒大神を祭神とする青島神社（宮崎市青島二丁目）がある。旧暦十二月十七日には男たちが裸で海に入る「裸まいり」がおこなわれるが、これは穂穂手見命が綿津見の宮から突然帰ってきたことを喜んだ人々が裸のまま出迎えたという伝説に基づくという。

鵜戸神宮（日南市宮浦）の祭神は、鵜葺草葺不合命、大日孁貴尊（天照大神）、天忍穂耳尊、瓊瓊芸命、穂穂手見命、神日本磐余彦尊の六柱である。このため、六社大権現ともよばれた。社殿は海岸洞窟「鵜戸の窟」のなかに建てられており、鵜戸とは産殿がなまったもので、鵜葺草葺不合命の産屋の跡といわれている。洞窟からしたたり落ちる清水は乳水といわれ、母を失った鵜葺草葺不合命は、この清水を乳代わりに飲んだという。創建されたのは崇神天皇の時代で、神殿がつくられたのは推古天皇の時代と伝えられている。

南那珂郡北郷町の北河内にある潮嶽神社は、海幸彦を祭神としているが、付近には大塚、磯石、神ノ池、魚見滝などのほか、縫針の貸し借りを禁忌《タブー》とする習慣が残っているという（松尾宇一編著『日向郷土事典』）。

古くから日向灘における天然の良港で知られた油津《あぶらつ》（日南市油津）には、海の守護神として崇められている「吾平津神社《あひらつ》」があり、祭神として吾平津姫、木花佐久夜毘売、天照大神、天児屋根命《あめのこやねのみこと》、倉稲魂命《うかのみたまのみこと》、経津主命《ふつぬしのみこと》、武甕槌命《たけみかづちのみこと》を祀っている。旧称は乙姫大明神といい、いまでも乙姫神社とよばれている。

主祭神の吾平津姫は神武天皇の最初の后とされている。油津という地名も、古くは吾平津と書かれて「あびらつ」と読まれたとおり吾平津姫に由来し、付近には吾平津姫の御陵地の伝承が残されている。吾平津姫がいた日向国吾田邑とは、通説的には鹿児島県阿多地方といわれているが、常識的にいえば吾田《あがた》（日南市）のこととみるべきであろう。

ちなみに、鵜葺草葺不合命を葬った「日向の吾平の山の上の陵」の七カ所の候補地のうち、この地には速日峰（日南市大字鵜戸）と吾平津神社山上（日南市油津）の二カ所がある。

鵜戸山系を総称して吾平山というが、そのうち最も高い山を速日峰といい、頂上には速日峰陵とよばれる前方後円墳がある。明治七（一八七四）年七月の明治天皇御裁可によって、速日峰陵は吾平山陵伝説地に指定され、現在も宮内庁の管理下に置かれている。また、吾平津神社北方の山にも、吾平山陵の伝承地が残されている。ただし、安本美典氏は、「吾平山陵の墳墓の形式が竪穴式石室ではないかとみられ、鏡が三角縁神獣鏡ではないかと疑われることなどからみて、この遺跡はおそらく古墳時代以後、ほぼ四世紀代のもので、弥生時代にはさかのぼりえないであろう」とされている。

日南市の二つの候補地を比較すれば、速日峰（日南市大字鵜戸）が有力といえよう。

吾平山陵の所在地論争はともかくとして、以上紹介した伝承は、『古事記』『日本書紀』の伝える日向王朝三代の神話と神武天皇伝承とを矛盾することなく説明することができ、おそらく何らかの史実の核を伝えたものであろう。それに対して、青島の伝承のうち、イザナギノミコトとイザナミノミコトの二神が国生みのはじめに淡島を生んだことから青島になったという伝承などは、後世の付会とみるべきである。

また、磐戸神社（宮崎市上北方）は天照大神を祭神とし、天照大神が隠れた天の岩戸と伝えられる窟《いわや》の入口に建てられているというが、この窟は横穴式古墳であり、おそらく五世紀ごろの古墳時代のものであろう。社伝によると、成務天皇十三年の創建であるというから、古い時代に起源をもつ神社であることはまちがいないにしても、天の岩戸伝承は後世の付会とみるべきである。

今泉神社（宮崎郡清武町今泉）は天御中主神《あめのみなかぬし》を祭神としている。これは神代のむかし、天御中主神が降臨した地に祀ったもので、もともと南方の丸目岳（清武町）にあったというが、これまた後世の付会であろう。

ワタツミ三神と住吉三神

『古事記』によると、イザナギノミコトは「筑紫の日向の橘の小門の阿波岐原」でみそぎをしたとされている。

『日本書紀』では、「筑紫の日向の小戸の橘の檍原」と書かれている。

『古事記』によれば、イザナギノミコトは妻のイザナミノミコトを追って黄泉の国へいった。そして蛆《うじ》のわいたイザナミノミコトの死体をみたために、イザナミに恨まれ追いかけられる。イザナギノミコトは逃げ帰ったあと、「私はけがれた。汚い国にいったためだ」といい、「筑紫の日向の橘の小門の阿波岐原」でみそぎ祓いをおこなった。「上つ瀬は速い。下つ瀬は弱い」といって中つ瀬で水の底にもぐって身をすすいだ。そのとき、「底津綿津見神と底筒男命」が生まれ、水の中ほどで身を洗い清めると、「中津綿津見神と中筒男命」が生まれた。さらに水の上で身を洗い清めると、「上津綿津見神と上筒男命」が生まれた。

底津綿津見神、中津綿津見神、上津綿津見神がいわゆるワタツミ三神であり、博多湾の志賀島を根拠とする安曇一族の祖先神とされている。

これに対して、底筒男命、中筒男命、上筒男命は住吉三神とよばれ、住吉神社の祭神とされている。

この「筑紫の日向の橘の小門の阿波岐原」(『古事記』)ないし「筑紫の日向の小戸の橘の檍原」(『日本書紀』)の所在地をめぐっていくつかの説があり、安本氏によるとその主なものは次の三つとされている。

(1) 福岡市博多区住吉の住吉神社付近……博多湾岸説
(2) 宮崎市塩路の住吉神社付近……宮崎説
(3) 鹿児島県曽於市末吉町の住吉神社付近……鹿児島説

もし、「筑紫の日向の橘の小門の阿波岐原」の所在地が宮崎県の住吉神社付近であるとすれば、これまで述べてきたことの前提条件が崩れてしまう。したがって、この問題について検証してみたい。

まず、ワタツミ三神のことである。

ワタツミ三神は、博多湾の志賀島を拠点とする安曇一族の祖先神であり、志賀島の志賀海神社に祀られている。

『古事記』には、「この三柱の綿津見神は阿曇連らがもちいつく神なり」、すなわち「安曇のムラジらの氏神である」と書かれている。

「アズミ」は「アマツミ（綿津見）」であるとする説もあり、「アマ（海）ツミ」の略とも、「アミ（網）ツミ」の略ともいわれている。いずれにしても、アズミとワタツミは近縁語なのであろう。『和名抄』に阿曇郷という地名がでてくるが、『大日本地名辞書』によれば、「阿曇郷は、今和白村、新宮村なるべし。青柳の西に接し、海浜の地なり。阿曇はワタツミ（海神）国の大姓にして、海人海部を宰領せり。この地はけだし阿曇氏の故墟とす」とあり、安曇一族は、阿曇郷（福岡県糟屋郡新宮町）および志賀島一帯を本拠とした海人族であった。

志賀島といえば、西暦五七年に後漢の光武帝から倭の奴国の使者に下賜した「漢倭奴国王」の金印が出土したことでも有名である。

これは、天明四（一七八四）年に偶然発見されたものである。その読み方をめぐって議論が分かれているが、奴国のエリアが福岡平野の那珂川流域であり、その近傍の地から出土したことからみて、「漢ノ倭ノ那ノ国王ノ印」と読むべきであることは疑いない。

何ゆえ博多湾に浮かぶ志賀島に金印を埋めたか不明であるが、おそらく紀元前後に栄えた奴国が筑後川流域に台頭してきた邪馬台国によって併呑あるいは滅亡させられたときに隠匿された、とみるのが妥当であろう。いずれにしても、ワタツミ三神は志賀島を根拠とする安曇一族が信奉する神であった。

次に、住吉三神のことである。

住吉三神は、ワタツミ三神とセットで生まれている。そうすると、住吉三神もまたこの博多湾岸を拠点とした氏族の氏神ということになろう。博多には、住吉三神を祭神とする「住吉神社」（博多区住吉）がある。『魏志倭人伝』の奴国の領域に属し、もともとは那珂川河口の博多湾に面し、入江に突き出た岬にあった神社である。創建の時期は明らかではないが、古い時代から航海安全・船舶守護の神として信仰されてきた。奴国の大動脈ともいえる那珂川の河口にあり、まさしく奴国を守護する場所に位置している。住吉三神は、おそらく奴国を支配した氏族あるいは王族の氏神であったにちがいない。

「筑紫の日向の橘の小門の阿波岐原」

さて、「筑紫の日向の橘の小門の阿波岐原」のことである。

貝原益軒は、その所在地について、「筑前の国のなかで、小戸は姪浜にある。立花（橘）は糟屋郡および怡土郡にある。阿波岐原という地名が志摩郡と筵田郡にある」（『筑前国続風土記』）とし、本居宣長もこの説に賛同している。

「筑紫」と記して九州全体のことをさすこともあるが、もともとは那珂川と御笠川の上流域一帯をさしていた。基山の北東部、宝満川右岸の御笠郡筑紫村（筑紫野市）に、筑紫神（白日別）を祭神とする筑紫神社（筑紫野市原田字森本）があり、おそらくこのあたりが筑紫という名の発祥の地であったろう。そして、御笠郡、那珂郡、筵田郡の一部を包含した地域が、筑紫郡とよばれた。

そうすると、この場合の「筑紫」とは、九州全体という意味ではなくて、この狭い意味での筑紫ということになる。

また、「日向」と記して日向国をさすことは多いが、もともとはその字義のとおり日に向かうことを意味していた。古代人は東のことを「ひむか（日向）・し」といい、それが平安時代以降になると「ひむが・し」というようになり、現代の「ひがし」につながったわけである。

「し」は、「西（に・し）」とおなじ用法で、「嵐（あら・し）」は「荒い・風」という意味になるように、もともとは風という意味であったが、転じて方位を表す語になったという。古代海人にとって、風向きと方角をよむことは、すなわち命を守ることでもあった。

このように、「日向」には端的に日にむかうという意味もあり、かならずしもすべての場合において日向国のことをさすわけではない。東方の太陽の方角をむけば、どこでもいいのである。

したがって、「筑紫の日向」は「筑紫の東の方向」あるいは「筑紫から日に向かった方向」というような意味に解釈することも十分に可能である。

次に「橘」である。

「橘《たちばな》」とは古くから日本に自生していた柑橘類のことで、『魏志倭人伝』には「倭国に、薑《しょうが》、橘《たちばな》、椒《さんしょう》、蘘荷《みょうが》はあるが、滋味を知らない」と書かれている。

福岡市東区と糟屋郡新宮町・久山町の境界に、立花山（標高三六七・一メートル）という山がある。古くは二神山とよばれ、イザナギノミコトとイザナミノミコトを祀る霊山とされてきた。山頂からの眺望はすばらしく、博多湾の志賀島や能古島、玄界島などの島々や玄界灘を一望できるため、福岡平野における戦略上の重要な拠点であり、海陸交通の目標とされてきた山であった。

柳川藩の初代藩主となった立花宗茂は、立花山を拠点とした戦国武将であった。

貝原益軒は、「筑前の国のなかで、立花（橘）は糟屋郡および怡土郡にある」と書いているが、奴国を貫流する那珂川の東方にあり、ワタツミ三神を祀る志賀島を見下ろす位置にある立花山こそ「橘」の位置にふさわしいといえよう。

立花山は、現在でも立花みかんの産地として知られ、古い時代には多くの橘が自生していたために「橘山」とよばれ、のちに「立花山」と書かれるようになったらしい。

立花山の西麓の香椎川下流には、香椎宮（福岡市東区香椎）がある。香椎は「糟氷」「哿襲」「橿日」「橿日」「借飯」とも書かれる。仲哀天皇と神功皇后が拠点としたところで、おそらく「香椎」と「糟屋」はもともとおなじ発音をしていたはずである。

次に、「小門」あるいは「小戸」のことである。

「水門」は「みなと」と読まれ、湊あるいは港をさす。「と（門・戸）」について、白川静氏の『字訓』（平凡社）には、「内外の間や区画相互の間を遮断し、その出入りのために設けた施設をいう。門を構え、戸を設ける。

また川や海などの両方がせまって、地勢的に出入口のようになっているところをもいう」とある。

したがって、「小門」「小戸」といえば、小さな出入口、すなわち小さな港というような意味であろう。

香椎宮の西側に海岸があり、古い時代には香椎の浦とよばれた。そこにある鳥居の前面四〇〇メートルのところに御島とよばれる岩礁があり、御島大明神が祀られている。『日本書紀』によれば、朝鮮出兵の吉凶を占うため、香椎宮に滞在していた神功皇后が海で髪すすぎの占いをおこなったが、貝原益軒は「この地こそ、すなわち神功皇后が髪をすすがれた所である」と断言している。

黄泉の国から逃げ帰ったイザナギノミコトもまたみそぎ祓いをおこなったが、神功皇后は香椎浦の御島において、海に入って髪すすぎの儀式をおこなった。

イザナギノミコトのみそぎ祓いにあやかって、御島においてみそぎ祓いをおこなう風習があったと考えるのは考え過ぎであろうか。

最後に「阿波岐原」である。『日本書紀』では「檍原」と書かれる。

貝原益軒は「阿波岐原という地名が志摩郡と筵田郡にある」とし、「青木」という村のことであるとする。「あは（阿波・檍）」を「あを（青）」と読むわけである。

『和名抄』には、「『説文』にいう。檍の音は億（よく、おく）である。『日本書紀』の『私記』にいう。阿波木。いま考えるに、樫の一名である。『爾雅』の註をみると、梓の属である」と書かれ、檍《あわき》は樫《かし》のことであるとされている。厳密にいえば、檍はもちのきのことで、樫とは異なるが、『和名抄』の編纂者が檍を樫と認識していたことに着目すべきであろう。

日本に稲作が伝来する以前においても、伝来したのちにおいても、樫からとれるどんぐりの実は貴重な食糧として珍重され、樫の幹は建材や船材などに利用された。樫の木は、古代の人々から大いに崇められたはずである。香椎は、樫日や橿日とも書かれるとおり、もともと樫に由来する。樫の密生する場所として、古代人の崇拝を集めたのが香椎という地名のおこりであろう。

神武天皇が大和において即位した場所も橿原とよばれ、これまた樫にかかわりのある地名である。古代人にとって樫には格別の思いがあったことがわかるが、『和名抄』のいうとおり、檍が樫とおなじ意味であるとすれば、香椎の地こそ「筑紫の日向の橘の小門の阿波岐原」（『古事記』）ないし「筑紫の日向の小戸の橘の檍原」（『日本書紀』）の所在地の有力な候補地ということになるわけである。

ただし、『日本書紀』神功皇后紀の摂政前紀に、「日向の国の橘の小門の水底にいて、海藻のようにわかわかしい神、名は表筒男、中筒男、底筒男の神がおられる」とあり、「日向」ではなく、明確に「日向の国」と書かれている。しかも、日向国には住吉三神を祀る住吉神社があり、橘、小戸、檍という地名もある。この地こそ、「日向の橘の小門（小戸）の阿波岐原（檍原）」であるとする説も、大いに説得力があるのである。

宮崎市住吉・佐土原町付近から一ツ瀬川の南東部にかけての地域は、もともと那珂郡とよばれ、夜開、新名、田島、於部の四郷があった。その旧那珂郡の宮崎市塩路に住吉神社があり、やはり上筒男命・中筒男命・底筒男命の住吉三神を祀っている。

小戸神社（宮崎市鶴島三丁目）は、イザナギノミコトを祭神としており、大淀川河口左岸の下別府に位置しているが、もと宮崎郡の橘郷に属していた。景行天皇時代に創建されたというが、確かに橘という地名もあり、小戸という地名もある。

大淀川下流左岸にある上別府（宮崎市）について、郷社八幡神社の社伝によると、「小門《おど》はこの上別府のことである。もと村名を小渡《おど》別府といい、その後小の字がなくなり、渡別府となった。そもそも村の南境に大河（大淀川）があり、この地の岸を大渡といったが、これは小渡を誤ったものである」とされ、この地こそ小戸であるとしている。

大淀川という名も、小戸に由来するという。また、江田郷（宮崎市阿波岐原町）の日向灘を望む一ツ葉海岸近くに、日向国式内四座の一つとされる江田神社（阿波岐原町産母）があり、イザナギノミコトとイザナミノミコトを祭神としている。

これらのことからみれば、阿波岐原（檍原）は宮崎にあったようにみえる。

北部九州の博多湾岸とおなじく、何ゆえこの日向の地に那珂郡があり、住吉神社が祀られたのであろうか。それはやはり、天孫族の日向南遷と関係があるとみるべきであろう。

南下した「邪馬台国＝高天原勢力」にとって、日向の地はいまだ名もなき未開の領域であり、日高正晴氏の説かれるごとく、日向とはおそらく豊のクニから分立してできた国名であったにちがいないが、奴（那珂）国出身の人々が住み着いた地域もまた故郷の国名にあやかって那珂とよばれるようになったのであろう。当然、氏神として住吉三神も祀られたはずである。

瀬戸内海や日本海方面など安曇の海人たちが進出した地域に、安曇や志賀などの地名が数多く残されているが、やはりおなじようなことがいえよう。

安本説によれば、邪馬台国は筑紫（夜須）、豊前（京都）、日向（宮崎）、近畿（大和）というように遷ったとされるが、筑紫（夜須）と近畿（大和）には類似の地名が多く残されており、また日向（宮崎）と紀伊（和歌山）にも多くの類似地名があるという。これまた、同様の現象であろう。古代人は進出した地域に、故地にあやかった地名を名づけたのである。

『日本書紀』の神功皇后紀は「日向国」と記載しているが、これは編集者の誤記でなければ、博多湾岸の那珂勢力が南九州の日向国に下って住吉三神を祀り、それを神功皇后がふたたび博多湾岸に遷座したと解釈すべきであろう。神功皇后は博多湾岸に住吉三神を祀り、朝鮮出兵ののちには穴門（山口県）にも住吉三神を祀り、やがて摂津にも住吉三神を祀った。これからみると、神功皇后は邪馬台国ないし高天原の変遷を十分に理解していた人物であった。

以上のことを総括していえば、宮崎における「阿波岐原（檍原）」の伝承は、高天原および那珂勢力の移住にともなう伝承というべきである。

なお、「阿波岐原（檍原）」の所在地として、鹿児島県曽於市末吉町の住吉神社付近とする説があるが、これは基本的に後世の付会というべきであろう。好意的に解釈すれば、日向の那珂勢力がさらに南下してふたたび故地ゆかりの地名を付したのであろうか。

古代の墓制

『宮崎県の歴史』（山川出版社）、『日本の古代遺跡』（保育社）などによると、宮崎平野の大淀川流域は、古い時代から開けていた地域で、旧石器時代から縄文時代、弥生時代、古墳時代の豊富な遺跡・遺物が発掘されている。しかし、太古の時代においては、宮崎市街地のかなりの部分は海のなかで、大淀川から押し流される土砂や海退現象などによって次第に陸化したものである。陸化が進むにつれて、古代人は川に近い丘陵地帯に住み着き集落をつくり、貝塚を残した。

加江田川と清武川との間に標高約二〇メートルの洪積台地があり、そこには「宮崎学園都市遺跡群」（宮崎市大字熊野、宮崎郡清武町大字木原）があり、平畑遺跡からは縄文時代晩期前半（B.C.三〇〇〇年ごろ）の竪穴住居跡五十五軒が発掘されている。大淀川河口からおよそ九キロ上流の左右両岸の丘陵斜面からは、縄文時代早期から前期の跡江貝塚、柏田貝塚、松添貝塚が出土しており、跡江貝塚は約九千年前の、宮崎市内で最も古い貝塚といわれている。

弥生時代になると、陸化はますます進み、丘陵地のみならず平地や砂丘でも集落が形成されるようになった。紀元前三世紀ごろ、おそらく朝鮮半島南岸地域との交流のなかから、北部九州に水田耕作と金属器の使用を特色とする弥生文化が発生した。

日向地域で最も早い時期に北部九州の弥生文化が伝播したのは、新別府川北側の古い砂丘上にある「檍《あおき》遺跡」（宮崎市吉村町江田原）である。檍遺跡からは板付Ⅱ式土器や小児用甕棺三基が出土しており、稲作のための水田と環濠集落の存在が想定されており、弥生時代前期のきわめて古い時代に北部九州との交流がはじまったことをしめしている。

天孫族の南下によって日向王朝が創立されたのは三世紀半ばごろと考えられるが、それ以前の古い時代から、日向の檍あたりを中心として北部九州の先進勢力との間に交流の基盤がつくられていたのである。

檍遺跡の近くには弥生中期（紀元前一世紀ごろ）の石神遺跡、後期（二世紀ごろ）の元村遺跡などがあり、大淀川河口右岸には赤江遺跡がある。日向における弥生時代の集落は、宮崎県の代表的な遺跡群である宮崎学園都市遺跡群でも着実にひろがり、堂地東、熊野原遺跡B地区などで弥生時代後期の集落が確認されている。

また、日向における弥生時代後期から終末期の特徴ある遺跡として、「花弁状竪穴住居跡（日向型間仕切り住居）」があげられよう。円形または方形の区画に、居住部分を間仕切るように周囲から土壁が突き出した竪穴住居である。上から花びらのようにみえるため、花弁状竪穴住居跡と名づけられたものである。宮崎平野部および大淀川上流域と鹿児島県の川内川流域に多くみられるが、大分県や四国の愛媛県にも分布するという。

花弁状竪穴住居跡はやがて消滅し、弥生時代の末から古墳時代にかけて方形の竪穴住居に統一されるが、花弁状竪穴住居跡の分布と古墳時代における「地下式横穴古墳」の分布がかなり重なるといわれるから、日向および南部九州を拠点とした部族――熊襲や隼人の伝統文化の継承をしめすものであるのかもしれない。

宮崎平野における弥生時代後期の墓制は、畿内地方などに多くみられる「周溝墓」で、畿内では方形が多いのに対して、日向では圧倒的に円形の周溝墓が多いといわれる。周溝墓は首長クラスの墓で、首長一人だけが埋葬されたが、一般人は共同墓地で甕棺や木棺に入れて埋葬された。

それにつづく古墳時代、日向には五種類の墓制があった。

①前方後円墳や円墳などのいわゆる「古墳」
②台地のような平坦地において竪穴を掘り、その底部から横穴を掘削した「地下式横穴（地下式土壙墓）」
③「地下式板石積石室」
④土壙を掘って埋葬し、標識として石を立てた「立石墓」

⑤崖に墓室を掘削した「横穴」

これらのうち、一ツ瀬川以南の宮崎県と大隅を含む地域には、①のいわゆる「古墳」とともに、②の「地下式横穴（地下式土壙墓）」や⑤の「横穴」が多くみられる。それに対し、川内川流域から大口盆地など、薩摩北部から肥後南部の人吉あたりには③の「地下式板石積石室」が分布し、薩摩半島南部の阿多地方には④の「立石墓」が集中している。

まず、前方後円墳は、大和朝廷の支配が全国的にひろがるなかで、大和朝廷によって任命された地域の支配者層の墓として造営されたものである。この時代は古墳時代とよばれ、一般に前期（三世紀後半－四世紀）、中期（五世紀）、後期（六世紀－七世紀）に分けられている。

日向における前方後円墳は総計約二百基が確認されているが、小丸川流域の持田古墳群十基・川南古墳群二十五基、一ツ瀬川流域の西都原古墳群三十二基・新田原古墳群二十五基、大淀川流域の下北方古墳群四基・本庄古墳群十七基・生目古墳群十七基というように、約九割の古墳が児湯郡を含んだ広義の宮崎平野に集中している。

古墳時代の日向は宮崎平野を中心としていたことがわかるが、そのなかでも一ツ瀬川流域の西都原古墳群と新田原古墳群が突出している。西都原古墳群は西都市三宅の標高五〇－八〇メートルの洪積台地――西都原を中心に東西約二・五キロ、南北約四キロにわたり分布しており、円墳二百七十八基、前方後円墳三十二基、方墳一基、地下式横穴墓十基、横穴墓十二基が確認されているわが国最大規模の古墳群で、国特別史跡公園に指定されている。

四世紀から七世紀前半にかけて連続して築造された大古墳群であり、時間的な順序でいえば次のとおりとなる。

第一の時期は四世紀前半で、西都原古墳群に属する前方後円墳のうち前半期に属するものは三五・九〇・九一号墳で、後半期に属するものは一・五六・七二・九五・九九号墳という。墳丘規格の比較などから、九一号墳は大和の箸墓に類似しているともいわれ、日向において最も古い時期につくられた古墳群といえよう。

西都原古墳群全景（宮崎県立西都原考古博物館提供）

畿内の古墳群との詳細な比較検討によって、神武東征による大和朝廷の成立・発展と前方後円墳との歴史的な相関関係が解明される可能性のある古墳群である。

第二の時期は、四世紀後半で、西都原古墳群に属する前方後円墳のうち、一三・八一・九二・一〇〇号墳である。

このうち一三号墳から出土した三角縁獣文帯三神獣鏡は畿内大和の特定の工房で集中的に生産されたとみられており、大和朝廷による朝鮮経略の中継基地ともいえる沖ノ島の第一八号岩陰遺跡から同笵鏡が出土していることから、景行天皇の巡幸を契機につくられた古墳群であるといえよう。

第三の時期は、巨大古墳の時代で、五世紀第一四半期に男狭穂《おさほ》塚古墳が築かれ、五世紀第二四半期には女《め》狭穂《さほ》塚古墳が築かれた。男狭穂塚古墳は応神天皇陵の二分の一の規格といわれており、女狭穂塚古墳は履中天皇陵古墳の二分の一の規格といわれている。五世紀前半の日向の中心は、大和朝廷との緊密な関係をもっていた西都原にあったと断言していい。

第四の時期は、地下式横穴（地下式土壙墓）が出現する五世紀後半である。

地下式横穴古墳（地下式土壙墓）は、宮崎県南部・大隅と熊本県の一部に分布する、五世紀の半ばごろにはじまり八世紀ごろまでつづいた南九州独自の墓制である。西都原古墳群の四号地下式横穴墓からは、大和朝廷から配布されたとみられる複数の甲冑や武器などが出土している。

景行天皇の日向遠征によって大和朝廷と結びついた勢力が勃興し、これらの豪族が前方後円墳をまねて円墳をつくったが、墳丘中に棺・槨《かく》などの埋葬施設をつくることをはばかって（規制されて）、地下に横穴を設けたものらしい（河口貞徳「隼人の埋葬」、「季刊邪馬台国」四十一号所収）。したがって、円墳形式の地下式横穴が最も古く、時代が進み、また内陸部に浸透するにしたがって封土を失い規模は小さくなり、玄室のかたちもドーム状に変形し、副葬品は貧弱でほとんど武器だけであるという。

西都原100号墳（宮崎県立西都原考古博物館提供）

一方では従来どおり大和朝廷との結びつきを強めつつ、他方では土着氏族としての独自色を強めている。日向および南部九州を拠点とした部族――熊襲や隼人の政治的なスタンスを端的にしめすものといえよう。

六世紀になると、地下式横穴古墳や円墳が盛んにつくられるようになり、前方後円墳は新田原古墳群以外ではほとんどつくられなくなる。

以上が、西都原古墳群に着目した南九州墓制の変遷である。

一方、北薩の川内川流域、不知火海沿岸、人吉盆地、五島列島を含む西九州沿岸地域に「地下式板石積石室」が分布している。方形石室は海岸地帯に、円形石室は内陸部に分布しており、どちらが源流かについて説が分かれていたが、朝鮮半島南部の支石墓を源流として、弥生時代中期に九州西岸の島々で発生し、しだいに内陸部に普及したとする「方形源流説」が有力になっている。

ちなみに、前方後円墳などに竪穴式石室をもうける墳墓の形式が四世紀に盛行するが、この形式は、以上のような南部九州の地下式板石積石室と、北部九州の高塚古墳に木棺や石棺を直葬する形式の墓とが融合したものではないかとする説がある（「竪穴式石室の起源」、「季刊邪馬台国」七十四号所収）。

また、薩摩半島南部の阿多には「立石墓」が集中的に分布している。土壙を掘って遺体だけを埋め、そのまま土を埋めもどして地表面に土器や鉄器を捧げる方式で、弥生時代中期ごろの原始共同体的な色彩の強い墓制といわれている。

古墳時代後期には宮崎県中央部から北部にかけて「横穴」がつくられるようになる。横穴式石室をまねたもので、台地の崖に穴を掘り、埋葬後は平石や礫で入口を塞ぐ。五世紀半ば過ぎごろ周防灘に注ぐ今川下流で発生したもののようであるが、新しい墓制として九州全域に普及し、七世紀ごろまでには全国にひろまり、宮城県まで到達したといわれる。地下式横穴古墳が盛んに築造された北諸県、西諸県からはみつかっていないが、東諸県郡国富町付近では地下式横穴古墳と横穴が混在しているという。

いずれにしても、景行天皇が日向に行幸したころ、日向地方の一部ではすでに前方後円墳が築かれていたが、行幸を契機として大規模な古墳群がつくられるようになったことがわかる。

日向にかぎらず、宇土半島の基部や菊池川流域など景行天皇の巡幸経路に沿って畿内型の前方後円墳が築かれているが、このことは景行天皇に関する『日本書紀』の記事の信憑性を裏づけるものといえよう。

日向の御刀媛

熊襲梟師の討伐

景行天皇十二年十一月に日向に到着した景行天皇は、大淀川河口の高屋宮（宮崎市村角町橘尊の高屋神社）を根拠とした。高屋宮とよばれたのは、あるいはその名のとおり大規模な高床式建物があったからかもしれない。

日向の高屋宮を拠点とした景行天皇に関する地元の伝承はほとんど残されていないが、先に紹介した小戸神社（宮崎市鶴島三丁目）には、景行天皇時代に創建されたという伝承が残されている。また、大宮神社（日南市東弁分）は、祭神の一つとして大宮大明神（景行天皇）を祀っているが、和銅元（七〇八）年創建と伝えられており、景行天皇の時代からいえばはるか後代のものではあるものの、景行天皇を祭神とすべき何らかの伝承を踏まえたものであったかもしれない。

高屋宮を拠点にした景行天皇は、さっそく熊襲討伐の作戦を練った。

『日本書紀』によると、景行天皇は居並ぶ群卿にむかって、「聞くところによると、襲の国に厚鹿文《あつかや》、迮鹿文《さかや》という者がおり、この二人は熊襲の勇猛な首長で手下も多い。これを熊襲の八十梟師《やそたける》という。兵が盛んで勝てる者はいない。軍勢が少なくては敵を滅ぼすことはできないだろう。多くの兵を動かせば、百姓が害をこうむる。兵の威力を借りずに、その国を平らげる方策はないものだろうか」といった。

この場合の「襲の国」とは、大隅国の贈於《そお》郡のことであろう。贈雄、噌唹とも書かれる。大隅半島に位置し、西側は鹿児島湾に面している。現在では国分市を中心とした地域であるが、古代においては、大隅半島を中心に、北は肥後国と日向国に接し、西は薩摩国に接する広大な領域であった。

『続日本紀』和銅六年四月三日の条に、「日向国から肝坏《きもつき》・贈於・大隅・始羅四郡を割いてはじめて大隅国に置く」とあり、もともと日向国に属していた。

熊襲とはクマ（肥後国球磨郡）とソ（大隅国贈於郡）が結合したものとする説があるが、景行天皇時代の動向を踏まえたものとすれば、おおむね妥当な見解であろう。

地元の伝承によると、景行天皇は日南市あたりに攻撃拠点を設けたようである。隈谷《くまや》（日南市）に居住していた熊襲梟師を攻撃するため、益安《ますやす》（日南市）の高佐城址に景行天皇の陣屋が置かれたという（『飫肥伝説録』）。

ちなみに、日南市の南方、志布志湾に面したところに串間市があり、今町の王の山からは直系三三・三センチというわが国最大の璧《へき》が出土している。璧といえば、中国の殷周時代から王侯のしるしとされた宝物である。日本では、伊都国の三雲遺跡（福岡県前原市）、奴国の須玖岡本遺跡（福岡県春日市）、峰遺跡（福岡県朝倉郡筑前町）など、邪馬台国時代の拠点的地域からしか出土していない。

串間市は縄文時代の遺跡や弥生時代から古墳時代にかけての遺跡も豊富で、このあたりに古代氏族の拠点があった可能性が高い。その地勢からみて、おそらく海上の道を介して薩南諸島や南西諸島、さらには中国江南地方と、独自の交流ルートをもっていた海人族の拠点であったにちがいない。

北部九州の玄界灘沿岸地域が、海を介した朝鮮半島との交流によって文明の先進地域となったように、九州南部地域もまた、東シナ海を介した交流によって、独自の海洋文化を形成していた。

異文明が遭遇し融合したとき、時に飛躍的なパワーが生まれる。異なった性格をもつ北部九州と南部九州の勢力が融合し、飛躍的なエネルギーを獲得したのが日向王朝の実体であったにちがいない。

日向王朝は神武東征によってその拠点を近畿に移し、大和朝廷による中央集権体制を推し進めていった。大和朝廷の王たる景行天皇の九州征討は、邪馬台国や日向王朝時代につながる在地勢力を、改めて大和朝廷の中央集権秩序のなかに組み入れようとする軍事行動であったろう。

厚鹿文、迮鹿文を領袖とする熊襲に対して、景行天皇率いる大軍をもってしても確実に勝算が立たないところをみれば、熊襲勢力は依然として南部九州において大きな勢力を有していたということがわかる。このため、景行天皇は武力を用いずに討伐する方法を検討した。

すると、一人の臣が進み出て、「熊襲梟師に二人の娘がいます。姉を市乾鹿文《いちふかや》、妹を市鹿文《いちかや》といいます。容姿端麗で気性も荒々しく、たくさんの贈物で欺いて味方に引き入れるのがよろしゅうございましょう。梟師のようすをうかがわせて不意をつけば、刃に血ぬらずして敵を破ることができましょう」と進言した。「それはいい考えだ」と景行天皇はいい、さっそく二人の娘に賂《まいない》を贈った。

豪華な贈物に目がくらんで、二人の娘はたちまち籠絡されたらしい。景行天皇は姉の市乾鹿文を招き寄せた。景行天皇は、寝物語で市乾鹿文を口説いたとみえる。

市乾鹿文は、「熊襲が服従しないことを気にすることはありません。私によい考えがあります。一人二人の兵を私につけてください」といい、家に帰って父に強い酒を大量に飲ませた。すると、熊襲梟師は酔って寝込んでしまった。その隙に市乾鹿文は父の弓の弦を切り反撃できないようにしたうえで兵士を引き入れ、やすやすと熊襲梟師を殺した。

市乾鹿文は意気揚々と景行天皇のもとへやってきたが、景行天皇は「親殺しは不孝である」と、市乾鹿文を処刑してしまった。熊襲梟師が居住していた日南市の隈谷南方の毛吉田《けよしだ》に、市乾鹿文を祀る祠があったという（『飫肥伝説録』）。

景行天皇は、父親を裏切った市乾鹿文を情け容赦なく処刑したが、妹の市鹿文は火国造《ひのくにのみやつこ》に与えた。

こうして、熊襲は滅びたのである。こののち、景行天皇は六年間高屋宮に滞在したというが、『日本書紀』の年代は大きく引きのばされているから、せいぜい二、三年であったろう。

ついでながら、大隅半島には高屋宮の候補地として、姶良郡溝辺村大字麓（鹿児島県霧島市溝辺町大字麓字菅ノ口）と鹿児島神社付近の石体の宮（霧島市隼人町字宮内）、肝属郡内之浦大字北方（肝属郡肝付町大字北方）の三カ所があげられている。

とりわけ、姶良郡溝辺村大字麓は、明治七（一八七四）年の明治天皇の御裁下により、穂穂手見命の陵墓の所在地として決定されたところである。標高三九〇メートルの神割岡にあり、南方の宮ノ上には鷹屋神社がある。また、神割岡の南方約八キロのところに鹿児島神社があり、その東北三〇〇メートルのところに石体の宮があるが、この地こそ穂穂手見命の宮殿の跡とする説がある。

穂穂手見命の陵墓の所在地としてはともかく、景行天皇の高屋宮としては、すべて否定的に考えるべきであろう。熊襲の支配地域に、景行天皇が本拠地を置くとは考えられないからである。

大隅半島を拠点とした熊襲を制圧した景行天皇は、大淀川流域の高屋宮を根拠にしていたが、この間御刀媛《みはかしひめ》を后にしている。『日本書紀』には、「この（日向）国に美人があり、御刀媛という。これを召して后とされた。豊国別《とよくにわけ》皇子を生んだ。これが日向国造の先祖である」と書かれている。

日高正晴氏は、高屋宮の所在地について、西都原古墳群を中心とする児湯郡地域と想定したうえで、「ここで特に注目すべきことは、日向国造の始祖として、豊国別皇子が出現したということである。この皇子という名称は、景行天皇との結びつきをつくるための説話的なものであり、結局は、『豊国別』という豪族が子湯県地方に君臨していたことになる。そして、日向の首長を豊国別と称したことは、この地域を豊と称していたからであろう」とされている（『古代日向の国』）。

すでに述べたように、景行天皇は皇后のイナビヒメ（稲日大郎姫）のほか、ヤサカノイリビメ（八坂入媛）、ミズハヒメ（水歯郎媛）、イカワヒメ（五十河媛）、タカタヒメ（高田媛）、日向のカミナガオオタネ（髪長大田根）、襲のタケヒメ（武媛）など六人の妃との間に、『日本書紀』によると男女合わせて八十人の子をつくったとされている。このうち、日向のカミナガオオタネと襲のタケヒメを后としたのもまた、日向滞在中のことであったろう。

日向のカミナガオオタネは、日向襲津彦《ひむかのそつびこ》皇子を生んだ。日向襲津彦皇子はのちに長門国阿武郡阿武郷（山口県阿武郡阿武町・萩市）あたりを根拠にした阿牟君《あむのきみ》の先祖とされているが、日向襲津彦自身はその名のとおり、大隅国に分割される以前の贈於郡を治めた人物であったろう。

襲のタケヒメもまた、その名のとおり贈於郡あたりを根拠とした熊襲一族の娘であったろう。タケヒメは、国乳別皇子《くにちわけ》、国背別皇子《くにそわけ》、豊戸別皇子《とよとわけ》を生んだ。国乳別皇子と国背別皇子の二人は、筑後川中下流域を支配する水沼別《みぬまのわけ》の先祖とされ、豊戸別皇子は肥前・肥後（佐賀・長崎・熊本県）を領域とする火国別《ひのくにわけ》の先祖であるとされる。いずれにしても、景行天皇の血を分けた子供たちが、成人したのち九州の南部から中部・北部方面の要所要所に配属されたことがわかる。

西都原に残る伝承

『日本書紀』によると、景行天皇は十二年夏五月に襲の国を平定し、高屋宮を拠点にしていたが、四年後の春三月十二日に子湯県（児湯郡）に巡幸し、「丹裳の小野《にも》」で遊んだという。丹裳の小野とは西都市三宅の西都原台地の一角といわれており、このことからみても、高屋宮は児湯郡とは別の場所にあったことがわかるが、それはともかく、景行天皇が巡幸したこの地には、前述の西都原古墳群が残されている。

北西部の一八五・四六ヘクタールは特別地域となっており、西都原古墳群中最大の「男狭穂塚《おさほ》」（高さ一八メートル、全長二一九メートル）と「女狭穂塚《めさほ》」（高さ一五メートル、全長一七四メートル）がある。

この二つの古墳の形式は近畿の応神天皇陵古墳や仁徳天皇陵古墳の系統に近く、西都原古墳群の主流は、おそらく五世紀から六世紀ごろつくられたであろう。景行天皇は四世紀半ば過ぎから後半にかけて在位したとみられるから、景行天皇がこの地に巡幸したのちに古墳群は築造されたことになるわけである。

『先代旧事本紀』の「国造本紀」によれば、景行天皇と御刀媛から生まれた豊国別皇子の三世の孫の老男《おいお》は、応神天皇の時代に日向国造に任じられたという。

安本美典氏は、「西都原古墳群は、日向国造の老男を中心とし、日向出身の御刀媛と関係のある人々の墳墓で

男狭穂塚・女狭穂塚古墳（宮崎県立西都原考古博物館提供）

はなかろうか。応神天皇時代の日向の国造が老男であり、その国府が三宅にあったとすれば、男狭穂塚と女狭穂塚などの被葬者のもっとも有力な候補者としては、老男とそのまわりの人々があげられよう」（『邪馬台国は、その後どうなったか』）とされるが、日高正晴氏は、「男狭穂塚の築造年代であるが（略）五世紀前半でも早い時期に想定することができる。そのように考えると、この古墳の被葬者は、おそらく、四世紀末から五世紀初頭ごろに活躍した豪族であると推測できる。（略）豊国別王の時代は九州最大の大首長墓である男狭穂塚の築造年代ともほぼ合致することになるので、巨大古墳である男狭穂塚の被葬者像としては、四世紀末ごろから五世紀初頭ごろにかけて活躍したと推測される豊国別王であると想定することもできる」（『古代日向の国』）とされている。

安本氏は男狭穂塚の被葬者を豊国別皇子の三世の孫の老男とし、日高氏は豊国別皇子そのものとされるが、いずれの説においても、景行天皇の血を引く日向国造一族の墳墓であったことにおいては一致している。

景行天皇ゆかりの地として、景行天皇を継いだ成務天皇時代に西都市三宅に国府が置かれ、そのとき印鑰神社（西都市三宅）が創建されたという。

丹裳の小野に巡幸した景行天皇は、東の方角を望み、つきしたがう重臣たちにむかって、「この国は、まっすぐ日の出る方向にむいている」といった。この景行天皇の言葉によって、この国は日向とよばれることになったという。『日向国風土記』逸文には、「纏向の日代宮に天の下をお治めになった大足彦天皇（景行天皇）の御世に、児湯郡に行幸されて丹裳の小野にお遊びになった。左右の人に『この国の地形はまっすぐ扶桑の国（東方の国）

にむかっている。日向と名づけるがいい』と仰せられた」とある。

『古事記』や『日本書紀』、「風土記」には多くの地名説話がのせられている。むろん、天皇の言葉を契機に新たに地名が名づけられる場合もあったであろうが、もともとそれぞれの地域でよびならわしていた地名を、天皇あるいは皇族の権威によって公に認知する場合も少なくなかったとおもわれる。たとえば、仲哀天皇や神功皇后によって伊都国や松浦国が命名されたという記事があるが、これらの地名は『魏志倭人伝』にでてくるような古い地名である。これらの地名説話は、仲哀天皇と神功皇后によって公に認知されたことをしめしていると考えるべきであろう。

瓊瓊芸命らを祀る三宅神社（西都市）

日向については、日高氏のいわれるごとく豊国から分立したとすれば、景行天皇の言葉を契機に新たに命名されたと考えることも可能かもしれない。しかし、「筑紫の日向の橘の小門の阿波岐原」に関して述べたように、日向という地名が高天原勢力の南下にともなって大淀川下流に移植されたと考えれば、日向王朝三代の拠点とされた時期にはすでに日向という国名が生じていたはずであり、景行天皇が改めてそれを認知したものというべきであろう。

西都原はもともと「つきどのばる」とよばれ、「斎殿原」と書かれた。それを「さいとのばる」と読み、やがて西殿原あるいは西都原と書かれるようになったらしい。斎殿原と書かれたことからみて、この地に祭祀をおこなう建物があったにちがいない。

西都原東方の三宅（西都市）には、律令時代には日向国の中枢として国衙が置かれ、国分寺や国分尼寺が置かれた。宮崎平野の西側の最も奥まったところにあり、九州山地に近く、一ツ瀬川の沖積平野が尽きる場所に位置し、肥後と大隅方面にむかう古代官道の分岐点でもあった。
三宅は三財川支流山路川流域に位置し、もと帝宅《みやけ》と書かれた。むろん屯倉に由来するものである。屯倉とは、大王の支配拠点たる施設・建物のことをさす。当時は祭政一致であったから、祭祀の拠点たる斎殿を含むものであったろう。

日向四座にも数えられた都万神社（西都市）

三宅には邇邇芸命などを祭神とする「三宅神社」があり、もと「西都農神社」とよばれていたが、あるいはこの神社こそ屯倉あるいは斎殿のあった場所であったかもしれない。三宅神社はまた、覆野《おおの》大神宮、福《ふく》（覆）野《の》八幡宮、上の宮神社ともよばれ、この地は大尾城または大王城ともよばれていた。

また、西都市の中心部の妻には木花開耶姫を祭神とする「都万《つま》神社」がある。「妻万神社」とも書かれ、のちにそれを音読みで「さいまん」とよぶようになった。現在ではさらになまって、「おせまんさま」ともよばれているが、もともとは「つま」とよばれていた。

都万神社は、延喜式内社で、都野神社、江田神社、霧島神社とともに日向四座に数えられた神社である。

社伝によると、社地の西の清流を利用して夫婦の二神がはじめて田を開き、稲を育てたので井門田里と名づけたという。その後土のなかから男女二人が掘り出され、神社の神官となり、その末裔が日下部氏であるという。このように、都万神社の社伝は、日向における稲作の起源を伝えている。

都万神社付近には、邇邇芸命が木花開耶姫をはじめて見初めた場所と伝えられる「逢初《あいぞめ》川」、二人の新婚宮殿と伝えられる「八尋殿」、木花開耶姫が火中で出産したという「無戸室」、産湯を使ったといわれる「児湯の池」

など、さまざまな伝承が残されている。

西都市穂北は、二神の育てた稲穂が北にむかって垂れていたので穂北と名づけられたという（清野巌『西都の民話』）。また、鹿野田《かのだ》という地名は、鹿に関連した彦火火出見尊にゆかりの地名といわれているが、都万神社の神田（鹿野田）があったからであるともいう。

三宅神社や都万神社の地こそ、邇邇芸命と木花開耶姫の王宮の中枢地であったかもしれない。

ちなみに、都万神社のある妻から一ツ瀬川対岸の茶臼原（西都市）にかけては、昭和四十八（一九七三）年に国指定を受けた茶臼原古墳群があり、二基の前方後円墳を含め五十六基の古墳が点在している。台地中央の前方後円墳は児屋根塚とよばれており、遠くからみれば茶臼のようにみえるところから、茶臼原という地名になったという。近くには天児屋根命を祭神とする調殿《つきどの》神社（西都市調殿）がある。天児屋根命は中臣氏の祖先神といわれており、古墳時代に中臣氏に連なる一族の拠点があったのであろう。

西都原を訪れた景行天皇は、改めて日向という国名を宣言し、はるか東方の大和をしのんで「思邦歌《くにしのびうた》」をうたった。

愛《は》しきよし　我家《わぎえ》の方ゆ　雲居《くもい》立ち来《く》も
倭《やまと》は　国のまほらま　畳《たた》づく　青垣《あおがき》　山籠《こも》れる　倭し麗《うるわ》し
命の　全《まそ》けむ人は　畳薦《たたみこも》　平群《へぐり》の山の　白橿《しらかし》が枝を　髻華《うず》に挿《さ》せ　此の子
（なつかしき　我が家の方から　雲が湧き流れてくる
倭は最もすぐれた国　青々とした山が重なり　垣のように包む　倭は美しい
生命あふれた人は　平群の山の　白樫の枝を　髪飾りに挿せ　この子よ）

この景行天皇の「思邦歌」とほとんど同一内容の歌が『古事記』にのせられており、しかもヤマトタケルの臨終の歌とされている。このことをもって一方を偽作とする説もあるが、両者ともに旅先で大和を懐かしんでうたったものであり、『古事記』『日本書紀』両者に伝えられても特段の不都合はないというべきである。

歌のなかにみえる「平群」とは、西都市平郡のことである。一ツ瀬川支流の三納川下流右岸から三財川下流左岸にかけての地域で、地名の由来は平群氏の居所であったことによるという(『日本地理志料』)。平群氏とは、大和国平群郡平群郷(奈良県生駒郡平群町)を拠点とした一族とされる。

西都市岩爪にある岩爪神社は、イザナギノミコトとイザナミノミコト、速玉男能命、事解男能命の四神を祭神としているが、社伝によると、ヤマトタケルが熊襲平定にやってきたとき、熊野大権現に祈念した霊地で、のち天長三(八二六)年に空海が訪れ、国家鎮護のため神社を創建したという。

熊野信仰が九州へ伝播したのは、十二世紀後半といわれており、熊野信仰に関しては後世の付会とみられるが、ヤマトタケルの伝承が残されていることに注目すべきであろう。

諸県一族と大和朝廷

熊襲を平らげ、高屋宮を拠点に日向を治めた景行天皇は、児湯郡の丹裳の小野に遊んだが、その一年後、「十八年の春三月に、天皇、京に向《いでま》さむとして、筑紫国を巡狩《めぐりみそなは》す」(『日本書紀』)というように、小野を発った。当面の目標は、肥後国の球磨郡を拠点とする熊襲の制圧であった。

大淀川河口の高屋宮(宮崎市村角町橘尊の高屋神社)から出発したとすれば、大淀川と本庄川をさかのぼって、まず亜椰《あや》にむかったであろう。途中、八代郷(東諸県郡国富町)を通っていった。

八代郷の本庄には剣柄神社があり、古墳の上に建てられているが、彦稲飯命、玉依姫命、神武天皇を祭神としている。伝承によると、景行天皇のときに祭祀がおこなわれ、神社が創建されたという。景行天皇の足跡の一つに数えていいであろう。

景行天皇がむかった亜椰とは、東諸県郡の綾町のことである。阿屋とも書かれた。古くから開けていた地域で、尾立遺跡からは縄文時代後期の土器が発掘され、凹線文をもった土器は綾式土器と名づけられている。また、首塚古墳、四反田古墳、王ノ塚古墳、スミ床古墳の四基の円墳があり、古墳時代において、かなりの在地勢力があったことがわかる。

亜椰（綾町）において、景行天皇一行はさっそく熊襲と遭遇したようである。『日向郷土事典』によると、景行天皇が熊襲平定のため亜椰に到着したところ、肥後から大隅にむかう途中の熊襲が朝廷軍を攻撃した。二反野付近に陣を構えた熊襲と朝廷軍は、綾南川をはさんで陣を構えた。ところが豪雨に見舞われ、綾南川が氾濫し熊襲軍が混乱したところに朝廷軍は猛攻をおこない、熊襲軍は二反野から浦の名、平窪に敗走し、勝った朝廷軍は錦原に凱旋したという。

このとき諸県《もろがた》を拠点とした諸県一族は朝廷軍に加わり、大いに活躍したのであろう。景行天皇の巡幸を契機に、諸県一族と朝廷との間で特別な関係が生じたようである。

景行天皇から成務天皇、仲哀天皇、応神天皇、仁徳天皇と皇位は継承されたが、『古事記』『日本書紀』とも諸県一族の髪長媛《かみながひめ》が仁徳天皇の后となったと伝えている。

すなわち、『古事記』応神天皇の段には、

「また応神天皇が日向国の諸県の君のむすめの髪長比売が美しいとお聞きになって、使いを出そうとしてお召しなさるときに、太子の大雀命《おおさざきのみこと》（仁徳天皇）はその嬢子《おとめ》が難波津に停泊しているのをご覧になって、その容姿のあでやかなことに感心なされ、建内宿禰に『日向から招かれた髪長比売をわたしに賜るよう陛下にお願いしてくれ』と頼まれた。それを受けて建内宿禰が天皇にお願いしたところ、天皇は髪長比売を大雀命にお授けになった」

とあり、『日本書紀』応神天皇十一年の条にも、

「この年、ある人が『日向国に髪長媛という嬢子がいて、諸県の君牛諸井《うしもろい》のむすめです。これは国中の美人で

す』と申し上げた。天皇は喜ばれてこれを召そうとおもわれた。十三年春三月、天皇は特別の使者を遣わして髪長媛を召された。秋九月中旬、髪長媛は日向からやってきた。摂津国桑津邑に置かれた。皇子の大鷦鷯尊《おおさざきのみこと》は髪長媛をご覧になり、その容貌の美しいのに感じて、引かれるおもいが強かった。天皇は大鷦鷯尊が髪長媛を気に入っているのをみて、めとわせようとおもわれた……」

とある。

このことに関して、『日本書紀』は別の伝承を記している。

「ある説によると、日向の諸県君牛は、朝廷に仕えて老齢となり、仕えをやめて本国に帰った。そして娘の髪長媛を奉った。播磨国まできた。天皇は淡路島にきて狩りをなさった。そして西の方をご覧になると、数十の大鹿が海に浮いてやってきて、播磨の鹿子水門《かこのみなと》に入った。天皇はそばの者に、『あれはどういう鹿だろう。大海に浮かんでたくさんやってくるが』といわれた。お側の者も怪しんで、使いをやってみさせた。すると、みな人で、角のついた鹿の皮を衣服としていたのである。『何者か』というと『諸県君牛です。年老いて宮仕えができなくなりましたが、朝廷を忘れることができず、それで私の娘の髪長媛を奉ります』と答えた。天皇は喜んで、娘を宮仕えさせられた。それで時の人は、その岸についたところを名づけて鹿子水門といった。およそ水手を鹿子というのは、このときはじめて起こったという」

諸県一族が、角のついた鹿の毛皮を着る独特の風習をもっていたことがわかる。

『和名抄』によると、諸県郡には財部、県田、瓜生、山鹿、穆佐《むかさ》、八代、大田、春野の八郷があり、現在の宮崎市瓜生野・高岡町、東諸県郡国富町、都城市、えびの市などにおよび、鹿児島県の旧曽於郡の一部を含む広大な区域であった。

日高正晴氏は諸県一族を、海洋性を有する海人集団であり、角のついた鹿皮をかぶる風習からみて、その源流として東北アジア地方が連想されると指摘されるが、諸県の地勢からみて、諸県一族は漁労というよりも狩猟を中心とした部族であったようにおもわれる。鹿の毛皮を着る風習も、鹿の狩猟に際して、鹿を油断させるための擬態から生じたものであろう。

旧諸県郡の都城市祝吉《いわよし》、丸谷遺跡、宮崎市の学園都市熊野原遺跡などには、弥生時代後期から終末期の「花弁状竪穴住居跡（日向型間仕切り住居）」が数多く分布している。これらが古墳時代における「地下式横穴古墳」の分布とともに、日向および南部九州を拠点とした熊襲や隼人の独自の伝統文化をしめすものであるとすれば、諸県一族もまた、もともと熊襲や隼人に属する部族とみなすべきであろう。

諸県一族の首長たる牛は、応神天皇の時代に娘の髪長媛を皇室に献上して大和朝廷との結びつきを確実なものとしたが、諸県一族と大和朝廷との緊密な関係ができたのは、景行天皇の日向行幸が契機であったろう。

諸県の北部に接した児湯郡は、景行天皇の皇子豊国別からの三世の孫の老男にいたる日向国造一族の拠点として栄えたが、諸県一族は諸県郡を拠点として、熊襲ないし隼人という在地勢力でありながら朝廷との結びつきを強め、応神天皇の時代には髪長媛を仁徳天皇の后とするなど、独自の外交努力によってその勢力をのばしていったのである。

都城市に沖水古墳がある。早水町の二号墳は径三・六メートル、高さ一・七メートルの円墳で現存しているが、都城農業高校南方一〇〇メートルにある千町の一号墳はすでに消滅している。これらの古墳は、髪長媛一族の墓と伝えられている。また、早水には、応神天皇、牛諸井、髪長媛を祭神とする早水神社があり、髪長媛誕生地の伝承が残されている。

さらにいえば、景行天皇の后となった日向のカミナガオオタネ（髪長大田根）の出自について、『日本書紀』にはまったく記載がないが、「髪長」という名が共通することからみて、これまたこの諸県一族で早水出身であったかもしれない。

いずれにしても、諸県一族は朝廷との関係を深めた。令制雅楽寮に雅楽の一つとして諸県舞が伝えられているが、このような諸県一族の朝廷に対する服属の礼に由来するものであろう。

景行天皇は、諸県一族の支配する地域を、西方に進んでいった。亜椰（綾町）の次は、野後《のじり》（西諸県郡野尻町）である。

野尻原とよばれるシラス台地があり、北西方面から南東方面にむけて、大淀川や岩瀬川支流の秋社川、石瀬戸川、戸崎川、城ノ下川が流れている。シラス台地は霧島山などの火砕流と火山灰でできた地層で、肥沃ではあるが保水性に乏しい土壌であるため、水田稲作にはなじまないとされている。

「日向の襲の高千穂の峰」

景行天皇一行は、諸県一族に守られながら、野後を過ぎ、夷守《ひなもり》（小林市）にむかった。

『日本書紀』には、「最初に夷守に着かれた。このとき、岩瀬川のほとりに群集が集まっていた。天皇ははるかに眺められて、側の者に『あの集まっている人たちは何だろう。賊だろうか』といわれた。兄夷守《えひなもり》と弟夷守《おひなもり》の二人を偵察に赴かせた。弟夷守が帰ってきて『帝にお食事をさし上げようと、諸県君泉媛とその仲間が集まっているのです』と報告した」と書かれている。

『延喜式』兵部省諸国駅伝馬条によると、日向には十六の駅が置かれていた。そのうち、夷守駅は現在の小林市にあったとされている。夷守の西南方向五キロのところに、夷守岳（標高一三四四・一メートル）がある。夷守岳は、霧島山に属するコニーデ型火山である。

霧島山は、宮崎県と鹿児島県――大隅国の曽於郡と日向国の諸県郡にまたがる火山群の総称で、東西二つの峰に分かれている。東の峰は高千穂峰（標高一五七三・七メートル）で、東岳、矛峰、東霧島ともよばれる。山頂には「天の逆鉾」が立っている。西の峰は韓国岳（標高一六九九・八メートル）で、西岳、西霧島ともよばれる。

『日本書紀』の本文および二つの「一書」は、「日向《ひむか》の襲《そ》の高千穂の峰《たけ》」「日向の襲の高千穂の槵日《くしひ》の二上《ふたがみ》の峰」「日向の襲の高千穂の添山《そほり》の峰」と記している。ここでいう「襲」とは、大隅国の曽於郡をさし、したがって高千穂あるいは二上の峰の所在地について霧島山とする説がある。

また、『古事記』には、邇邇芸命とともに高千穂の久士布流多気《くじふるたけ》に天降った天忍日命《あめのおしひのみこと》と天津久米命《あまつくめのみこと》は、「ここは韓国《からくに》にむかい、笠沙《かささ》の御前《みさき》を真来《まき》通りて」と述べたとあることから、久士布流多気を高千穂峰とし、韓国を韓国岳とする見解もある。

しかしながら、前述のように「高千穂＝霧島山」説は、日向の南方に寄り過ぎている。しかも、古い時代からしばしば噴火を繰り返していた活火山である。火山灰の堆積した表土とシラス台地は、稲作を中心とした高天原勢力の南部九州進出の拠点としてはまったくふさわしくない土地といえよう。

『日本書紀』の記す「襲」についても、必ずしも大隅国の曽於郡と限定的に解する必要はない。

『魏志倭人伝』によると、卑弥呼率いる邪馬台国と卑弥弓呼率いる南部の狗奴国勢力とが対立していた。邪馬台国が筑後平野を中心とした北部九州勢力とすれば、狗奴国は熊本県など西九州の中部・南部勢力であったろう。狗奴国の官職として狗古智卑狗というものがあり、これは菊地彦と読めないでもない。この対立のなかで卑弥呼は死去し、宗女の台与が邪馬台国の女王となり、おそらく狗奴国の勢力を南方に追いつめていった。

卑弥呼の時代、邪馬台国と狗奴国との勢力の境界は、西九州においては福岡県と熊本県の県境近くにあり、東九州では福岡県と大分県の県境あたりにあったであろう。やがて、邪馬台国の勢力が増大するにつれて、両勢力の境界は南下していった。追いつめられた狗奴国勢力は、宮崎県や鹿児島県に拠点を移し、果てには九州南端の薩摩地方まで追いつめられ、一部の勢力は海を渡って奄美大島、種子島などの薩南諸島や沖縄諸島、八重山諸島などの先島諸島に進出していったにちがいない。

これらの経過からすれば、熊襲あるいは隼人は、狗奴国の後継勢力であった可能性が高い。狗奴国の「狗」は犬のことであり、熊襲と隼人が熊と隼という動物名をあてることにおいても共通している。もと狗奴国は多くのクニによって構成された部族国家であったとすれば、狗奴国という連合国家が滅亡したあと、熊のクニと隼のクニだけが残ったと考えてもおかしくはない。

このように、「襲」の区域は、時代とともに変遷しており、必ずしも大隅国の曽於郡と限定的に解する必要はない。

邇邇芸命は天照大神に命じられて日向に天降ったが、「天照大神＝卑弥呼」と考えれば、三世紀半ばごろのことである。「高天原＝邪馬台国」と狗奴国との西九州における境界は、豊後の南端あたりにあったと考えても特に不自然というわけではない。

『日本書紀』のいう「襲の高千穂の峰」は、やはり西臼杵郡の高千穂というべきであろう。九州南部に追いつめられた熊襲ないし隼人の最後の拠点ともいえる地域が、大隅国の曽於郡を中心とした地域であり、それにとどめを刺したのが景行天皇であったのだろう。

霧島山は、高千穂峰と韓国岳の東西二つの主峰を中心に、栗野岳、獅子戸岳、中岳、新燃《しんもえ》岳など二十三の火山で構成されている。霧島山はしばしば激しい火山活動を繰り返してきたが、文献上は八世紀半ば、天平十四（七四二）年の『続日本紀』が初出とされている。その後の記録では、十二世紀、十六―十八世紀、十九世紀後半―二十世紀初頭に活動期を迎えている。景行天皇の巡幸当時においても、霧島山から立ち昇る噴煙がみえたことだろう。

兄夷守と弟夷守

景行天皇一行が夷守（小林市）に着くと、岩瀬川のほとりに群集が集まっていた。

岩瀬川とは、熊本県境の白髪岳山地を源流に小林盆地に流れ込み、さらに野尻町南部を東に流れて大淀川に合流する一級河川である。急流のため岩石の多い川ではあるが、古代から近世まで、舟やいかだによって小林盆地と宮崎平野をつなぐ重要な内陸水路として利用されてきた。

景行天皇は、岩瀬川のほとりに群集がたむろしているのをみて、兄夷守と弟夷守の二人を偵察に赴かせた。

ここで、夷守が地名と人名の両方に用いられていることが注目されよう。

夷守とは、『魏志倭人伝』にも「卑奴母離」としてでてくるきわめて古い官名である。対馬国、一支(壱岐)国、奴国、不弥国の副官とされている。

小林盆地は、日向と西方の肥後をつなぐ要衝の地にある。この小林市に夷守が置かれたのは、高天原勢力の日向南進と関連があるとみるべきであろう。

ついでながら、対馬国と壱岐国には長官として「卑狗」、すなわち「彦」がいたが、豊前の英彦山はもと彦山と書かれたとおり、この山には豊前地方を支配する長官たる「彦」が配置されていたのかもしれない。

また、『魏志倭人伝』の列挙する投馬国には、長官として「弥弥」すなわち「耳」が置かれ、副官には「弥弥那利」すなわち「耳成」あるいは「耳垂」が置かれたが、景行天皇が討伐した豊前地方の「御木の耳垂」や『肥前国風土記』の松浦郡値嘉島(五島列島)の「大耳」と「垂耳」、あるいは日向市美々津町の美々津や耳川の「耳」もまた、この邪馬台国時代の官名と何らかの関連があるのであろう。

このように、邪馬台国時代に設置された官名がその後の人名や地名のなかに残存しているとみれば、小林市の夷守という地名もまた、『古事記』『日本書紀』が共通して伝える高天原勢力の日向への南進と邪馬台国の北部九州説を裏づける有力な傍証といえるかもしれない。

景行天皇は、夷守の地において、兄夷守と弟夷守の二人を偵察に赴かせたが、夷守が人名とすれば、当然二人は兄弟であろうし、官名であれば長官と副官のことであろう。一般には官名ではなく人名と解されているようであるが、『日本書紀』の記載自体からは必ずしも明確ではない。夷守を治めるために、新たに長官たる兄夷守と副官たる弟夷守が景行天皇によって任命されたと考えるべきかもしれない。

兄夷守と弟夷守は、さっそくたむろしている群集のもとへ赴いたところ、そこでは諸県君の泉媛が景行天皇を歓迎するために食事の用意をしていた。諸県君の泉媛は、夷守を拠点とする小林盆地の女酋であったろう。景行天皇の巡幸を聞いて、恭順の意をしめそうとしたのである。戦闘の記録がないところからみて、景行天皇はそれを受け入れ、彼らのもてなしを受けたのであろう。

恵寿寺（小林市細野）の「景行天皇御腰掛石」

景行天皇はこの地にしばらく滞在したらしく、景行天皇の行宮の地は小林市細野の宝光院承和寺跡と伝えられている。
宝光院承和寺は、承和十四（八四七）年、天台宗の僧円仁（慈覚大師）が留学先の唐からの帰途、薩摩の坊之津に上陸したのちこの地を通過し、景行天皇ゆかりの地であることを知って創建したという。これを聞いた仁明天皇が勅願寺としたため、最も多いときには六十六にも上る寺院があったという。
これらの寺院は、明治のはじめ、廃仏毀釈運動によりことごとく廃寺となったが、昭和三年に浄土真宗の「専寿寺」（小林市細野）が建立された。寺の一隅には「景行天皇御腰掛石」という石碑が建てられ、市史跡に指定されている。専寿寺後方の細野の城山には、夷守の役所があったという（『小林市史』第一巻）。
景行天皇は、夷守に滞在したのち、ふたたび出発した。

肥の国から西海へ

熊県の熊津彦兄弟

景行天皇は、夷守から西に進み、川内川上流の真斫《ませき》にむかったであろう。現在の宮崎県えびの市真幸《まさき》である。

川内川は熊本県球磨郡の白髪岳の南斜面を水源に、加久藤盆地（宮崎県えびの市）を経て鹿児島県北部を迂回しながら、大口盆地、宮之城盆地、川内盆地を通って鹿児島県薩摩川内市久見崎町で東シナ海に注ぐ一級河川である。

その上流にある真斫に着いた景行天皇たちは、そこから北西に進路を変え、肥後の人吉方面にむかった。『日本書紀』には、「夏四月三日に熊県《くまのあがた》に到りたまふ」と書かれている。熊県とは、現在の熊本県球磨郡のことである。律令時代、球磨郡には東村、久米、球玖、西村、人吉、千脱の六郷があった。

景行天皇は、人吉の天子という場所に滞在したという（『求麻外史』）。人吉市内には、鬼木町芦原などに「天子」という場所がある。

人吉には球磨川が流れている。筑後川、大淀川に次ぐ九州第三位の河川である。球磨郡のほぼ全域を通り、葦北郡を通って、八代で八代海に流れ込む。景行天皇が巡幸したとき、熊県を治めていたのは熊津彦という二人の兄弟であった。兄を兄熊《えくま》といい、弟を弟熊《おとくま》といった。

ずっとのちの時代ではあるが、『万葉集』巻十一に、「肥人《こまひと》の額髪結へる染木綿《そめゆう》の染みにしこころ我忘れめや」という歌がのせられている。この歌は、肥人すなわち球磨人が額髪を染木綿で結わえていたことをしめしているが、あるいは景行天皇巡幸当時においてもこのような風俗があったかもしれない。

景行天皇は、まず使者を派遣して兄熊を招いた。兄熊はそれに応じてやってきた。服従の意思をしめしたのである。次に弟熊を招いた。すると、弟熊は応じない。景行天皇はただちに軍を派遣して弟熊を滅ぼした。

四月三日に熊県に到着して、またたくまにこの地方を制圧した景行天皇は、球磨川沿いを下って国見岳北麓を西に進み葦北郡にでると、水俣川沿いの道を下って水俣に到着した。おそらく、そこで大隅半島と薩摩半島を迂回してきた水軍と合流したであろう。

水俣は、水俣川と湯出川が合流して八代海に注ぐ河口部に位置しており、葦北郡に属する。水俣市の大迫から浜にまたがる地域に、「湯の児温泉」がある。八代海（不知火海）のリアス式海岸に臨む海際の温泉で、景行天皇がこの地に立ち寄ったとき、ぬるま湯を発見して、「これはまだ湯の児だ」といったことから「湯の児」とよばれるようになったという。

ちなみに、それから千数百年たった昭和元（一九二六）年に、はじめて陸地で温泉の試掘に成功した。温泉を掘り当てた人物は、景行天皇の伝承を知っていたにちがいない。その後、水俣から温泉に通じた道路が新たにつくられ、一躍温泉地として有名になった。別名「亀温泉」とよばれるが、これは傷ついた海亀が傷を癒すために海岸近くまできているのを村人たちがみて、舟のなかに湯を汲み入れて風呂代わりに使ったことに由来するという。海のなかに温泉があるということは、むかしからよく知られていたのであろう。

水俣で軍勢を整えた景行天皇は、この地にしばらく滞在したらしく、京泊（水俣市大迫、葦北郡芦北町女島・海浦）や天子宮（津奈木町平国、芦北町湯浦・道川内・乙千屋《おとじや》・田浦町）などに景行天皇の伝承が残されている。ちなみに、『先代旧事本紀』の「国造本紀」によると、景行天皇は葦北郡最初の国造として、吉備津彦命の子の三井根子命を任命したという。

水俣の対岸は天草である。その間の海を八代海といい、不知火海ともいう。

景行天皇は船に乗って水俣を出発した。西北方面に直進し、天草諸島の一つ、御所浦島（天草市御所浦町）をめざした。嵐口崎を迂回し、嵐口から上陸しようとしたが、波が荒くて接岸できず、御所浦から上陸したという。

御所浦島で一泊したのち、球磨川河口の八代をめざして船出した。河口付近に小さな島があり、景行天皇の船はその島に停泊した。

『日本書紀』には、「十一日、海路から葦北の小島に泊り、食事をされた。そのとき、山部阿弭古《やまべのあびこ》の祖である小左《おひだり》をよんで冷たい水を求められた。このとき島のなかに水がなく、やむなく天を仰いで天神地祇に祈った。すると、たちまち冷たい水が崖のそばから湧いてきたので、それを汲んで献上した。それでその島を名づけて水島といった。その泉は今でも水島の崖に残っている」と記されている。

『肥後国風土記』逸文にも、「球磨の県。県の乾（西北）七十里の海中に島がある。面積は七里ばかりである。名づけて水島という。島には寒水《しみず》がでている。潮にしたがって水位に高低がある」とある。

水島は、その後の地形変化や江戸時代の干拓工事などによって、現在では陸つづきになっている。

『万葉集』巻三には、「長田王、筑紫に遣はされて水島に渡る時の歌二首」として水島のことがうたわれており、

「聞きしごとまこと貴く奇しくも神さび居るかこれの水島」

「葦北の野坂の浦ゆ船出して水島に行かむ浪立つなゆめ」

という歌が収められている。

「火の国」の由来

景行天皇は水島に一泊したのち、ふたたび北上を開始した。『日本書紀』には、「五月一日、葦北から船出して火の国に着いた。ここで日が暮れた。暗くて岸に着くことが難しかった。はるかに火の光がみえた。天皇は船頭にむかって『まっすぐ火のもとへむかっていけ』といわれた。それで火にむかっていくと、岸に着くことができた。天皇はその火の光るもとについて『何という村か』と聞かれた。国人は『八代県の豊村《とよのむら》です』と答えた。また、その火について『これは誰の火か』と問われた。しかしながら誰の火かわからなかった。人の燃やす火ではないということから、その国を名づけて火の国とした」と記されている。

『肥後国風土記』逸文にも、「景行天皇が球磨贈唹を誅滅し、ついで諸国を巡幸なされた。火の国においでになろうと海をお渡りになると、日は没し、夜は暗く、着くべき場所がわからなかった。たちまち火の光が生じて行く手にみえた。天皇は船頭にむかって『行く先に火がみえる。まっすぐにめざしていけ』とおっしゃられたので、そのままいくと、ついに岸に着くことができた。そこで天皇は『火の燃えるところはいったい何というところか。また燃える火は何か』と問われた。土地の人は申し上げて『火の国の八代郡火村です。ただ火が燃えるわけははっきりしません』と答えた。そのとき群臣に『燃える火は世の常の火ではない。火の国とよばれる理由がいかにももっともなことだということがわかった』とおっしゃられた」とある。

景行天皇たちは船に乗って八代海を北上し、八代から宇土半島をめざした。『日本書紀』には「八代県の豊村」と書かれ、『肥後国風土記』逸文には「八代郡の火村」と書かれている。

「八代県の豊村」について、『書紀集解』は『和名抄』にいう八代郡豊福郷であるとする。宇土半島のつけ根、大野川河口の豊福（熊本県宇城市松橋町）のことである。また、「八代郡の火村」について、日本古典文学大系『日本書紀』の注は氷川河口の八代郡肥伊郷（八代郡氷川町付近）であるとする。

水俣から狭い八代海を船でまっすぐ北上すれば、おのずから宇土半島に到着する。しかも、熊本地方でももっとも早く前方後円墳が出現したのが宇土半島の基部であり、弁天山、迫ノ上、城ノ越、向野田などに四世紀から五世紀にかけての古墳が集積しており、また氷川流域の丘陵地帯にも姫城、中城、端の城などの野津古墳群が形成されている。

宇土半島から八代海沿岸にかけての一帯は、火君《ひのきみ》の拠点的な領域であった。火君は肥君とも書く。

『肥後国風土記』逸文に、

「肥後の国はもと肥前の国と合わせて一つの国であった。むかし、崇神天皇の世に、益城郡の朝来名の峰に、打猴《うちさる》・頸猴《うなさる》という二人の土蜘蛛があった。同類の衆百八十余人を率いて峰の頂に隠れ、つねに天皇の命令に逆らって降伏することを承知しなかった。天皇は肥君らの祖健緒組《たけおくみ》に勅してかの賊衆を討たせられた。健緒組は勅を奉じていたり、ことごとく討ち平らげ、そこで国内をめぐってついでに情勢を探ったが、やがて八代郡の白髪山にきて日が暮れたので宿泊した。その夜虚空に火があり、ひとりでに燃え、だんだん降下してこの山に燃え着いた。健緒組はこれをみて、ひどく奇怪なこととおもった。征戦が終わって朝廷に参上して、ことのありさまを奏上した。天皇は詔を下して、『賊徒を斬り払って、もはや西の憂いはない。海上（西海道）での勲功は比類がない。また、火が空から下って山が燃えたというのは不思議議である。火の下った国であるから、火の国と名づけるがよい』とおっしゃられた」

とあり、火の国とよばれたのは、おそらく阿蘇山や雲仙の噴火活動に基づくものであろう。この『肥後国風土記』逸文の記事は、そのような由来を伝えているようにおもわれる。

肥君らの祖の健緒組は、景行天皇の祖父である崇神天皇の命を受けて肥後を制圧したと記されているが、宇土半島から八代海沿岸にかけての一帯は、きわめて早い時期に大和朝廷の支配に組み入れられたところであった。景行天皇巡幸時においても、何らの戦闘記事もなく、ただ不知火のエピソードが記されているだけである。

景行天皇は、健緒組の子孫たちに平和的に迎えられたようである。

豊福の江口には景行天皇の船が着岸したという伝承が残されており、御輿来という地名は景行天皇の御輿がとまったところであるという。村人たちが歓迎のしるしに景行天皇に瓜を献上しようとしたが、たまたま適当な器がなかった。そこで、笠にのせて献上したことから、その土地を笠瓜とよぶようになったという。このほか、白《しら》曙隈《げのくま》、心吉、微《び》雨《う》など、さまざまな場所に景行天皇の伝承が残されている。

西海方面への遠征

景行天皇は五月一日に宇土半島近くの火の国の中心地に到達したが、その後の進路について、『日本書紀』は次のように記している。

六月三日、高来県（長崎県・島原半島）から玉杵名邑《たまきなのむら》（熊本県玉名郡・玉名市）に到着
六月十六日、阿蘇国（熊本県阿蘇郡・阿蘇市）に到着
七月四日、筑後国御木《みけ》（福岡県三池郡）に到着し、高田宮に滞在
七月七日、八女県（福岡県八女郡）に到着
八月、的邑《いくはのむら》（福岡県うきは市）で食事
翌年九月二十日、日向より近畿大和へ帰還

ところが、『肥前国風土記』には、松浦郡（長崎県・佐賀県）の各地に景行天皇の足跡が記されている。

浮穴の郷（長崎県諫早市有喜町）
値嘉の郷（五島列島・長崎県五島市）
大家の島（長崎県平戸市）
賀周の里（佐賀県唐津市見借《みるかし》）
託羅の郷（佐賀県藤津郡太良町）
杵島の郡（佐賀県杵島郡）

これからみると、景行天皇は天草灘を通って、長崎半島沿いに西彼杵半島西岸を北上し、五島列島と平戸島に渡り、その後呼子から唐津方面まで遠征し、それから島原半島と有明海にもどっていることがわかる。

これらの記事は、『日本書紀』にはまったく記載されておらず、したがってどの段階でこのような遠征が企てられたかよくわからない。しかし、『日本書紀』に記された景行天皇の行程からみて、五月一日に宇土半島に到着し、六月三日に島原半島の高来郡から肥後の玉名郡に帰還した約一カ月の間に、肥前松浦方面へ遠征したとみ

るべきであろう。

『日本書紀』の旅程記事をみるかぎり、玉名郡から浮羽郡にいたる六月から八月の間に、西海方面へ遠征する時間的な余裕はない。ただし、『肥前国風土記』には、次のような記述がある
玉名郡の「長渚《ながす》の浜の行宮」から有明海のむこうの雲仙岳を望んで、「あの山は離れ島のようであるが、陸つづきの山なのか、それとも離れ島なのか」と側近の者に尋ねたため、神大野宿禰《かみおおのすくね》が高来郡へ調査に赴いた。すると出迎える者がいて、「わたしはこの山の神で名は高来津座《たかくつくら》といいます。天皇の御使者がおいでになると聞いて、お迎え申し上げる次第でございます」といった。この高来津座という神の名にちなんで、高来郡とよぶようになったという。

玉名郡の長渚とは、長洲（熊本県玉名郡長洲町）のことである。現在でも長洲港と長崎県雲仙市国見町の多比良港の間はフェリーが就航しており、熊本と長崎を結ぶ最短コースとして利用されている。

景行天皇は、有明海と阿蘇方面への戦略拠点として長渚に行宮を構え、まず有明海から松浦方面の海人族を制圧する方針を固めた。

このようなことを踏まえれば、宇土を出発した景行天皇は、宇土半島の南岸に沿って天草の上島北岸を抜けたのち、いったん島原湾を北上して有明海方面にむかったのであろう。そして、玉名郡の長渚の浜に行宮を構え、神大野宿禰を島原半島へ派遣して、高来郡を制圧したのちに有明海を渡っていったにちがいない。

天草下島と島原半島の間は、東シナ海・天草灘と有明海との出入口に位置し、のど口のような狭い海峡のため流れが速く、早崎瀬戸とよばれている。島原半島側の港は口之津とよばれ、天草側は宮津とよばれる。現在では鬼池が天草側のフェリー発着所として利用されているが、古い時代には宮津のほうが栄えていた。

景行天皇たちは、宇土半島から連なる天草の島々をみながら、島原半島沿岸を南下し、早崎瀬戸を通って、天草灘に出たはずである。

天草は天草上島、天草下島、大矢野島など大小百二十の島々からなり、苓州ともよばれ、三島、螺凝、青螺島、

瓢島、天南などともよばれた（『天草風土考』）。天草諸島には縄文時代から弥生時代、古墳時代の遺跡が残されているが、有明海に面した地域に集中している。古墳は有明海に面した小高い丘に多くつくられていることから、有明海で生業を営んだ海人族の族長たちの墓とみられている。

『先代旧事本紀』巻十「国造本紀」によると、景行天皇を継いだ成務天皇時代に、神祝命《かみはふりのみこと》十三世孫の建島松命《たけしまつのみこと》が天草国造に任じられたという。

神祝命とは、神産巣日神《かみむすひ》のことである。『古事記』によると、神産巣日神は天之御中主神、高御産巣日神とともに、はじめて高天原に現れた神とされており、神皇産霊尊、神魂神《かみむすび》、神産巣日御祖命《かみむすひのおおやのみこと》ともよばれる。

その十三世の孫建島松命が景行天皇の次の時代に天草の国造に任じられたということは、景行天皇の巡幸を契機に、天草諸島が大和朝廷の支配領域に組み入れられたとみるべきであろう。

建島松命は天草下島北部の大島（五和町）あたりから上陸したらしく、「この地だ、この地に鉾を立てよう」といって鉾を立てたところが御鉾神社といわれる。御領という地名は、国造の直轄地であったからという。

景行天皇率いる船団は、噴煙を上げる雲仙岳をみながら早崎瀬戸を通過し、橘湾に入ったのであろう。

浮穴沫媛と速来津姫

島原半島のつけ根、有喜川河口の橘湾に面したところに、有喜（長崎県諫早市）がある。宇木あるいは浮亀とも書く。縄文時代中期・後期の有喜貝塚をはじめ、縄文時代や弥生時代の遺跡などもあり、景行天皇が通過したときもそれなりの集落があったことはまちがいない。

この地に、武内宿禰を祭神とする白鬚神社がある。神功皇后とともに朝鮮へ出兵した武内宿禰は、朝鮮からの帰途暴風雨に遭い、有喜に漂着した。古場というところにしばらく滞在したが、その間住民に農業や漁業の指導をおこなった。そのことに感謝した村人たちは、白鬚神社をつくって武内宿禰を祀ったという。景行天皇よりものちの時代の逸話ではあるが、いずれにしても有喜という土地が、古代における海上交通の要衝であったことを物語るものであろう。景行天皇もこの地に停泊したはずである。

『肥前国風土記』によると、景行天皇が巡幸を終えたのち、一時期豊前の宇佐に行宮を構えたが、そのとき景行天皇が、「まだ私の統治に服さない不届きな者どもがいるか」と問うと、神代直《かみしろのあたい》という者が、「あの煙の上がっている村は、まだ治められておりません」と答えたという。

それが浮穴郷《うきあな》であった。土蜘蛛の浮穴沫媛《うきあなわひめ》が拠点にしていた。景行天皇は、ただちに神代直を派遣して浮穴沫媛を討伐した。景行天皇が浮穴に停泊したとき、この地を拠点とした浮穴沫媛は、大船団に恐れをなしてとりあえず服従したものの、景行天皇が立ち去ったあと、朝廷にさからうような行動をとったため、神代直率いる朝廷軍によって滅ぼされてしまったのであろう。

浮穴沫媛に由来する浮穴という地名が、有喜という地名に転訛したのであろう。湿ったウキ（泥）地であったことに由来するという説もあるが、ややこじつけの感は否めない。また、西海市西海町の七ツ釜あたりに比定する見解もあるが、浮穴に相当する地名はみあたらない。

ついでながら、神代直は浮穴郷のことを「あの煙の上がっている村」と形容しており、一見すると宇佐の行宮からその村の煙を直接みることのできる場所のようにもおもえる。しかしながら、宇佐から浮穴の煙をみることは不可能である。「あの煙」とは、ひょっとしたら烽火のことをさすのかもしれない。有喜には巨石を組み合わせた烽火台遺構が残されており、景行天皇と神代直は浮穴に滞在した当時烽火をみたため、「あの煙の上がっている村」というだけで理解し合えたのであろう。

それはともかく、景行天皇たちは有喜に停泊したのち、ふたたび出航し、長崎半島沿いに西南方向へ船を進めていった。

長崎半島の突端近くに野母《のも》（長崎市野母町）があり、野母湾が深く湾入し、天然の良港となっている。

この地こそ『肥前国風土記』にいう浮穴郷とする説もあるが、地勢的に疑問というべきである。長崎半島の突端に位置し、拠点的な集落地に適した土地とはおもえない。『肥前国風土記』の「周賀《すか》の郷」ではないかとする説がある。

『肥前国風土記』には、「むかし、気長足姫尊《おきながたらしひめのみこと》（神功皇后）が新羅を征伐しようとおもって行幸なされたとき、御船をこの郷の東北の海につないだところが、船首と船尾をつないだ杭が磯になってしまった。高さは二十丈余り、周囲は十丈余り、たがいに隔たること十町余り、高く険しくそびえ草木がはえない。そのうえ、つきしたがったお供の人の船が暴風雨にあって漂流沈没してしまった。ところが、ここに名を鬱比袁麻呂《うつひおまろ》という土蜘蛛があり、その船を救った。そういうわけで名を救《すくい》の郷といった。いま周賀の郷とよぶのはこれをなまったものである」と書かれている。

周賀の郷の所在地に関しては、西彼杵半島の雪浦（西海市大瀬戸町）とする説、佐世保湾の巣喰浦（西海町）とする説もあり、現在定説といえるものはない。しかし、野母あたりの海岸線は有喜川河口を除いては断崖で『肥前国風土記』の描写にふさわしい地形となっており、いまのところ、野母を周賀の郷の第一候補とみるべきであろう。

景行天皇たちは野母湾に停泊したのち、長崎半島突端の野母崎を迂回し、西彼杵半島の西岸に沿って北上していった。

『肥前国風土記』の彼杵《そのき》の郡の条に、

「むかし纏向の日代の宮に天の下をお治めになった天皇（景行天皇）が球磨噌唹を誅滅して凱旋されたとき、天皇は豊前宇佐の海辺の行宮においでになり、侍臣の神代直に命じてこの郡の速来の村に派遣して、土蜘蛛を捕らえさせた。このとき人があった。名は速来津姫《はやきつひめ》という。この婦人は、『私の弟は名を健津三間《たけつみま》といい、健《たけ》村の里に住んでいます。美しい玉をもっており、その玉の名を石上《いそのかみ》の神の木蓮子玉《いたびだま》といいますが、大事に隠しもっており、他人にみせようといたしません』といった。神代直が健津三間を捜しまわると、山を越えて逃げ、落石《おちいし》の峰（郡役所の北の山）に逃げ去った。やがて追いつめてこれを捕らえ、その真偽を尋問すると、健津三間は『いかにも二種類の玉をもっています。一つは石上の神の木蓮子玉といい、もう一つは白珠《しらたま》といい、礵砆《しゅくふ》のような珍宝とおもってはいますが、どうぞさしあげましょう』といった。また、速来津姫は『篦簗《のやな》という人がこの川岸に住んでいます。この人も美しい玉をもっていますが、愛することこのうえなしですから、きっと命令にしたがうことはありますまい』といった。そこで神代直は篦簗を急襲して捕らえて尋問すると、篦簗は『いかにも私はもっています。献上させていただきます。決して惜しむことはいたしません』といった。神代直は、帰還してこの三種類の玉を景行天皇に献上した。そのとき天皇は『この国は具足玉《そないだま》国（玉が十分に備わった国）というべきだ』とおっしゃられた。いま彼杵《そのき》の郡というのは、これをなまったものである」

と書かれている。

速来津姫が拠点にしていた速来の村は、佐世保市早岐《はいき》といわれている。速来とも書かれる。大村湾の北西に位置し、湾の入口の早岐瀬戸を隔てて、針尾島と相対している。北に隠居岳と高尾山があり、丘陵も多く、この間を小森川や早岐川が流れて早岐瀬戸に注いでいる。下流域は平坦で耕地や集落がひろがっていた。

『肥前国風土記』には、「速来の門《と》は郡役所の西北方にある。この門の潮の動きは、東で潮が落ちると西で湧き上る。その湧く音は雷の音とおなじである。それで速来の門という。また盛んに繁る木があって、もとは地に着いていていた。木の末は海に沈んでいる。海藻のはえ方がよそよりも早いので、貢物にあてている」と書かれている。

針尾島と西彼杵半島との間は、針尾瀬戸とよばれる海峡である。鳴門海峡・関門海峡とともに日本三大急流の一つとして有名で、現在早岐瀬戸には長さ三一六メートル、高さ四二メートル、幅七・五メートルの西海橋が架けられ、橋の上から見下ろせば、眼下には幅約二〇〇メートル、最大水深四三メートルの早岐瀬戸の急流が渦巻いている。

志式島の行宮

景行天皇たちが次にむかったのは、平戸島である。途中の海域は、九十九島といわれるとおり、大小の島々が点在している。景行天皇は平戸島南端の志々伎崎をめざして進んでいった。

『肥前国風土記』の値嘉《ちか》の郷の条には、

「郡の西南の海中にある。烽火台は三カ所ある。むかしおなじ天皇（景行天皇）が巡幸なされたとき、志式島の行宮においでになって西の海をご覧になると、海のなかに島があって煙がたくさんたなびいていた。付き人の阿曇連百足《あずみのむらじももたり》に命じて調査させると、島が八十余りもあって、そのなかでも二つの島には島ごとに人がいた。第一の島を小近《おちか》といい、土蜘蛛の大耳が住み、第二の島の名は大近《おおちか》といい、土蜘蛛の垂耳《たりみみ》が住んでいた。その他の島にはみな人はいなかった。そこで百足は大耳らを捕らえて天皇に報告した。天皇は勅して罪を問い、殺させようとした。すると大耳らは頭を地につけて、『私たちの罪はまさに極刑にあたります。一万回殺されたとて罪が消えるものではありません。もし温情をいただいて生きのびることができるなら、御贄《みにえ》（食糧）をつくりたてまつり、いつまでも御膳にお供えいたします』と述べた。ただちに木の皮で長アワビ、鞭《むち》アワビ、短《みじか》アワビ、陰《かげ》アワビ、羽割《はわり》アワビなどの形をしたものをつくって天皇に献上した。そこで天皇は特別に許して放免なされた。

さらに、『この島は近くにあるけれども、なお近いようにみえる。近島《ちかしま》というべきである』とおっしゃられた。それで値嘉島という。島には、檳榔《あじまさ》、木蘭《もくらん》、枝子《くちなし》、木蓮子《いたび》、黒葛《つづら》、篁《なよたけ》、篠、木綿《ゆう》、荷《はちす》、莧《ひゆ》がある。海には、アワビ、ウミニナ、鯛、鯖やいろいろな魚、海松《みる》やいろいろな海藻がある。そこの白水郎《あま》たちは馬や牛に富んでいる。一方には百余りの近い島があり、他方には八十余りの近い島がある。西に船を停泊させる港が二カ所ある（一つは相子田の泊といい、二十余りの小船が停泊することができる。もう一つは川原の浦といい、十余りの大船が停泊することができる）。遣唐使はこの港から出発し、美禰良久《みねらく》の埼（川原の浦西の埼である）にいたり、ここから船出して西をさして渡る。この島の白水郎は容貌が隼人に似ていて、つねに騎に乗って弓を射ることを好み、その言語は世人とちがっている」

と書かれている。

この『肥前国風土記』の記事には、豊富な情報が含まれているため、順次説明を加えてみたい。

平戸島に到着した景行天皇は、まず「志式島の行宮」を拠点にしている。

志々伎湾南岸の半島部は弥生時代の土器も多く出土しており、古い時代から人が住み着いていたところであるが、この地に十城別命を主祭神とする「志々伎神社」（平戸市志々伎町）がある。十城別命はヤマトタケルの皇子と伝えられており、したがって景行天皇の孫にあたる。壱岐の伝承によると、朝鮮出兵に否定的な十城別命を神功皇后が弓で射通したため、印通寺《いんどおじ》（壱岐市）という地名が起こり、十城別命は志自岐神社（壱岐市石田町南触字若宮）に祀られたという。

平戸城から平戸瀬戸を望む（木下陽一氏撮影）

ただし、平戸島の伝承によると、朝鮮出兵の帰途、十城別命はこの地に駐留して警備の任にあたったといい、敷佐（平戸市）には十城別命が荒野を開拓したという伝承が残されている。

壱岐と平戸の伝承の関係については、別途論じているのでここでは省くことにするが（詳しくは拙著の『西日本古代紀行　神功皇后風土記』〔西日本新聞社〕を参照願いたい）、十城別命が平戸に祀られたのは、祖父にあたる景行天皇ゆかりの土地であったからであろう。

志々伎神社とは、志々伎山（標高三四七・二メートル）山頂の上都宮と中腹の中都宮、山麓の辺都宮（地の宮、平戸市野子町宮ノ浦）、志々伎湾内沖ノ島の沖都宮という四宮の総称である。景行天皇の「志式島の行宮」は、このうち宮ノ浦の辺都宮（地の宮）といわれている。

「志式島の行宮」に陣取った景行天皇は、西方海上の島から煙が立ち昇るのをみて人が住んでいることを知り、阿曇連百足に偵察に赴かせた。

安曇一族は玄界灘における代表的な海人族として、早くから朝廷に服属していた氏族であった。阿曇連百足は景行天皇の水先案内人として随行していたのであろう。

五島列島の海人

阿曇連百足はさっそく船に乗って出発した。阿曇連百足が偵察に赴いたのは、五島列島であった。

五島列島は、長崎市の西方約一〇〇キロの東シナ海海上に位置し、大小百四十の島々からなる群島である。五島列島という名は、南松浦郡に属する福江島、久賀島、奈留島、若松島、中通島の五つの島に由来する。かつ、奈留瀬戸の北側にある奈留島、若松島、中通島を上五島といい、南側にある福江島、久賀島を下五島といった。現在では北松浦郡に属する小値賀島と宇久島の二島についても五島列島に加えられている。

『古事記』の日本国生成の項に、「次に知訶《ちか》島を生みき。またの名を天之忍男といふ」とあり、この場合の知訶島は五島列島全体をさすと考えられているが、阿曇連百足がむかったのは小近と大近という二つの島であった。

一般に小近（小値賀）は上五島、大近（大値賀）は下五島をさすと考えられているが（『小値賀町郷土誌』）、小近を宇久島のみとする説（『大日本地名辞書』）、中通島・若松島などを含める説（中島功『五島編年史』）などもある。

阿曇連百足が偵察に赴くと、小近には大耳、大近には垂耳という二人の土蜘蛛がいた。

これまた、豊前の耳垂、日向美々津や耳川の「耳」と同様、邪馬台国時代の名残であろう。邪馬台国時代に由源をもつ古い官職名が、時代を経るにつれて氏族名として継承されてきたにちがいない。

最終的に総括的に述べることとしているが、景行天皇の九州巡幸は、朝鮮・東アジアの緊迫した政治情勢に対応するため、邪馬台国時代につながる九州の伝統的勢力を、大和朝廷の支配体制に組み入れようとする軍事行動であった。

つづいて『肥前国風土記』は五島列島の海産物を列挙しているが、そのなかで、「馬や牛に富んでいる」という記事に注目すべきであろう。『魏志倭人伝』によると、倭国には「牛馬なし」と書かれ、日本における馬の普及は、古墳時代前期末ごろ（四世紀末）というのが一般的な見解とされているなかで、五島市の大浜遺跡から弥生時代中期の馬の歯が出土し、古墳時代以前、すでに五島列島において馬が飼育されていたことが明らかになったのである。

また、平成十一（一九九九）年九月に佐賀県唐津市呼子町の大友遺跡から弥生時代中期（紀元前後）の馬の全身骨が出土し、壱岐の原の辻遺跡からも弥生時代後期の牛・馬の骨がみつかっている。

このことは、日本の本土で牛馬が飼育される以前に、まず大陸に近い島々で先駆的に牛馬の飼育がおこなわれるようになったことをしめしている。

対馬では今のところ弥生時代の牛馬はみつかっていないが、朝鮮半島経由で少しずつもたらされたものであろう。したがって『魏志倭人伝』の記事は若干事実に反することになるわけであるが、当時においては、牛馬はほとんど普及していなかったのであろう。

それはともかくとして、『肥前国風土記』の「馬や牛に富んでいる」という記事は、景行天皇当時、五島列島において馬の放牧が目立つほど盛んにおこなわれていたことをしめしている。


つづけて『肥前国風土記』は、値嘉島の西側に「相子田の泊」と「川原の浦」という二つの港があることを記している。

「相子田の泊」とは、合蚕田浦（南松浦郡新上五島町相河郷）のことである。奈良時代、博多を出港した遣唐船は、呼子から平戸を経て五島列島に寄港し、東シナ海を渡って中国大陸へむかった。『続日本紀』宝亀七（七七六）年閏八月の条には、第十四次遣唐船が「合蚕田浦」で一カ月以上も風待ちをしたあげく、渡海を一年延期したことが記されている。

「川原の浦」とは、五島列島南端、福江島北部にある川原（五島市岐宿《きしく》町）のことである。大川原川と小川原川が氾濫したときには一面川原になるため、「川原」という地名になったというが、稲作に適した地域として古くから開けていた地域であった。

さらにつづけて、『肥前国風土記』は奇妙なことを記している。

「この島の白水郎は容貌が隼人に似ていて、つねに騎に乗って弓を射ることを好み、その言語は世人とちがっている」

五島列島の海人の容貌は九州南部を拠点とする隼人に似ており、しかも騎馬の風習をもち、言語も通常の日本語と異なるというのである。

騎馬の風習をもっていることから、大陸から騎馬民族がやってきたのではないかとする説もないではないが、馬を飼育すれば、自然発生的に騎馬の風習をもつようになるであろう。したがって必ずしも騎馬民族の渡来を証明することにはならないが、容貌が隼人に似ており、しかも一般の日本語とは異なった言語を用いているとされていることには留意すべきであろう。

前述したように、大和朝廷は、隼人が言語風俗面で倭人と大いに異なるところから、「夷人雑類」に分類するなど、異民族の一種としてとり扱っている。

九州南部の日向・薩摩地方や南西諸島の島々は、黒潮を通じて中国の江南地方や南方の島々との独自の交流があり、南方的特徴を色濃くもった海人族がいた。海を軽々と移動するところから「速つ人」――「隼人」と呼称されたのであろうが、五島列島の住人たちもまた、このような隼人族に属する海人族であったのだろう。

この『肥前国風土記』の記事を立証するものが、五島列島から出土している。

小値賀島のすぐ近くに黒島という小さな島があり、その島に約三十基の古墳からなる「神ノ崎古墳群」がある。これらの古墳は鹿児島県や熊本県の薩摩隼人の領域に特有の「地下式板石積石室墓」であった。しかもこの遺跡は弥生時代中期から古墳時代後期までつづいている。小値賀島からは五島列島で見つかっている須恵器のほとんどが集中して出土しており、小値賀島に五島列島の中心的勢力が存在していたことは確かである。そして、景行天皇の巡幸を契機に、小値賀島を中心とする五島列島は、大和朝廷の支配下に組み込まれたのである。

志式島の行宮に滞在していた景行天皇は、船に乗ってふたたび出発した。

『肥前国風土記』によると、景行天皇は平戸島から大家島《おおや》にむかったらしい。大家島の条には、「郡役所の西方にある。むかし纏向の日代の宮に天の下をお治めになった天皇（景行天皇）が巡幸なされたとき、この村に土蜘蛛があった。名を大身《おおみ》といった。いつも天皇の命令にさからって降伏することを拒んでいた。天皇は勅令をもって誅滅した。それ以来白水郎はこの島に家をつくって定住した。そういうわけで大家の郷という。郡の南に洞窟があり、鍾乳《いしのち》と木蘭《もくらん》（木蓮）がある。周囲の海にはアワビ、ウミニナ、鯛、いろいろな魚、また海藻、海松《みる》が多い」と書かれている。

大家島とは、平戸島の北東に位置する大島（的山大島《あづち》、長崎県平戸市大島村）のことである。島の南西に的山湾という港があり、これまた遣唐船の寄港地として利用され、倭寇の前進基地としても利用されるなど、古い時代から近世にいたるまで天然の良港として知られていた。

この島にも大身という土蜘蛛がいたが、景行天皇によって滅ぼされてしまった。大身は「臣《おみ》」の類縁語であるかもしれず、これまた邪馬台国時代に起源を有する名であったかもしれない。

賀周の海松橿媛

的山大島に巡幸して土蜘蛛の大身を誅滅した景行天皇は、鷹島（長崎県松浦市鷹島町）あるいは馬渡島（佐賀県唐津市鎮西町）を経由して、『魏志倭人伝』にいう「末盧国」の海の表玄関ともいうべき呼子に入港したであろう。

呼子は東松浦半島の北端にあり、壱岐・対馬・朝鮮半島への最も重要な港であった。加部島が北の出口に位置し、あたかも壁のようになって呼子港を北西の季節風からさえぎってくれる。加部島には肥前一の宮の田島神社があり、航海安全をつかさどる宗像三女神が祀られている。

『魏志倭人伝』には、「（壱岐から）一海を渡ること千余里で、末盧国に到着する。四千余戸があり、山裾や海浜に沿って住んでいる。草木が繁り、道をいくのに前の人がみえないくらいである。人々は魚やアワビを捕らえるのが得意で、海中に深浅となく潜り、これらをとって業としている。そこから東南に陸行すること五百里で伊都国に到着する」と書かれている。

「草木が繁り、道をいくのに前の人がみえない」とは、呼子に上陸し、東松浦半島を縦断して唐津方面にむかう丘陵地帯の状況を描いたものであろう。

『肥前国風土記』の松浦郡の条の「賀周《かす》の里」の項には、「郡役所の西北にあり。むかし、この里に土蜘蛛があり、名を海松橿媛《みるかしひめ》といった。景行天皇が国をお巡りなされたとき、供の一人の大屋田子《おおやたこ》（日下部《くさかべ》君らの祖である）を遣わして誅滅せられた。そのとき霞が四方にたちこめて物の色もみえなかった。それで霞《かすみ》の里といった。いま賀周の里とよぶのは、これをなまったものである」と書かれている。

「賀周の里」とは、見借《みるかし》（唐津市）のことである。むろん見借という地名は、海松橿媛に由来する。海松橿媛とは、古い時代に末盧国を支配した王族の末裔、ないしその伝統の流れを継ぐ者であったかもしれない。女酋として松浦地方において邪馬台国時代以来の伝統的な支配権を有していたが、大和朝廷の王たる景行天皇からみれば、土蜘蛛——土酋に過ぎない。景行天皇が古い勢力にとどめを刺したのが、『肥前国風土記』のこの記事であった可能性も高い。

このようにして、景行天皇の旧末盧国——松浦地方の巡幸は終了した。景行天皇は、北部九州西岸地域の制海権を掌握したのである。

景行天皇のその後の足取りはよくわからない。『魏志倭人伝』のルートに沿えば、末盧国の東に接して伊都国があり、その東に奴国がある。そのまま筑前方面へ抜けることもきわめて容易であるが、景行天皇の足跡は伊都国・奴国には残されていない。

鹿島や太良などに景行天皇の伝承が残されているため、唐津から陸行して有明海にむかったとも考えられるが、『肥前国風土記』と『日本書紀』の記事などを総合的に勘案すれば、船団を率いて島原半島方面にひき返したとみるべきであろう。

筑後の高羅宮

有明海沿岸の制圧

景行天皇は松浦地方を巡幸したのち、ふたたび島原半島方面にもどってきた。

景行天皇は島原半島を迂回して有明海にでて、藤津郡（佐賀県藤津郡）に上陸した。藤津郡という名の由来は、『肥前国風土記』によると、「むかし、ヤマトタケルが行幸なされたとき、この津にお着きになると、日は西の山に入ったので、御船はここに停泊した。翌朝遊覧なされ、船の太綱を大きな藤の木におつなぎになった。それで藤津の郡という」と書かれている。

景行天皇が九州巡幸を終えて大和に帰還したのち、ふたたび熊襲が反乱を起こしたため、皇子のヤマトタケルを九州に派遣した。このとき、ヤマトタケルは藤津郡に立ち寄ったらしい。後に述べるように、ヤマトタケルが討伐した川上梟師《たける》は、一般には薩摩地方を拠点にしていたように解されているが、ヤマトタケルの足跡からみて脊振山を拠点にしていた部族であったようであり、したがって有明海沿岸の藤津郡にヤマトタケルの伝承が残されたのであろう。

藤津郡に上陸した景行天皇は、『肥前国風土記』によると、託羅《たら》（多良、佐賀県藤津郡太良町）に立ち寄ったという。「景行天皇が行幸なされたとき、この郷にきてご覧になると、海産物が豊かであったので、『地勢は狭いが、食物は豊かに足りている。豊足《たらい》の村とよぶべきである』とおっしゃられた。いま託羅の郷というのは、これがなまったものである」と記されている。

託羅（多良）は、経ケ岳（標高一〇七五メートル）、太良岳（標高九八二メートル）を源とする多良川流域にあり、平地は狭小であるが、有明海に面しているため、古い時代から漁業が盛んな地域であった。まさに『肥前国風土記』の記述するとおり、「地勢は狭いが、食物は豊かに足りている」という地域である。有明海を漁場とする海人たちの一大拠点の一つであった。

『肥前国風土記』は、託羅という地名は景行天皇によって命名されたとするが、先に述べたように、このような地名説話は、すでに存在する地名を天皇の権威によって公に認知するものである場合が少なくない。

託羅という地名の起こりはずっと古く、朝鮮半島の新羅や南岸の加羅・安羅、九州の末盧（松浦）などの「羅（ラ）」などと共通した起源をもつ語であるかもしれず、そうすると、朝鮮半島との海の交流をしめすものであるかもしれない。

託羅を北上すると、塩田川の河口に出る。

『肥前国風土記』には、「塩田川の源は郡役所の西南にある託羅の峰からでて、東に流れて海に注ぐ。満潮のとき逆流して上る。流れる勢いは非常に強い。それで塩高満川《しおたかみつ》といった。今はなまって塩田川とよぶ。川の源に淵がある。深さ二丈ばかりで、石壁が険しくめぐらされて垣のようである。年魚《あゆ》が多い。東の辺に温泉がある。よく人の病気を治す」と書かれている。

塩田川とは、嬉野市嬉野町の奥地にある虚空蔵山（標高六〇八・五メートル）を源に、岩谷川内川や吉田川など大小二十一の支流をあわせながら、嬉野町・塩田町を経て、鹿島市と杵島《きしま》郡白石町で有明海に注ぐ、長さ二六キロの二級河川である。『肥前国風土記』に書かれているとおり、満潮時には有明海の海水が逆流し、江戸時代には千石船も潮に乗って川をさかのぼり、河口から七キロの位置にある塩田は港として繁栄した。上流域は多雨地帯で、むかしから塩田川流域は洪水の多い地域として知られていた。上流にある、「深さ二丈ばかりで、石壁が険しくめぐらされて垣のような淵」とは、「轟の滝」のことであろう。

塩田川河口に到着した景行天皇は、藤津郡の能美《のみ》の郷で三人の土蜘蛛を討伐した。

『肥前国風土記』には、「むかし纏向の日代の宮に天の下をお治めになった天皇（景行天皇）が行幸されたとき、この里に土蜘蛛が三人いた。兄の名は大白といい、次の弟は中白、末弟は少白といった。この三人は砦をつくって隠れ、降伏に応じなかった。このとき侍臣の紀直《きのあたい》らの先祖の穉日子《わかひこ》を派遣して討伐しようとした。ここにおいて、大白ら三人はひたすら叩頭《のみ》して（頭を地につけて）罪を詫び、ともにふたたび生きられるようにと懇願した。そういうわけで能美の郷という」と記されている。

討伐を命じられた紀直らの先祖の穉日子とは、『先代旧事本紀』の「国造本紀」に、「志賀の高穂の朝《みかど》（成務天皇）の御世に、紀直の同祖の大名茅彦命《おおなかやひこのみこと》の児の若彦命を葛津《ふじつ》国造に定められた」としてでてくる人物である。

大白、中白、少白の三兄弟は、古くからこの地方の山岳系の部族を率いていた地方豪族であろう。険しい山岳地帯に砦を築いて抵抗したが、朝廷軍の圧倒的な兵力の前に降伏し、命乞いをした。この功績によって、穉日子（若彦命）は景行天皇を継いだ成務天皇から藤津国の国造に任じられたのである。

能美の郷とは、佐賀県鹿島市能古見のことといわれている。鹿島市納富分《のうどみぶん》には郡役所があったといい、木の宮社が祀られているが、これは穉日子ゆかりの紀伊氏を祀ったものであろう。

藤津郡から沿岸伝いに、さらに北上した景行天皇は、杵島《きしま》郡の「盤田杵《いわたき》の村」に停泊した。

『肥前国風土記』は、「むかし纏向の日代の宮に天の下をお治めになった天皇（景行天皇）が巡幸なされたとき、この郡の盤田杵の村に停泊した。そのとき、船牂戕《ふなかし》（船つなぎの杭）の穴から冷たい水が湧き出してきた。一説によると、船が停泊したところは自然と島になったという。天皇は群臣たちに『この郡は牂戕島の郡とよぶがいい』とおっしゃられた。いま杵島郡とよぶのはなまったものである。郡役所の西に温泉がでている。崖は険しくて、いく人はまれである」と記している。

杵島について『和名抄』は「岐志万」と表記しており、いずれにしても「キシマ」とよばれたことはまちがいない。

塩田川河口左岸の有明海に面した東部地域には、現在では白石平野が開けているが、もともとは海であった。六角川によって押し流された土砂や有明海の潮汐作用、加えて江戸時代以降の大規模な干拓などによって陸化したもので、景行天皇が巡幸した時代には、有明海の海岸線は今よりもずっと内陸部にまで深く入り込んでいた。有明海の平均潮位面が約三メートルであるところから、白石平野のほぼ三メートルの等高線を、おおむね景行天皇時代の海岸線とみなしていいかもしれない。

このことから、景行天皇の船が停泊した「盤田杵の村」は、六角川遡行地点の高橋に近い上滝（武雄市朝日町）というべきであろう。郡役所の西にある温泉とは、「武雄温泉」のことである。

上滝に停泊した景行天皇は、ここでも土蜘蛛を討伐した。この地方を治める八十女《やそめ》という女性首長であった。『肥前国風土記』には、「景行天皇が行幸されたとき、土蜘蛛の八十女が嬢子《おみな》山の頂上にあって、つねに天皇の命令に反抗して降伏することを承知しなかった。そこで兵を派遣して襲撃させて滅ぼした。それで嬢子山という」とある。

嬢子山とは、多久市や小城町に近い杵島郡江北町北方の女山（両子山、標高三三七メートル）といわれている。このことによって、北部九州の西部地域および海域を制圧した景行天皇は、島原半島にもどり、有明海を渡って肥後玉名郡の長渚《ながす》（長洲、熊本県玉名郡長洲町）に到着した。

『日本書紀』には、「六月三日、高来県より玉杵名邑《たまきなのむら》に渡りたまふ」と書かれている。景行天皇は、玉名郡の「長渚の行宮」に凱旋したのであった。

『肥後国風土記』逸文には、「玉名の郡長渚の浜は郡役所の西にある。むかし大足彦の天皇（景行天皇）が球磨噌唹を討ってお帰りになったとき、この浜に御船を停泊された。また御船の左右に泳いでいる魚が多かった。船頭の吉備国の朝勝見《あさかつみ》が鈎針で釣ると、たくさん獲物があったので献上した。天皇は『これはいったい何という魚だ』とおっしゃられた。朝勝見は『名は知りませんが、鱒魚《ます》に似ているようでございます』と申し上げた。天皇はご覧になって、『物が多いことをみて、俗に二へサニという。いま献上した魚も大変多い。爾陪《にべ》の魚とよぶがよい』とおっしゃられた。いま二べの魚というのは、このことに由来する」と書かれている。

行末川下流右岸の台地末端部に、腹赤《はらか》（長洲町）がある。『肥後国誌』や『和名抄』によると、景行天皇が命名した「ニベの魚」とは魚免とも書かれ、腹が赤いため「腹赤魚《はらかのうお》」ともよばれた。要するにヤマメのことで、九州ではエノハともよばれる。

この景行天皇の故事にちなみ、のちの時代には、腹赤の地でとれたニベの魚を大宰府政庁経由で朝廷に献上し、新年元日の「腹赤贄《はらかにえ》」に供したという。

腹赤には、景行天皇ゆかりの「御腰掛石」があり、腹赤贄にちなむ「供御の池」がある。

景行天皇一行が出征祈願をおこなったとされる玉名大神宮（玉名市）

山鹿から菊池へ

「長渚の行宮」にもどった景行天皇は、こんどは菊池川をさかのぼっていった。

菊池川とは、熊本県北部の菊池・鹿本・玉名地方を貫流して、有明海に注ぐ一級河川である。上流の菊池においては菊池川とよばれたが、中流の鹿本では山鹿川とよばれ、下流の玉名では高瀬川とよばれていた。

景行天皇は、その川沿いに上流にむかっていった。

『日本書紀』には、「時にそのところの土蜘蛛津頰《つら》といふを殺す」とあるから、一部の抵抗する土豪勢力があったため、それを滅ぼしたのであろう。

土蜘蛛の津頰とは、トツラに通じ、とがった顔をさすという説があるが、やや当て推量に近い説のようにおもえる。地元の伝承では、藟《あまずら》岳（大津山、玉名郡南関町）が津頰の地とされ、玉名大神宮（玉名市）において出兵の祈願をしたという。

景行天皇は山鹿（山鹿市）めざして菊池川をさかのぼり、途中菊水

「獲□□□鹵大王」と刻まれた鉄剣が出
土した江田船山古墳（玉名郡和水町）

（玉名郡和水町《なごみ》）を通った。

このあたり一帯は、百五十カ所以上に上る古代遺跡群が確認されている。先土器時代から縄文時代、弥生時代など各時代にわたって広範に分布しており、古い時代から先進的な文化をもった人々が住み着いていた地域であった。

明治六（一八七三）年、和水町江田《えた》で五世紀前後の前方後円墳が土地所有者によって発掘された。全長約六二メートルで、後円部には家形石棺が露出しており、その後の数次におよぶ発掘調査の結果、純金耳飾二対、金胴冠一括、金銅沓一対、帯金具三、勾玉七、管玉十四、銅鏡六、鎧二、直刀十四、剣身三など百数十点に上る副葬品が発掘され、これらは国宝に指定されている。そのなかに、七十五文字の銀象嵌の銘文をもった鉄刀が出土したのである。

治天下獲□□□鹵大王世、奉事典曹人、名无利弖（?）、八月中、用大鉄釜、幷四尺廷刀、八十練、九（?）十振、三寸上好刌（?）刀、服此刀者、長寿、子孫洋々、得王（?）恩也、不失其所統、作刀者名伊太和（?）、書者張安也

と刻まれ、

天の下治らしめし獲《ワ》カタケル鹵《ル》大王の世、典曹に奉事せし人、名は无利弖《ムリテ》、八月中、大鉄釜を用い、四尺廷刀を幷わす。八十たび練り、九十たび振《う》つ。三寸上好の刌刀。此の刀を服る者は、長寿にして子孫洋々と

して王を得る也。其の統《す》ぶるところを失わず。刀をつくる者、名は伊太和《イタワ》、書く者は張安也。

と訳することができる。前述のように、従来「獲□□□鹵大王」は第十八代反正天皇のこととされていたが、埼玉県の稲荷山鉄剣銘との対比により、「ワカタケル大王」と読むべきであるとする見解が有力となった。ワカタケル大王とは、第二十一代雄略天皇のことである。

四七八年に宋に使者を派遣した倭王武は雄略天皇とみられており、このことから五世紀半ば過ぎには、大和朝廷の支配権は関東から九州におよんでいたと考えられている。景行天皇の巡幸を契機として、菊池川流域に大和朝廷の支配権が確立されたとみるべきであろう。

灯籠まつりで知られる山鹿大宮神社（山鹿市）

景行天皇が菊水を過ぎ、山鹿に到着したとき、一面霧で覆われていた。このため、村人たちは松明《たいまつ》を掲げて景行天皇一行を出迎えた。その地が「山鹿大宮神社」といわれる。

景行天皇を松明で出迎えたことから、毎年松明を奉納するしきたりが生まれ、室町時代ごろになると、金剛乗寺でおこなわれていた法会の行事にならって、紙でつくった灯籠を大宮神社に奉納するようになったらしい。

昭和三十年ごろ女性が頭に灯籠をのせることが考案され、現在では毎年お盆の時期に「山鹿灯籠まつり」がおこなわれている。「景行天皇奉迎式典」なども催されるが、とりわけ多くの女性たちが浴衣姿に金銀の灯籠を頭に飾って踊る「千人灯籠踊り」は、全国的に有名な観光行事となっている。

山鹿には古代遺跡がおびただしく分布しており、長沖貝塚からは先土器時代の石器や縄文時代早期の押型文土器などが出土している。志々岐遺跡からは縄文晩期の住居跡が発掘され、弥生時代のものとしては、南島では笠仏が、川辺小学校校庭などからは大甕棺群がみつかっている。古墳時代のものとしては、景行天皇時代よりのちの時代のチブサン古墳をはじめ、おびただしい装飾古墳が有名で、この地方を拠点とする大きな勢力をもった地方豪族がいたことがわかる。

山鹿から菊池川をさらにさかのぼれば、菊池（菊池市）にいたる。もともと菊池郡は、東は阿蘇郡と北は豊後国（大分県）に接し、西は山鹿郡、南は合志《こうし》郡に接する広大な領域であった。『和名抄』には「久々知」とあり、古くは「ククチ」とよばれたらしい。『魏志倭人伝』の「狗古智卑狗」を「菊池彦」と読み、邪馬台国と対立した「狗奴国」を菊池郡一帯に比定する説がある。

邪馬台国が筑後川流域を支配していた勢力であるとすれば、その南部地方の菊池川流域を拠点として狗奴国が対抗したとみることは、地勢的にはごく自然な見解であるといえよう。

景行天皇は菊池に巡幸したが、戦闘の記録は残されていないところから、平和裡にこの地方を制圧したのであろう。

倭を代表する山、阿蘇

『日本書紀』によると、景行天皇は六月十六日に阿蘇国に到着したという。つづけて『日本書紀』は、「その国は野がひろく遠くまでつづき、人家がみえなかった。天皇は『この国に人がいるのか』と問われた。そのとき二人の神、阿蘇津彦と阿蘇津媛がたちまち人の姿になりやってこられて、『私たち二人がおります。どうして人がいないことがありましょうか』といわれた。それでその国を名づけて阿蘇という」と記している。

『肥後国風土記』逸文にも同様の記事があり、「むかし纏向の日代の宮に天の下をお治めになった天皇（景行天皇）が、玉名郡の長渚の浜を出発してこの郡においでになり、さまよって四方を見渡されると、原野はひろく遠くて人影がみあたらなかった。景行天皇は嘆いて『この国に人はいるのか』とおっしゃられた。すると二柱の神がいて人間になって現れ、『私たち二柱の神、阿蘇都彦・阿蘇都媛がこの国に存在している。どうして人がいないなどということがあろうか』といって、たちまちみえなくなった。それで阿蘇の郡と名づけた。これはその由来である。二柱の神の社は郡役所から東に存在している」と書かれている。

おなじく「風土記」逸文には、「肥後国の閼宗《あそ》の県から西南の方角二十余里のところに、一つの禿山がある。閼宗の岳という。頂上に神秘的な沼がある。石の壁が垣をかたちづくっている。縦は五十丈、横は百丈ばかり、深さは二十丈、あるいは十五丈である。清い淵は百尋《ひろ》で、白緑《びやくろく》を敷いて底としている。五色の色に彩られ、黄金をひろげたようにきらきら光っている。天下の霊奇が華となってひらいたようである。ときどき水がいっぱい満ちて、南からあふれ流れて白川に入ると、多くの魚は酔って死んでしまう。土地の人は苦水《にがみず》と名づける。その岳のかたちたるや、なかば天を切ってそそり立ち、四つの裾野はひろがって県を包んでいる。石に触れて湧き起こる雲は五岳よりも高く、湧き出る泉は分流して群川の巨大なる源である。大いなる徳は巍々《ぎぎ》として高く、まことに人間世界の唯一のものである。奇形は杳々《ようよう》としてはるかに、まことに天下に並ぶものはない。場所は国の中心にある。それゆえ、中岳という。いわゆる閼宗の神宮とはこれである」と書かれている。

中国の『隋書』東夷伝にも、「阿蘇山がある。その石が突如噴火により天に高く上がろうとするとき、ならわしとしては、異変として祈禱の祭りをおこなう」と書かれており、古い時代においては、倭を代表する山として知られていたことがわかる。

阿蘇山は九州のほぼ中央に位置し、阿蘇外輪山とカルデラ内の山々を総称したものである。阿蘇中岳の火口には池があり、神霊池とよばれたが、『日本後紀』や『続日本後紀』によると、延暦十五（七九六）年と承和七（八四〇）年九月に池の水が涸れたことが記されており、また活発な火山活動の記録が残されている。

阿蘇外輪山の外側の緩やかな斜面には、現在でも壮大な原野がひろがり、北側には筑後川水系の源があり、東側には豊後の大野川、南側に五ケ瀬川と緑川、西側に菊池川と白川の源がある。

阿蘇市一の宮町・阿蘇神社の火振り神事（木下陽一氏撮影）

阿蘇地方をはじめて開拓したのは、神武天皇の孫の建磐竜命《たていわたつのみこと》といわれている。父は神八井耳命《かみやいみみのみこと》である。豊後の高千穂方面から国見ケ丘を通って阿蘇郡にやってきた建磐竜命は、阿蘇谷の湖水を干して耕地にするなどしてこの地を開拓し、地元の阿蘇津媛をめとって住み着いたという。

　第七代孝霊天皇九年、建磐竜命の子の速瓶玉命《はやみかたまのみこと》は阿蘇神社（阿蘇市一の宮町宮地）を創建し、『先代旧事本紀』によると、第十代崇神天皇の時代に阿蘇国造に任じられている。

　阿蘇神社は延喜式内名神大社・肥後国一の宮で、建磐竜命を主祭神として阿蘇十二神を祀っている。

　一宮は建磐竜命、二宮は阿蘇都比咩《あそつひめ》、三宮は国竜《くにたつ》明神、四宮は比咩《ひめ》御子《みこ》明神、五宮は彦御子明神、六宮は若比咩明神、七宮は新彦明神、八宮は新比咩明神、九宮は若彦明神、十宮は弥比咩明神、十一宮は国造明神（速瓶玉命）、十二宮は金凝《かなこり》明神で、このうち一宮、二宮、十一宮は阿蘇三社とよばれる。

　末社として、甲佐神社（上益城郡甲佐町）、健軍神社（熊本市）、郡浦神社（宇城市三角町）などがあり、また熊本県のひろい範囲わたって阿蘇神社関連の神社が祀られている。阿蘇の火山と阿蘇谷を開拓した建磐竜命への信仰が、肥後国内では一般的なものとしてひろがっていたことをしめすものといえよう。

　景行天皇は阿蘇を巡幸したとき、阿蘇神社に参拝したのであろう。景行天皇は阿蘇津彦と阿蘇津媛の声を聞き、この地を阿蘇と名づけたというが、これまた古くからよびならわされていた地名を、天皇の権威によって改めて認知したものであろう。

八女国の女王

阿蘇地方の巡幸を終えた景行天皇は、山を下り、菊池川を下って、ふたたび長渚の行宮に帰還した。阿蘇山から山越えして高千穂方面に抜けるルートもあるが、景行天皇は次の巡幸先を筑後方面と定めていた。景行天皇は、長渚の浜を出発してふたたび北上を開始し、矢部川河口をめざした。

七月四日、景行天皇は三池郡の「高田の行宮」に到着した。

『日本書紀』には、「秋七月四日、筑紫後国の三毛（三池）に着いて、高田の行宮にお入りになった。時に倒れた樹木があり、長さ九百七十丈。役人たちはみなその樹を踏んで往来した。時の人は『朝霜の御木《みけ》のさ小橋《おばし》、群臣《まえつきみ》い渡らすも、御木のさ小橋（朝霜のおりた御木の小橋を渡って、群臣たちは宮仕えにいく）』と歌を詠んだ。天皇は何の樹かと尋ねられた。一人の老人が『これはクヌギ（歴木、櫟）といいます。以前まだ倒れていなかったときは、朝日の光に照らされて杵島山を隠すほどでした。夕日の光に照らされると阿蘇山を隠すほどでした』といった。天皇は『この木は神木である。この国を御木国《みけのくに》とよぼう』といわれた」と書かれている。

『筑後国風土記』逸文にも、「三毛の郡。むかし楝《あうち》が一本、郡役所の南にはえていた。その高さは九百七十丈である。朝日の影は肥前国の藤津郡多良の峰をおおい、夕日の影は肥後国の山鹿郡の荒爪《あらつめ》の山をおおった。それで御木（三池）の国といった。のちの人はなまって三毛といった。いまは郡の名としている」と書かれている。

大牟田市歴木《くぬぎ》の高泉という場所が、高田の行宮の地と伝えられている。

七月四日に高田の行宮に到着した景行天皇は、七月四日には八女県（福岡県八女郡）に到着している。

『日本書紀』によると、「七日、八女県に着いた。藤山（久留米市藤山町）を越え、南方の粟崎《あわのさき》を望まれた。そして『山の峰は幾重にも重なって大変うるわしい。きっと神はその山におられるだろう』といわれた。時に水沼《みぬま》県主の猿大海《さるおおみ》が、『女神がおられます。名を八女津媛《やめつひめ》といいます。常に山の中においでです』と申し上げた。そ

八女津媛を祭神とする八女津媛神社（八女郡矢部村）

れで八女国の名はこれから起こった。八月、的邑《いくはのむら》（福岡県うきは市）に着いて食事をなされた。この日、食膳係がウキ（酒杯）を忘れた。当時の人はそのウキを忘れたところを名づけて浮羽といった」と記している。

矢部川の上流の八女郡矢部村には、八女津媛を祭神とする八女津媛神社が祀られている。

三池郡から八女郡にいたるには、矢部川下流左岸の山門郡《やまと》（柳川市）を通らなければならない。

矢部川は、八女郡矢部村の福岡・大分・熊本の県境付近を水源に、柳川市大和町付近で有明海に流れ込む川で、筑後川・遠賀川に次ぐ福岡県第三位の河川である。河口近くには鷹尾神社があり、仲哀天皇・神功皇后・応神天皇を祀っている。付近には神功皇后が休憩したといわれる腰掛石があるなど、山門郡一帯には神功皇后のおびただしい伝承が残されている。

仲哀天皇は景行天皇の孫で、神功皇后はその后である。仲哀天皇と神功皇后は、熊襲の反乱を鎮圧するため九州を訪れたが、仲哀天皇は香椎宮（福岡市東区）で急死する。朝鮮へ出兵して新羅を討伐することを決意した神功皇后は、その前に甘木・朝倉方面の熊鷲を討伐し、その後筑後川を下って有明海に出て矢部川河口に拠点を構え、矢部川下流左岸の山門郡を根拠としていた田油津媛《たぶらつひめ》を討伐した。田油津媛の兄の夏羽は兵を集めて駆けつけたが、妹が殺されたと聞いて逃げ去った。

田油津媛は、矢部川流域の山門地方の女帝ともいうべき人物で、田油津媛という名は、人心を惑わし、たぶらかす、というような意味の蔑称であろう。

この付近に共通する八女《やめ》、矢部《やべ》からみて、この地域に古い時代から「八女国」とでもいうべきクニがあり、八女津媛というのは、このクニを治めていた女王であったろう。

しかしながら、景行天皇は八女津媛が八女の山中にいることは聞いたものの、どういうわけかそれを放置したまま八女を通過している。このため、八女地方の在地勢力は無傷のまま勢力を温存できたが、最終的に神功皇后によって討伐されてしまったわけである。田油津媛の本名は、ひょっとしたら八女津媛であったかもしれない。

ちなみに山門郡のヤマトというよび名に着目して、この地こそ邪馬台国ではないかとする説が生じた。

星野恒（一八三九－一九一七年）は、田油津媛を卑弥呼につづいて倭の女王となった「壱与」であると主張し、榎一雄（一九一三－八九年）も、『魏志倭人伝』の里程や方位に関して、伊都国から放射状方式で読むべきであり、邪馬台国は山門である、と主張した。

しかしながら、山門は地政学的にみて、広大な筑後平野の南の端に位置し、筑前・筑後を治めるにはやや辺鄙過ぎる場所といわねばならない。しかも、矢部川下流に位置し、筑後平野の大動脈ともいうべき筑後川の流域から外れている。ただし、前述したように八女地方および山門地方を統括するクニがあったとしても、別におかしいことではない。『魏志倭人伝』にも邪馬台国の周辺諸国の一つとしてまさしく「邪馬国」が列挙されており、これこそが八女国というべきであろう。

景行天皇の道案内をしたのは、水沼県主の猿大海であった。筑後川下流左岸は水や沼の多い地域であることから水沼（福岡県三潴郡）とよばれ、この土地を治める豪族は水沼氏とよばれた。水沼氏は玄界灘を拠点とした宗像一族とおなじく宗像三女神を氏神として祀っていた。

『日本書紀』神代紀上、第六段第三の「一書」に、「（宗像三女神は）海の北の道の中（朝鮮への航路）にいる。名づけて道主貴《みちぬしのむち》という。これは筑紫の水沼君らが祀る神である」と記されている。

このことは、玄界灘を拠点とする宗像氏と筑後川・有明海を拠点とする水沼氏が、古い時代にさかのぼれば、その祭祀を共有するほどの強い結びつきがあったことをしめしている。したがって、水沼なる氏族は古代日本におけるもっとも古い部族の一つということになり、景行天皇の道案内をした猿大海は、そのような古代氏族の血を引いた人物であったにちがいない。

しかしながら、景行天皇の巡幸を契機に、水沼の地は大和朝廷の支配下に組み込まれていった。すなわち、『日本書紀』の景行天皇四年二月の条に、景行天皇と襲武媛との間にできた国乳別《くにちわけ》皇子が水沼別の始祖となったという記事がある。すでに述べたように、景行天皇は数多くの皇子に「別《わけ》」という称号を与えて、各地の領主に任命している。国乳別皇子がいつごろ水沼の地を治めるようになったかは不明であるが、古代氏族に源を発する水沼氏が景行天皇の血を引く国乳別皇子によって継承されたのは、おそらく神功皇后の田油津媛討伐後であったろう。

高羅の行宮

景行天皇一行は、矢部川沿いに山門郡から八女を通り、八女郡の上陽町・星野村あたりの耳納山を越えて、浮羽郡（うきは市）に抜けていった。

浮羽郡は筑後川中流域左岸、耳納山地の北麓に位置している。

前述したように、『日本書紀』には「八月、的邑《いくはのむら》（浮羽郡）に着いて食事をなされた。この日、食膳係がウキ（酒杯）を忘れた。当時の人はそのウキを忘れたところを名づけて浮羽といった」とあるが、『筑後国風土記』逸文には、「むかし景行天皇が国めぐりを終わって都にお帰りになると、食事係の役人がこの村に御盃を忘れた。天皇は『惜しいことをしたよ、私の酒盞《うき》はや』とおっしゃられた（俗語で酒盞のことを宇枳《うき》という）。それで宇《う》枳《き》波夜《はや》の郡という。のちの人は誤って生葉《いくは》の郡と名づけた」とある。

浮羽町にある浮羽島（生葉島）が景行天皇の遺跡地と伝えられている。

『肥前国風土記』によると、景行天皇は「高羅《こうら》の行宮」を拠点にしている。

高羅とは、久留米市御井町にある高良山（標高三一二・三メートル）のことである。耳納山地の西端にあり、

浮羽島に立つ碑（うきは市浮羽町）

古い時代から霊山としてあがめられてきた。高牟礼山・不濡山・青山山・琴弾山ともよばれる。

高羅という地名もまた、末盧（松浦）や託羅（多良）とおなじく、朝鮮半島の新羅や南岸の加羅・安羅などの「羅《ラ》」などと共通した起源をもつ語で、朝鮮半島に由来するものであろう。高良山の中腹には、高良大社がある。「高羅の行宮」とは、現在の高良大社のことである。

高良大社は、延喜式内社で旧国幣大社、筑後国一の宮で、高良玉垂命・八幡大神（応神天皇）・住吉大神を祭神としている。


主祭神の高良玉垂命については諸説あり、物部氏祖神とする説（『高良縁起』『高良玉垂宮神秘書』『高良玉垂宮紙背』）、藤大臣とする説（『高良玉垂宮縁起』）、武内宿禰とする説（『二十二社註式』『群書一二』）があるが、一般には武内宿禰とされている。神功皇后ゆかりの神社として応神天皇と住吉大神を祭神としていることは理解できるが、景行天皇が行宮を置いたことから、景行天皇を祭神としている可能性がないでもない。

景行天皇の和風諡号は「大足彦《おおたらしひこ》忍代別《おしろわけ》」あるいは「大帯《おおたらし》日《ひ》子《こ》」といい、「足《たらし》」あるいは「帯《たらし》」と「垂《たれ》」とが音が通じているようにおもえるからである。

すでに紹介した『播磨国風土記』の賀古郡の条に、景行天皇がイナビヒメを妻にするため播磨を訪れたときの服装について、腰には二本の帯（ベルト）を巻き、八咫《やた》の剣を腰に差し、上の帯には八咫の勾玉をかけ、下の帯には麻布都の鏡をかけていたと記されている。

「足」「帯」「垂」とは、三種の神器を身につけ、あるいは垂らした状

景行天皇が筑後の拠点とした高良大社（久留米市）

態をしめしているようにもおもわれる。高羅の行宮に滞在した景行天皇の、勾玉などによって着飾ったその姿が人々の印象に強く残ったため、玉垂の神として崇められるようになったのかもしれない。

ただし、神功皇后の和風諡号は「気長足《おきながたらし》姫尊《ひめのみこと》」あるいは「息長帯比売命」といい、これまた「足」と「帯」を含んでいることから、神功皇后の可能性もある。

確定的に述べることは困難であるが、この地に大和朝廷の王としてはじめて足跡を残したのが景行天皇であったところからみて、主祭神の高良玉垂命の第一候補として景行天皇をあげるべきであろう。それとも景行天皇と神功皇后二人を合わせて祀ったものであろうか。

基肄の国

「高羅の行宮」に拠点を構えた景行天皇は、周辺地域の制圧に乗り出した。

『肥前国風土記』は、このあたりのことについて、断片的ながらもきわめて貴重な情報を伝えている。

景行天皇はまず「基肄《き》の郡」を巡幸している。『和名抄』では「木伊」と表記されている。

「むかし纏向の日代の宮に天の下をお治めになった天皇（景行天皇）が巡幸なされたとき、筑後の御井郡の高羅の行宮においでになって国内を遊覧なさると、霧が基肄の山を覆っていた。天皇は『この国は霧の国とよぶがよい』とおっしゃられた。のちの人は改めて基肄の国と名づけた。いまは郡の名としている」

何度も述べたとおり、この「風土記」の記事は、もともとあった「基肄」という地名が、景行天皇の権威によって公式に認知されたことをしめしているというべきであろう。

『魏志倭人伝』には邪馬台国の周辺諸国の一つとして「鬼国」が列挙されており、「基肆国」ではないかとみる説があるが、その是非はともかくとして、この地方に邪馬台国時代の拠点的なクニがあった可能性は高いとみるべきであろう。

基肆郡の領域は、現在の佐賀県の基山町と鳥栖市の一部を含んでおり、北は筑前国御笠郡、東南は御原郡・御井郡、西南は養父《やぶ》郡に接している。北部は脊振山地東部に連なる山地と丘陵地で、南部は筑後川に流れ込む小さな河川によってつくられた平坦な地勢となっている。

もとより基肆郡は古い時代から開けていた地域で、縄文時代の遺跡や弥生時代・古墳時代の遺跡も豊富で、肥前・筑後と筑前を結ぶ戦略上の要衝であった。天智天皇時代、朝鮮半島からの侵攻に備えるため、筑紫大野城とともに基山《きざん》に基肆城を築き、大宰府の守りを固めたことはよく知られている。

朝鮮式山城といわれる基肆城は、いまでも基山の北峰（標高四一六メートル）・西峰（標高四〇四・五メートル）・東峰（標高三三六メートル）を結ぶ稜線内の凹地ではっきりと確認することができる。

「風土記」が編成された当時、基肆郡には六つの郷と十七の里があった。ただし、『和名抄』には、基肆・姫社《ひめこそ》・長谷《はせ》・山田・川上の五つの郷は記されているが、残り一つの郷名は伝えられていない。

つづけて、『肥前国風土記』は基肆郡の「長岡の神の社」について記している。

「長岡の神の社は郡役所の東方にある。おなじ天皇（景行天皇）が高羅の行宮からお帰りになって、酒殿の泉のほとりにおいでになった。ここでお食事をお勧めしたとき、着用していた鎧が光り輝いて、いつもとちがっていた。そこで占いをさせると、卜部の殖坂《うえさか》が、『この地に神があって、天皇の御鎧をひどくほしがっています』と申し上げた。天皇は『まことにそうであるなら、神社に奉納し、永く世の財宝とせよ』とおおせられた。それで永世《ながよ》の社と名づけた。のちの人は改めて長岡の社という。その鎧を綴っていた紐はことごとく腐れて切れてしまったが、ただ冑と鎧の板金は今も残っている」

「酒殿の泉」とは、鉱泉のようである。『肥前国風土記』には、「この泉は、秋九月のはじめごろは白い色に変わって、味はすっぱく、臭気がして飲むことができない。春正月には打って変わって清く冷たくなり、人々ははじめて飲むことができるようになる。そういうわけで、酒井の泉といった。後代の人はこれを改めて酒殿の泉といっている」とある。

この「酒井の泉」ないし「酒殿の泉」という鉱泉のあった場所は、鳥栖市曽根崎町の酒井といわれている。景行天皇がこの地を訪れたのは八月であったから、ぎりぎりのところで鉱泉をすくって飲むことができたかもしれない。

景行天皇が鎧を奉納した「永世の社」あるいは「長岡の神の社」とは、永世《ながよ》神社（鳥栖市永吉町）のことといわれている。祭神は大己貴命・住吉三神・八幡大神・春日大神であるが、大己貴命は出雲の神であり、住吉三神・八幡大神・春日大神は永保三（一〇八三）年に合祀されたといわれているため、本来の祭神はつまびらかではない。住吉三神らを合祀した神官たちは、その神を地主神とよんだという。

おそらくは、もともとこの神社はこの地方を治めていた土着の首長を祀ったもので、それは邪馬台国時代の基肄国ともいうべき一つのクニを治めていた人物であったろう。やがて、この地方が大和朝廷の支配化に組み込まれるにつれて、大和朝廷に連なる神々が祭神として祀られるようになり、この結果、本来の土着神の記憶が失われてしまったのであろう。

ちなみに、『佐賀県神社誌要』によると、時期は不明であるが、景行天皇の鎧を亡失した三人の者が鞭打ちの刑に処せられたという。

「荒ぶる神」の伝承

前述したとおり、基肄郡六郷の一つに姫社の郷があった。現在は佐賀県鳥栖市に属しており、姫古曾《ひめこそ》神社（鳥栖市姫方町）付近一帯に比定されている。

鳥栖市姫方町の姫古曾神社

『肥前国風土記』は、「この姫社の郷のなかに川がある。名を山道《やまじ》川という。その源は郡の北の山からでて、南に流れて御井の大川と出会っている」と記している。

山道川とは、山下川のことである。基山町西部の山地を源に鳥栖市酒井の北部で大木川と合流し、さらに下って「御井の大川」、すなわち筑後川に注ぎ込む。

『肥前国風土記』はつづけて、

「むかしこの川の西に荒ぶる神がいて、道ゆく人の多くが殺害され、死ぬ者半分、死を免れる者半分という具合であった。そこでこの神がどうしてたたるのかそのわけを占って尋ねると、その占いのしめすところでは、『筑前国宗像郡の珂是古《かぜこ》にわが社を祀らせよ。もしこの願いがかなえられたら凶暴な心は起こすまい』とあった。そこで珂是古という人物を探し出して神の社を祀らせた。珂是古は幡《はた》を手に捧げて祈り、『本当に私の祭祀を必要とされているなら、この幡が風の吹くまま飛んでいって、神のもとへ落ちよ』といい、ただちに幡を高く上げて風に乗せた。するとその幡は飛んでいき、御原《みはら》郡の姫社の社に落ち、ふたたび飛んで帰ってきて、この山道川付近の田の村に落ちた。珂是古はおのずから荒ぶる神のおいでになる場所を知った。その夜の夢に、臥機《くつびき》と絡垜《たたり》が舞をしながらでてきて、珂是古を押さえてうなされた。そこでまたこの荒ぶる神が女神《ひめがみ》であると知り、さっそく社を建てて祀った。それからあとには道ゆく人も殺されなくなった。そういうわけで姫社といい、今は郷の名となった」

と記している。

宗像の珂是古は荒ぶる神の鎮座する場所を知るため、姫古曾神社あたりから幡を飛ばしたところ、「御原郡の姫社

小郡市大崎の媛社神社

の社」まで風に流されて飛び、ふたたびもどってきたというのである。「御原郡の姫社の社」とは、媛社《ひめこそ》神社（福岡県小郡市大崎）のことであろう。

この記事には多くの興味深い情報が隠されているようにおもわれる。

第一に、「むかしこの川の西に荒ぶる神がいて、道ゆく人の多くが殺害され、死ぬ者半分、死を免れる者半分という具合であった」という記述である。これと類似の記事が『肥前国風土記』の神埼郡と佐嘉郡の条にのせられている。

「むかし神埼の郡に荒ぶる神がいた。往来の人が多数殺害された。纏向の日代の宮で天下を治められた天皇（景行天皇）が巡幸なさったとき、この神は和平《やわらぎ》なされた。それ以来二度と災いを起こすことがなくなった。そういうわけで神埼郡というのである」

「郡の西に川がある。名を佐嘉川という。この川上に荒ぶる神があった。往来の人を半分は生かし、半分は殺した」

神埼と佐嘉の川上にも、やはり往来の人々を殺害する「荒ぶる神」がいたことが記されている。

さらには、『筑後国風土記』逸文には、筑紫の由来に関して、「むかし（筑前の国と筑後の国の）境の上に荒ぶる神がいた。往来の人は半数助かり、半数は死んだ。その数は大変多かった。それで『人の命尽くしの神』といった。そのとき、筑紫君と肥君らが占って、筑紫君らの祖甕依姫《みかよりひめ》を巫祝として祀らせた。それ以降は、道をいく人は神に害されなくなった。このことによって筑紫の神という」と、やはり往来する人々を殺害する神がいて、それが筑紫の神であると記している。

大きくみれば、脊振山系の南部・東部・西北部に沿って往来する人々を殺害する「荒ぶる神」の伝承が残されているのである。

もともと筑紫という語は、狭くは福岡県の那珂川と御笠川の上流域一帯をさしていた。基山の北東部、宝満川右岸の御笠郡筑紫村（筑紫野市）に、筑紫神（白日別命）を祭神とする筑紫神社（筑紫野市原田字森本）があり、おそらくはこのあたりが筑紫という名の発祥の地で、御笠郡、那珂郡、席田郡の一部を包含した筑紫国とでもいうべきクニがあったのだろう。

この筑紫国の勢力圏はやがて拡大していき、筑前と筑後を包含するほどに拡大し、やがて筑紫島といえば九州の代名詞に用いられるほどに勢力を拡大していった。この筑紫国がいつごろ最盛期を迎えて、どのような過程を経て衰退し、一地方の「荒ぶる神」に転落していったか不明であるが、いずれにしても邪馬台国との関係をどうみるべきかが重要な課題であろう。

筑紫野市原田の筑紫神社。この一帯が「筑紫」の名の発祥地と考えられる

九州に邪馬台国があったとする説に立てば、当然のことながら、筑紫国と邪馬台国の間に何らかの関係があったとみるべきであろう。

筑紫神社の所在する場所が筑後川をにらんだ筑前・筑後の要衝の地という点を重視すれば、「筑紫国＝邪馬台国」という説も成り立ち得るかもしれず、そうすると「遠の朝廷」とされた大宰府にもわりと近い筑紫神社あたりが邪馬台国の中心地であった可能性すら考えられる。

ただし、安本美典氏が説かれるごとく、最盛期の邪馬台国の中心地が甘木・朝倉地域にあったとすれば、筑紫郡が那珂川・御笠川の上流にあったことからみて、筑紫国はもともとは奴国に属していたとみるべきかもしれない。『魏志倭人伝』を読むかぎりは、奴国は邪馬台国の属国の一つとみられるが、紀元五七年に漢の光武帝から金印を下賜されたのが倭の奴国王であったことからみて、奴国は邪馬台国よりも先に栄えたクニであったことはまちがいない。

やがて、倭国大乱を経て三世紀前半には邪馬台国が北部九州を制覇したが、その後の「筑紫」という呼称の九州全土への拡大という流れからみれば、奴国に属していた筑紫が邪馬台国へと拡大発展していったのかもしれない。

いずれにしても、「風土記」に残された「荒ぶる神」の伝承は、かつてこの地を支配した古代勢力の何らかの記憶を伝えたものであり、この「荒ぶる神」の究明は、ひょっとしたら日本の古代史を解明するための大きなキーワードになるかもしれない。

筑後川中流域

高羅の宮を拠点にした景行天皇は、筑後川中流域右岸一帯を巡幸している。このあたり一帯は、おびただしい数の弥生時代の遺跡が残されており、邪馬台国の所在地を論じるうえでも、きわめて重要な地域である。

『肥前国風土記』の順にしたがえば、景行天皇は、基肄郡を巡幸したのち、筑紫国と肥前国の境界の養父《やぶ》郡を訪れている。現在の鳥栖市の大半を占める地域である。

律令時代、養父郡には四郷があったというが、『肥前国風土記』は鳥樔《とす》、曰理《わたり》、狭山《さやま》の三郷しか記していない。一方、『和名抄』には鳥栖、狭山、屋田《おくた》、養父の四郷が記されており、屋田は曰理とみられているから、『肥前国風土記』では養父郷が欠落していることになる。

また、養父郡には十二里があり、烽火台が一カ所あったというが、鳥栖市村田町にある旭山（朝日山）とみられている。

『肥前国風土記』は、養父郡について次のように記している。

「むかし、纏向の日代の宮に天の下を治められていた天皇（景行天皇）が巡幸なされたとき、この郡の人たちが部落総出で参集した。そのとき、天皇の御猟犬がでてきて吠えた。ところがここに一人の臨月の妊婦がいて、この御犬をみると、ただちに吠えるのをやめた。そういうわけで、犬の声の『やむ』の国といったが、いまはなまって養父の郡といっている」

鳥栖という地名については、景行天皇の時代よりものちの時代の伝承として、おなじく『肥前国風土記』に「むかし、軽島《かるしま》の明《あきら》の宮に天の下をお治めになられた誉田《ほむだ》天皇（応神天皇）の御世に、鳥屋《とや》（鳥小屋）をこの郷につくり、さまざまな鳥を捕り集めて飼育し、朝廷へ貢物として奉った。それで鳥屋の郷といったが、のちの世の人はこれを改めて鳥樔《とす》の郷といっている」とある。

鳥樔の郷の筑後川に近い湿地帯には水や沼が多く、さまざまな鳥や獣が棲息しており、筑後川下流左岸の三潴郡には鳥飼の専門的集団の拠点ともいうべき鳥養郡《とりかい》（福岡県久留米市鳥飼）があった。水沼氏の支配していた地域であったが、鳥栖や三潴郡を含む筑後川中下流地域のひろい範囲で、鳥を飼育する伝統的な技法が普及していたことをしめしている。

筑後川の中流は川幅がひろく、対岸へ渡るには舟やいかだに乗るしか方法はなかったが、大人数で渡ることはできず、大きな荷物や馬などを運ぶことは困難であった。このため、景行天皇は大きな船をつくった。『肥前国風土記』には、「曰理《わたり》の郷は、郡役所の南にある。むかし筑後国の御井川の渡り場が非常にひろかったので、人も馬も渡るのに難渋した。そこで纏向の日代の宮に天の下を治められていた天皇（景行天皇）が巡幸なされたとき、生葉（浮羽）の山を造船のための木をとる船山とし、高羅山を梶山として船をつくって備えたので、人馬も漕いで渡れるようになった。そういうわけで曰理の郷というのである」と記されている。

筑後国の御井川とは、筑後川のことである。筑後川は時代と場所によってさまざまな名称でよばれた。御井川、御井大川、あるいは千年川、千隈川、境川、御境川、また筑紫二郎の名で人々に親しまれてきた。寛永十三（一六三六）年に江戸幕府によって筑後川と統一された。

筑紫二郎の名で親しまれてきた筑後川

筑後川は時代によって蛇行の姿を変えているので、曰理の郷の所在地も不明となっているが、鳥栖市水屋町・高田町・安楽寺町付近とみられている。『和名抄』にでてくる「屋田郷」のことである。

つづけて『肥前国風土記』は、狭山郷について記している。

「狭山の郷は郡役所の南にある。おなじ天皇が行幸なされたとき、この山の行宮におられて、さまよいながら展望されると、四方の国々は分明《さやけ》くはっきりみえた。そういうわけで分明の村といった（分明をサヤケシという）。いまはなまって狭山の郷といっている」

景行天皇は、次に三根《みね》郡を巡幸した。『肥前国風土記』によると、三根郡は、もともとは神埼郡に属していたという。

「むかしはこの郡と神埼郡とをあわせて一つの郡であった。ところが海部直鳥《あまべのあたいどり》が上司にお願いして三根の郡を分置した。すなわち、神埼郡の三根村をもとにして郡の名とした」

海人集団を統率するため、全国各地に海部が置かれたのは応神天皇時代であるから、神埼郡から三根郡が分かれたのは、五世紀以降のことであったろう。景行天皇当時は神埼郡の郷の一つであった。

三根は、『和名抄』では「美禰」と訓じられている。東は養父郡に接し、西は神埼郡に接する。

『肥前国風土記』は、「三根の郷は郡役所の西にある。この郷に川があり、その源は郡の北の山からでて、南に流れて海に注ぐ。年魚《あゆ》がいる。おなじ天皇（景行天皇）が行幸されたとき、御船がその川の河口からきてこの村で宿をとられた。天皇は『昨夜は御寝《みね》が大層安らかであった。この村は天皇《すめらみこと》の御寝安《みねやす》の村というがいい』とおっしゃられた。今『寝』の字を改めて『根』とした」と記している。

三根郡の領域は、現在の三養基郡みやき町、上峰町の地域にあたる。北部には脊振山系に属する九千部山（標高八四八メートル）や石谷山（標高七五四・四メートル）などの山々と山麓につづく丘陵地があり、南部には筑後川によってつくられた沖積平野がひろがっている。

三根郡を流れる川とは、三根川のことである。現在は城原川《じょうばる》とよばれる。上流は脊振川あるいは広滝川、下流は神埼川ともよばれる。神埼市脊振町服巻《はらまき》を源に、神埼町・千代田町を通り、佐賀市蓮池町で筑後川水系の佐賀江川に注ぐ川である。『肥前国風土記』の記事からみて、景行天皇当時、この川は直接有明海に注いでいたように書かれているから、当時の有明海の海岸線は内陸部のほうに深く入り込んでいたのであろう。

『肥前国風土記』は三根郡に属する郷として、物部《もののべ》・漢部《あやべ》・米多《めた》を掲げているが、『和名抄』は千栗《ちりく》・物部・米多・財部《たからべ》・葛木《かつらぎ》の五郷を掲げているので、漢部を加えた六郷を三根郡の領域とみるべきであろう。

三根郡六郷の現在地は、次のとおり。

千栗郷――みやき町千栗
物部郷――みやき町中津隈字板部にある物部神社付近
米多郷――上峰町前牟田字米多
財部郷――みやき町西尾
葛木郷――みやき町天建寺の葛城神社付近
漢部郷――みやき町の綾部神社付近

『肥前国風土記』には、物部郷について、「この郷のなかに神の社がある。名を物部の経津主《ふつぬし》の神という。むかし小墾田《おわりだ》の宮に天の下をお治めになった豊御食炊屋姫天皇《とよみけかしきやひめ》（推古天皇）が来目《くめ》皇子を将軍として新羅を征伐せられた。皇子は勅を奉じて筑紫にいたり、そこで物部の若宮部《わかみやべ》を派遣し、この村に社を建ててその神を鎮め祀ら

経津主の神を祀ったとされる物部神社（三養基郡みやき町）

せた。そういうわけで物部の郷という」とある。

経津主の神とは、『日本書紀』には経津主神、『古事記』には建御雷之男神とあり、建布都神、豊布都神または布都御魂とも同系の神とされている。経津主神は武甕槌神とともに葦原中津国を平定して大己貴に国譲りをさせた神で、布都御魂は神武天皇が建御雷之男神から賜った剣の名とされる。『古語拾遺』によると、経津主の神は下総国香取神宮の祭神とされている。

物部の経津主の神を祀った社とは、物部神社（三養基郡みやき町中津隈字板部）といわれている。

来目皇子とは、用明天皇の第二皇子で、聖徳太子の同母弟にあたる人物である。『日本書紀』推古天皇十（六〇二）年二月の条によると、来目皇子は推古天皇の命を受けて二万五千人の兵を率いて筑紫の嶋郡（糸島郡志摩町）に派遣されたが、新羅征伐に赴く前に病死している。したがって、物部郷に物部神社が建てられたのは、景行天皇よりもかなりのちの時代ということになるが、奥野正男氏はそれ以前のかなり古い時代から筑後川中流域右岸・左岸が、物部氏と密接なかかわりがあったのではないかと推察され、次のように述べている。

「風土記の地名縁起は、古い物部氏の伝承地に来目皇子の話を付会したものではなかろうか。（略）三根郡の豆津、神埼郡の豆田などは、物部二十五部人の大豆《まめ》物部の居住地と思われる地名である。（略）筑後川を渡ると、その対岸に（物部氏の祖先神）ニギハヤヒを祀る伊勢天照御祖神社（久留米市大石町速水）があり、その東に筑後物部の本拠とみられる高良大社がある」（谷川健一編『日本の神々1　九州』白水社）

ニギハヤヒを祀る伊勢天照御祖神社（久留米市大石町）

今後の検証が必要ではあるが、鞍手郡や筑後川流域をはじめとして北部九州に物部氏の伝承が数多く残されていることは事実であり、物部氏の出身はもともと九州であった可能性が高いというべきであろう。

景行天皇は、三根郡を巡幸したとき、米多郷《めた》（上峰町前牟田字米多）を訪れた。

『肥前国風土記』には、「米多郷は郡役所の南にある。この郷のなかに井戸がある。名を米多井《めたい》という。水の味は塩辛い。むかしは海藻《め》がこの井戸の底にはえた。纒向の日代の宮に天の下を治められた天皇（景行天皇）が巡幸されたとき、井戸の底の海藻をご覧になって、やがて勅によって名を賜り、海藻《め》生《おう》る井といった。今、米多井となまって郷の名としている」と記されている。

米多の井の水が塩辛く、しかも底に海藻がはえていたというのは、井戸水が海水であったからであろう。これまた、景行天皇当時、有明海の海岸線が内陸部の奥深くまで入り込んでいたことをしめしている。

ちなみに、『古事記』応神天皇の段には、応神天皇の孫にあたる意富《おほ》富杼《ほど》王が「筑紫の米多君」の祖と記され、また『先代旧事本紀』の「国造本紀」にも景行天皇を継いだ成務天皇の時代に、息長氏と同祖で稚沼《わかぬ》毛二俣《けふたまた》命の孫の都紀女《つきめ》加命《かのみこと》が「筑志の米多国造」に任じられたと記されている。

ついでながら、「筑紫」の米多君、「筑志」の米多国造というように、いずれも米多地方が筑紫に属しているように記されている。筑後川はしばしば氾濫し、とりわけ中流域から下流域にかけて、その蛇行の姿を変えている。景行天皇時代と現在とでは筑後川の流れは大きく異なっており、また筑肥間の勢力争いなどにより時代によって境界も変動したはずであり、一時期米多地方が筑紫に属していた時期があったのであろう。

神埼の「琴木の岡」

米多郷の次は、神埼郡である。三根郡がもともと神埼郡に属していたことについては、すでに触れたとおりである。

「埼」とは「岬」あるいは「崎」のことで、地形的にいえば海や湖などに突き出した陸地の端を表す言葉である。神埼の地形は、古い時代においては有明海ないし筑後川に突き出したようなかたちをしていたのであろう。したがって、「神埼」といえば、「神の岬（御崎）」という意味である。宗像大社専用の港を、神湊《こうのみなと》とよぶようなニュアンスであろう。

前述したように、景行天皇の時代ごろまでは、有明海の海岸線は現在よりも内陸部に入り込んでおり、神埼郡を流れる田手川や三根川（城原川）などの河口に整備された港から、船で直接有明海に出入りすることができたにちがいない。

『肥前国風土記』は、そのような港の一つとして、神埼郡のなかに「船帆《ふなほ》の郷」があったことを記している。

「船帆の郷は郡役所の西方にある。景行天皇が巡幸なされたとき、もろもろの氏の人たちが、村中こぞって船に乗り、帆をあげて三根川の津に参集し、天皇のご用にお仕え申し上げた。それで船帆の郷という。また御船の碇石が四個、その津のほとりに現存している。このなかの一個（高さ六尺、径五尺）ともう一個（高さ八尺、径五尺）の二つの石に子のない女が丁寧にお祈りすると、かならず子をはらむことができる。また、日照りつづきのときに、一個（高さ四尺、径五尺）ともう一個（高さ三尺、径四尺）の二つの石に雨乞いの祈禱をおこなうと、かならず雨を降らせる」

三根川の津の船帆とは、三根川（城原川）河口にあった港のことである。

『日本書紀』には、景行天皇から二代前の崇神天皇の時代に、「船は天下の大切なものである。いま海辺の民には船がないので献上品を運ぶのに苦労している。国々に命じて船舶をつくらせよ」と詔を下し、諸国に船舶をつくらせたという記事がある。

日本では縄文時代において、一本の大木をくりぬいた「くり舟」が主流であったが、弥生時代の中期から後期にかけて鉄製の鋭利な工具が用いられるようになったため、二本以上の木材をつないだ「複材くり舟」もつくられるようになった。やがて、本体のくり舟に波よけの「棚（舷）」をつけるなどの機能強化が図られ、準構造船が出現した。

『日本書紀』の記事をもって、舟そのものの発明のことをさしているとするような見解もあるが、これは誤りで、大型の「船舶」、すなわち準構造船の建造のことを表しているというべきであろう。

また、帆を立てるための穴をもった船形埴輪などもみつかっており、準構造船はいうまでもなく、くり舟などにおいても、ムシロやゴザなどでつくった帆が用いられていたであろう。船帆という地名は、このようなことを表しているようにおもえる。

つづけて、『肥前国風土記』は、景行天皇が神埼郡の「蒲田《かまだ》の郷」に立ち寄ったことを記している。「蒲田の郷は郡役所の西にある。おなじ天皇が行幸されたとき、この郷にお宿りになった。お食事をお勧めしたとき、蝿がひどくたくさん鳴いて、その声が大層かまびすく、うるさかった。天皇は『蝿の声、甚囂《あなかま》』とおっしゃられた。それで囂《かま》の郷といった。いま蒲田の郷というのはなまったものである」

蒲田（神埼市千代田町、佐賀市）は、『和名抄』では「加万多」と表記されている。

蒲田にある港は、蒲田津（佐賀市蓮池町蒲田津）とよばれた。蒲田津は筑後川河口の微高地にあり、佐賀江川と三根川（城原川）の二つの川が筑後川と合流しているため、古代から有明海沿岸の河口港として利用されてきた。蒲田に一泊した景行天皇は、次に「琴木《ことき》」に立ち寄った。

琴木という地名の所在地はよくわかっていないが、郡役所の南にあると書かれていることから、千代田町の西方にあったであろう。千代田町餘江《あまりえ》の香椎宮とする説もある。

景行天皇は、この琴木で奇妙なことをした。『肥前国風土記』によると、景行天皇は「この地には岡があるべきである」として岡をつくらせたというのである。すなわち、「琴木の岡は高さ二丈、周囲五十丈で、郡役所の南方にある。この地は平原で、元来岡はなかった。大足彦天皇（景行天皇）は『この土地の地形では、かならず岡があるべきである』とおおせられ、すぐさま人々に命令してこの岡をつくらせた。つくり終わったとき、岡に上って宴をし、興が尽きてのち、その御琴を立てると、琴は高さ五丈、周囲三丈の樟《くすのき》と化してしまった。そういうわけで、琴木の岡という」とある。

丈とはもともと成人男子の身長のことで、周尺では約一・七メートルになる。高さ二丈といえば約三・五メートル、周囲五十丈といえば八五メートルになり、正方形であるとすれば、一辺の長さは約二一メートルになる。後世の尺貫法でいえば、一丈は尺の十倍で約三メートルとなり、約二倍の規模になる。急ごしらえで完成したことからみて、周尺かそれに近い尺度を用いてつくったとみるべきであろう。

それはともかく、景行天皇の「この地には岡があるべきである」という発言が注目される。中国の陰陽道に基づいて、そのような発言をしたのではないかとおもわれるからである。

陰陽道とは、古代中国の陰陽五行説に基づいて、天文・暦教・卜筮・相地《そうじ》などを占うことで、専門の陰陽師については大宝律令（七〇一年）にはじめて規定された役職であるから、景行天皇当時、はたして陰陽道が中国から伝わっていたかどうか確認することはできないが、邪馬台国の卑弥呼の鬼道をはじめ、日本古来のやり方による加持祈禱や占いなどをおこなう伝統的技法があったとしてもおかしいことではない。

景行天皇は、天皇家に伝わる伝統的な手法によって地形を読み、岡をつくらせたのであろうが、あるいはこの当時すでに陰陽道が中国から伝来していたのだろうか。

吉野ケ里遺跡

神埼郡内を巡幸するとき、景行天皇は拠点となる行宮を造営していたようである。

『肥前国風土記』には、「宮処《みやこ》の郷は郡役所の西南方にある。おなじ天皇が行幸なされたとき、この村に行宮を造営したてまつった。それで宮処の郷という」とある。「宮処」の所在地は不明であるが、郡役所の西南にあると記されていることから、千代田町西南部一帯とみていいであろう。

これまで再三述べたように、「風土記」や『日本書紀』などに多く記されている地名説話は、天皇などの言葉によってはじめて命名されたように記されているのがほとんどであるが、古くからの地名を、天皇の権威によって改めて認知したものととれるものが少なくない。

神埼や三根ほか、『肥前国風土記』などに基づいて列挙してきた地名が、景行天皇時代以前から伝わる古い地名であるとすると、宮処という地名もまた、古い時代から伝えられたものであるかもしれず、そうするといずれかの時代に神埼を治める神がいて、その「都」を神埼郡内に置いていたことをしめすものであるかもしれない。

なぜこのようなことを述べるかというと、この神埼郡内にはまさしく古い王国が存在していたことが確認されているからである。

それは、神埼郡内の田手川中流域で発掘された「吉野ケ里遺跡」（神埼郡吉野ケ里町、神埼市神埼町）である。田手川は、吉野ケ里町北部にある蛤岳を源に南流し、神埼町、千代田町を経て筑後川に注ぐ川である。むろん古い時代においては、有明海に直接注いでいた川であった。

吉野ケ里遺跡は、昭和六十一（一九八六）年から平成元（一九八九）年の佐賀県教育委員会の発掘調査により、紀元前五世紀（縄文時代晩期後半ないし弥生前期）から紀元三世紀（弥生時代後期）にかけて、長期間にわたって営まれた集落の跡であることが確認され、一躍全国的に有名になった。

縄文時代晩期ないし弥生前期ごろ、吉野ケ里丘陵の南端に、稲作を中心とした小さな環濠集落が形成され、紀元前三世紀から二世紀（弥生時代前期前半から後半）になると、丘陵の南から北へ環濠集落が拡大して約三ヘクタールの規模となり、青銅器の鋳造など外来の技術を導入し、おそらく周辺の小規模な集落の盟主的な集落として栄えた。

紀元前一世紀になるとますます発展し、約二〇ヘクタールの規模となり、専門的な青銅器の工房なども設けられ、大量の青銅器がつくられるようになった。丘陵の見晴らしのよい場所に祭壇が設けられ、この祭壇から北を

吉野ケ里遺跡（木下陽一氏撮影）

むいて歴代の首長の墳丘墓が築造されている。

北側に宗廟、南側に祭壇という配列様式は中国の祭祀儀礼の影響を受けたもので、紀元前一世紀というきわめて早い時期に、すでに中国文化がこの地域に伝来していたことをしめしている。

一般の庶民は墳丘もない共同墓地的な区画に列をなして埋葬され、しかも剣や矢で傷ついた遺体もまじっている。吉野ケ里の集落が拡大し、周辺集落を統合する過程で激しい武力闘争――戦争があったことをしめしている。

紀元前一世紀から紀元三世紀（弥生時代中期後半から後期）は、吉野ケ里が最も発展した時代である。紀元二世紀末は「倭国大乱」の時代であり、紀元三世紀は「邪馬台国の時代」でもある。吉野ケ里の環濠集落はクニの首都、祭祀と政治の中心としての機能を拡大し、高床式倉庫や物見やぐら、高楼などの大型建築物が立ち並び、市場なども整えられた。『魏志倭人伝』にいう、「宮室、楼観、城柵」などを備えた邪馬台国の中心地をまさに彷彿とさせるもので、将来邪馬台国の首都がみつかって発掘されたとしても、ほぼ同様の光景をみることになるはずである。

やがて、この広大な環濠集落は古墳時代になると凋落してしまう。これはおそらく、邪馬台国の成立と無関係ではなく、その後の日向王朝、大和朝廷の成立の過程で、この地方国家が併呑・解体されていったことをしめしている。

このように、吉野ケ里遺跡は、集落の形成とクニの成立までの発展形態・衰退の一連の過程がわかるきわめて貴重な遺跡である。このような遺跡が存在していたということは、神埼をはじめ周辺の地名のなかには、邪馬台国時代かそれ以前の時代に起源を有するものもいくつか残されているはずである。

『魏志倭人伝』のなかに、邪馬台国の周辺諸国として、「対蘇国」「蘇奴国」「呼邑国」「華奴蘇奴国」「鬼国」などが列挙されており、それぞれ、鳥栖国、佐嘉国、小城国、神埼国、基肆国と読めないでもない。

神埼という地名は、吉野ケ里を拠点にした王族の記憶を伝えているのかもしれず、『肥前国風土記』の記事を率直に読めば、地方国家の拠点であった吉野ケ里集落を治めていた首長は、大和朝廷の成立の過程で、朝廷によって完全に制圧されてしまったとみるべきかもしれない。

佐嘉の女酋

神埼に巡幸した景行天皇のその後の足どりはよくわからない。

神埼の西方に佐嘉（佐賀県佐賀市）があるが、『肥前国風土記』には、佐嘉という地名が景行天皇ではなく、その子のヤマトタケルによって命名されたと記されている。

「むかし樟《くすのき》が一本この村にはえていた。幹も枝も高くひいで、茎葉はよく茂り、朝日の影は杵島郡の蒲川山《かまかわ》を覆い、夕日の影は養父郡の草横山を覆った。ヤマトタケルが巡幸されたとき、樟の茂り栄えたのをご覧になって、『この国は栄《さか》の国というがよい』とおおせられた。そういうわけで、栄《さか》の郡といった。のちに改めて佐嘉の郡という」

景行天皇が大和に帰還したのち、ふたたび熊襲が反乱を起こしたため、皇子のヤマトタケルを九州に派遣した。このとき、ヤマトタケルは藤津郡に立ち寄り、佐嘉郡・小城郡方面を巡幸して熊襲を討伐している。

ヤマトタケルが討伐した川上梟師は、一般には薩摩地方を拠点にしていたように解されているが、その足跡からみて脊振山などの高地を拠点にしていた部族であるようにおもえる。

佐嘉という地名の由来について、『肥前国風土記』はつづけて別の伝承を伝えている。

「ある人はこうもいう。郡の西に川がある。名を佐嘉川という。年魚《あゆ》がいる。その源は郡の北の山からでて、南に流れて海に入る。この川上に荒ぶる神があった。往来の人を、半分は生かし、半分は殺した。ここに県主らの先祖の大荒田が占いによって神意をおうかがいした。ときに土蜘蛛大山田女と狭山田女という者がいたが、この二人の女子がいうには、『下田の村の土をとって、人形と馬形をつくってこの神をお祀りすれば、かならずおとなしく和らぎなされるでしょう』といった。そこで大荒田がその言葉にしたがってこの神を祀ったところ、神はこの祭祀を受け入れてついに和んだ。ここに大荒田は、『この婦人らはじつにまことに賢女《さかしめ》である。それゆえに、賢女という言葉をもって国の名としたいとおもう』といった。そういうわけで、賢女の郡といった。いま佐嘉の郡とよぶのは、なまったものである」

佐嘉川というのは、嘉瀬川のことである。脊振山地の金山（標高九六七・二メートル）を源に、佐賀市三瀬村の栗原川や高瀬川などと合流し、富士町、大和町、小城市三日月町、佐賀郡久保田町などを経て有明海に注ぐ、全長五六・九キロの一級河川である。佐賀平野の大動脈ともいえる川であり、上流は川上川ともよばれる。律令時代の肥前国府は、上流の佐賀市大和町にあった。嘉瀬川もまた時代によってその蛇行の姿を大きく変えており、もともとは現在の市ノ江水道から東に流れて、巨瀬川、佐賀江川を経て、筑後川に注ぎ込む川であったらしい。

佐賀市諸富町に大津とよばれる大きな港があり、律令時代には国府津とされたという（『佐賀県史』）。

大和町に東山田と西山田という地名があることからみて、土蜘蛛の大山田女と狭山田女という二人の女性は、このあたりを根拠にしていた女酋であろう。邪馬台国の卑弥呼とおなじく、女性を首長とする祭政一致の伝統にしたがっているようにおもわれ、したがって県主らの先祖の大荒田という人物が、土蜘蛛の大山田女と狭山田女に占いをさせたというこの伝承も、景行天皇やヤマトタケルの時代よりもずっと古い時代のものであるようにおもわれる。

『肥前国風土記』はつづけて、「また、この川上に石神がある。名を世田姫《よたひめ》という。海の神（鰐魚《わに》とよぶ）が毎年毎年流れにさからって、潜り上ってこの神のもとへくる。海の底の小魚がたくさんしたがって上る。その魚をおそれかしこむ人には災いがないが、その反対に、人がこれをとって食ったりすると死ぬことがある。これらの魚たちは、二、三日とどまって、また海にもどる」と書いている。

嘉瀬川（川上川）の上流に「與止日女《よどひめ》神社」（大和町大字川上）がある。延喜式内社・旧県社であり、河上神社とも称し、淀姫神社とも書く。祭神は「與止日女神」であり、『肥前国風土記』の記す「世田姫」と「與止日女」は同一人物とみるべきであろう。

ただし、與止日女神社の社伝では、祭神を神武天皇の祖母の豊玉姫とする説と、神功皇后の妹とする説が伝えられている。六キロほど上流の富士町にある「淀姫神社」の祭神は豊玉姫とされており、これからすると、豊玉姫を祭神とする説も有力であるかもしれない。

嘉瀬川上流の與止日女神社（佐賀市大和町）

ただし、「與止日女神社文書」の建久四（一一九三）年十月三日付の在庁官人署名在判の書状に、「当社は、一国無双の霊神、三韓征伐の尊社なり」と記されており、社伝には、「神功皇后が朝鮮に進出のおりに、海神を祀り、航海の安全と戦勝を祈った。神功皇后の妹にあたる與止日女命は、磯童とともに鯰に乗って龍宮にいたり、満珠・干珠をもたらした。凱旋したのち、満珠・干珠はこの神社に納められた」とあるから、古い時代から神功皇后ゆかりの神社としてあがめられていたことも確かである。

これらの伝承を総合的に勘案すれば、おそらく、もともとはこの嘉瀬川流域を支配する佐嘉国ともいうべきミニ国家――クニがあり、それを統治していた女王が「風土記」の伝える世田姫（與止日女）であったのだろう。ところが時代が下り、大和朝廷による支配が進むにつれて、一女酋たる世田姫を祭神とすることについてははばかりが生じ、中央の権威に連なる人物を祭神とする必要が生じたにちがいない。そこで、まず

「世田姫＝豊玉姫」という連想がはたらき、その次に神功皇后の伝承が付加されたのであろう。

大山田女と狭山田女という二人の女酋は、あるいはこの世田姫の系統を引くものであったかもしれない。

神功皇后の足跡

岡浦の大倉主と菟夫羅媛

『筑前国風土記』が数少ない断片しか残っていないため、筑前地方における景行天皇の足跡についてはほとんど知ることができない。ただし、景行天皇の孫にあたる仲哀天皇と神功皇后が、熊襲討伐のため九州に下向した記事については、『日本書紀』『古事記』や「風土記」などにわりと詳しく記されており、また地元の伝承も豊富であることから、当時の情勢をかなり知ることができる。詳しくは、拙著の『西日本古代紀行　神功皇后風土記』（西日本新聞社）を参照されたいが、景行天皇のその後の行動とも関連するので、その概要について紹介しよう。

仲哀天皇は、紀伊国（和歌山県）の「徳勒津宮《ところつのみや》」（和歌山市新在家）にいたとき、熊襲が反乱したという知らせを聞き、船に乗って瀬戸内海を下り、「穴門《あなと》の豊浦《とゆら》の津」（山口県下関市）に到着したのち、角鹿《つぬか》（敦賀）に滞在していた神功皇后に応援を求めた。

神功皇后は軍勢を率いて西下し、豊浦の津で仲哀天皇と合流し、しばらくの間「穴門豊浦宮《あなとのとゆらのみや》」、すなわち忌宮《いみのみや》神社（下関市長府宮の内町）の地に滞在した。やがて仲哀天皇と神功皇后一行は、周芳（周防）の「沙麼《さば》の浦」から、船団を組んで九州へ渡った。

『日本書紀』によれば、このとき、「岡《おか》の県主《あがたぬし》の先祖の熊鰐《くまわに》が、天皇の行幸を聞いて、あらかじめ五百枝の賢木《さかき》を切って、九尋《ひろ》の船の舳先に立て、賢木の上のほうの枝には白銅鏡《ますみのかがみ》を掛け、中のほうの枝には十握剣《とつかのつるぎ》を掛け、下のほうの枝には八尺瓊《やさかに》を掛けて、沙麼の浦に出迎えのためにやってきた」という。

下関市長府宮の内町の忌宮神社

岡とは、遠賀《おんが》のことであり、現在の福岡県遠賀郡あたりのことである。岡の県主の先祖の熊鰐とは、遠賀地方を支配する豪族であった。

また、このとき仲哀天皇らの船団は、関門海峡の西口にある「引嶋《ひこしま》」（山口県下関市彦島）あたりで、筑紫の伊覩《いと》の県主《あがたぬし》の先祖「五十迹手《いとて》」という人物の出迎えを受けた。

『日本書紀』によると、筑紫の伊覩の県主の先祖の五十迹手が、天皇の行幸を知って、熊鰐とおなじく、船の舳先に五百枝の賢木（榊）を立て、上から順に八尺瓊、白銅鏡、十握剣を下げて出迎えたという。仲哀天皇は、五十迹手を「いそし（伊蘇志）」とほめたという。よくつとめる、精励する、というような意味である。

つづけて、『日本書紀』によれば、「このため、当時の人々は五十迹手の本国を名づけて、伊蘇国《いそのくに》というようになった。いま伊覩というのは、それがなまったものである」という。

伊覩というのは、『魏志倭人伝』にも伊都国としてでてくる、きわめて古い地名である。怡土郡（福岡県糸島郡）あたりのことである。これまた、地名を天皇の権威によって公に認知し、一般化する儀式であったろう。

ちなみに、『筑前国風土記』逸文では、天皇が五十迹手にむかって「おまえは誰か」と尋ねると、五十迹手は、「高麗の国の意呂山（蔚山）に天から降ってきた日鉾《ひぼこ》の末裔の五十迹手というのは私のことです」と答えたという。

「日鉾」とは「天《あめ》の日矛《ひぼこ》」のことである。『古事記』の応神天皇の条にでてくる人物である。

むかし、朝鮮の新羅国の阿具沼あたりで昼寝をしていた女性の陰部に日光が指し、女性は赤玉を生んだ。天の日矛はある男からその赤玉を手に入れたが、その赤玉が美しい娘に変身し、天の日矛はその乙女と結婚する。しかし、その妻は夫である天の日矛のもとを逃げ去り、日本の難波（大阪）にとどまった（「比売碁曾神社由来譚」）。

妻を追って日本に渡った天の日矛は、渡神の妨害にあって但馬国（兵庫県）にとどまり、そこで新たに妻をめとり子をもった。その子の名は「多遅摩母呂須玖《たじまもろすく》」という。その子孫に「葛城の高額比売命《たかぬかひめのみこと》」という女性がいるが、この女性こそ神功皇后の母であった。高額比売命と開化天皇の子孫の息長宿禰王との間に生まれたのが神功皇后だったのである。神功皇后が別名を息長足姫尊《おきながたらしひめのみこと》といわれるのは、父系の息長氏からきている。

五十迹手の出迎えを受けた仲哀天皇の船は、響灘のほうから山鹿岬《やまかのさき》（北九州市若松区岩屋にある遠見ノ鼻（妙見崎））を回航して岡浦《おかのうら》に入った。ところが、いきなり船が進むことができなくなった。

仲哀天皇が水先案内を務めていた熊鰐にむかって、「熊鰐は清らかな心でやってきたのに、どうして船は進まないのか」となじると、熊鰐は、「お船が進まない理由は、臣の罪ではございません。この浦のほとりに男女の二神があり、男神を大倉主《おおくらぬし》と申し、女神を菟夫羅媛《つぶらひめ》と申します。おそらくこの神のせいであります」と弁明した。

熊鰐の申し立ては仲哀天皇に受け入れられ、『日本書紀』によると、仲哀天皇は「菟田《うだ》」（奈良県宇陀市）の舵取りの伊賀彦に命じてお祓いをさせたという。

航行を妨げた神は、「大倉主」という男神と「菟夫羅媛」という女神であった。この二神は、遠賀郡芦屋町にある「岡湊《おかのみなと》神社」や遠賀郡岡垣町の「高倉《たかくら》神社」の祭神とされている。

『太宰管内志』によれば、大倉主は高倉神社近くの高津峰に天降った神であるという。古い時代には遠賀郡から企救郡一帯を治めていた人物とみられるが、スサノオノミコトの子という伝承が残されている。菟夫羅媛とは、大倉主とともにまつりごとに携わった、この地方の女酋であろう。

仲哀天皇が菟田の伊賀彦に命じて祈禱をさせると、たちまち船は前進することができ、一行は岡浦に上陸することができたという。

大倉主と菟夫羅媛を祭神とする高倉神社（岡垣町）

一方、神功皇后は別船で岡浦にむかった。
彦島の東海岸沿いを南下し、関門海峡を横切って対岸の企救半島をめざし、小森江（北九州市門司区）に渡って洞海《くきのうみ》（洞海湾）に入り、若松半島の江川を通って進んでいった。その途中、干潮のため、神功皇后を乗せた船が動けなくなった。
岡の浦から出迎えのためやってきた熊鰐は、神功皇后の船が進退極まっているのをみて、恐れおののき、神功皇后の怒りを静めようとした。熊鰐は部下たちに、急いで干潟に沼と池――「魚鳥池」をつくらせ、そこに魚と鳥を集めて、神功皇后を慰めたという。
『日本書紀』によると、やがて潮が満ちてきたので船が動くようになり、遠賀川河口の「岡津《おかのつ》」（芦屋町）で仲哀天皇と合流した神功皇后は、やがて儺県《なのあがた》の橿日宮《かしひのみや》に移動して、そこを拠点とした。

仲哀天皇の急死

儺県とは奴国のことであり、橿日宮とは香椎宮（福岡市東区香椎）のことである。どういうわけか、『日本書紀』『古事記』いずれも、この当時儺県を治めていた人物の名を記していない。

香椎宮に居を構えた仲哀天皇と神功皇后は、さっそく熊襲討伐にむけて準備を進め、仲哀天皇八年の秋九月五日に軍議を開いた。そのとき、神功皇后に神が乗り移り、その神が神功皇后の口を借りて仲哀天皇を責めた。

『日本書紀』によると、「天皇よ、どうして熊襲のしたがわないことを憂えるのか。その土地は荒れた不毛の国である。戦いをして討つには値しない。その国よりもはるかに宝があり、たとえば処女の眉毛のように、かすかに海のむこうにみえる国がある。まばゆいばかりの金・銀や彩色がたくさんある国である。これを、栲衾《たくふすま》新羅国という。もしよくわたしを祀ったら、刀に血を塗らないで、その国は服従するであろう。また、熊襲もしたがうであろう。そのための捧げ物として、天皇の御船と穴門直践立《あなとのあたいほむたち》が献上した水田（名づけて大田という）を差し出しなさい」と、神功皇后に乗り移った神が告げたのである。

『古事記』では、「西のほうに国がある。金銀をはじめとして、目のくらむようなたくさんの宝物がその国にあるが、わたしがその国を授けよう」といったという。

香椎宮内の仲哀天皇欟日宮蹟（福岡市東区）

しかしながら、仲哀天皇はその神のお告げに疑いを抱き、高い山に登ってはるかかなたの大海を眺めたが、広々とした海がみえるだけで、新羅国はみえなかった。

そこで、仲哀天皇は神にむかって、「私がみまわしたのに、海だけあって国はありません。どうして大空に国がありましょうか。いたずらにわたしを欺くのは、いったい何という神でしょうか。わが皇祖の代々の天皇は、すべての神をお祀りいたしております。どうして漏れた神がありましょうか」といった。すると、神が再び神功皇后に乗り移って、「水に映る影のように、はっきりと天上からみえるのに、どうして国がないといってわたしの言葉をそしるのか。そんなことをいって信用しないのであれば、おまえは国を保てないであろう。ただし、いま皇后が身ごもった。その御子が国を得るであろう」といった。

『古事記』によると、神にさからった仲哀天皇は急死したことになっている。しかし、『日本書紀』によると、強引に熊襲征伐を実施し、勝つことができずに帰還して、一説によると熊襲の矢にあたった傷がもと

香椎宮から甘木・朝倉にいたる神功皇后の足跡

で亡くなったという。『古事記』にくらべ『日本書紀』のほうが詳細な経過を書いているところから、仲哀天皇はいったん熊襲討伐に出向いたのちに急死したのであろう。

羽白熊鷲討伐

神功皇后は、新羅遠征の前に後顧の憂いを断つことにし、吉備臣《きびのおみ》の先祖の鴨別《かものわけ》に熊襲討伐を命じた。鴨別は、ただちに軍勢を率いて熊襲討伐にむかった。

『日本書紀』では、「十二支が一周（十二日）する前に、自然と服従した」と書かれているとおり、鴨別はたちまちのうちに熊襲討伐を終えたというが、どこを拠点にしていた熊襲を討伐したのか不明である。

一方、熊襲討伐を命じた神功皇后は、「羽白熊鷲《はじろくまわし》」という反逆者をみずから出向いて討伐することにした。

羽白熊鷲は、儺（奴）の県の南方、脊振山系から朝倉郡にかけての山岳地帯で勢力を有している土酋の一人であった。『日本書紀』によれば、「その人となりは強健で、翼があり高く飛ぶことができる。皇命にしたがわず常に人民をかすめている」というように、まるで翼をもった鳥のように軽々と野山を動きまわることのできる山岳系の人物であった。

神功皇后は軍勢を率いて香椎宮を出発し、御笠川沿いに南下していった。御笠川は太宰府の宝満山から福岡市

筑前町の中津屋神社（砥上神社）

博多区へ流れ、博多湾に注ぎ込む川である。太宰府防衛のために重要な役割を果たした川で、太宰府から福岡平野への出口には白村江の戦い（六六三年）の翌年、天智天皇時代に築かれた水城の堤防が現在でも残っている。また、御笠川流域には板付遺跡など弥生時代を代表する遺跡が残されている。

山田村（大野城市山田）に、「御笠の森」という森があった。『日本書紀』によると、「皇后が熊鷲を討とうとおもって、橿日宮（香椎宮）から松峡宮《まつおのみや》に遷りなされた。このときつむじ風がたちまち起こって、御笠が吹き落とされた。それゆえ、人々はその地を名づけて御笠といった」という。

神功皇后一行は、御笠の森あたりを通って、御笠川沿いの道を上流にむけて進んでいった。水城付近から太宰府のなかを抜け、筑紫野市の宮地岳（標高三三八メートル）の北側あたりから朝倉郡に入っていった。『筑前国続風土記』には、「三箇山（朝倉郡筑前町）の西南に長い山がある。三並、曽根田、砥上の東北にある山である。この山の西北に高い山がある。山家（筑紫野市）のほうに近い。夜須郡と御笠郡の境である。神功皇后が通られたところから、神おり峠という」とある。宮地岳から山家付近に抜け、砥上《とかみ》岳（標高四九六メートル）の南麓方向に進んだらしい。

大根《おおね》地山《ちやま》（標高六五二メートル、筑紫野市・飯塚市）の中腹南面の見晴らしのよい場所に「腰掛石」という岩があって、神功皇后が羽白熊鷲との戦いの様子を眺めたといわれる。

朝倉郡筑前町に砥上という村がある。砥上岳の南麓にあり、そこには中津屋神社がある。砥上神社ともよばれる。神功皇后、住吉大神、八幡大神すなわち応神天皇を祀っている。

神功皇后らを祀る栗田八幡宮（筑前町）

「神功皇后が新羅を討とうとなされて、まず諸国の軍衆をここまで招き寄せられ、中宿なりとおっしゃられたので仲ツ屋と号するようになった。そして、軍衆に命じて、各兵器を研ぎ磨かせられた。ゆえに砥上というそうである。このような遺跡であるので、後世にいたって神功皇后を祝い祀ったのであろう。むかしは相当な大社であったらしく、宮所はひろく壮麗で、池も橋も世の常ではなかった。むかしは一月十五日に祭礼があり、神楽を奏し、射礼をおこなった。また、九月二十四日には恒例の大祭がおこなわれ、神幸があった」

という伝承が残されている。

神功皇后は中津屋神社を中宿にして、羽白熊鷲の掃討作戦を練ったらしい。中津屋神社の東一キロに陣ノ内（筑前町三並）というところがあり、そこに神功皇后の陣所が置かれたという。

陣ノ内から東南方向一・五キロのところに栗田《くりだ》（筑前町栗田）がある。目配山（標高四〇五メートル）の南西麓にあり、小石原川右岸の平野部に位置し、草葉川が流れている。山の南斜面には栗田八幡宮がある。神功皇后、八幡大神（応神天皇）、住吉大神を祀っている。

『筑前国続風土記』は、「むかし神功皇后が羽白熊鷲を討つため、ここを通過されたところから、ここに祝い祀っているのであろうか」と書いている。

栗田は古くから開けていた土地で、縄文中期–後期の栗田遺跡があり、弥生時代中期の甕棺墓群遺跡が発掘され、銅矛と丹塗磨研の高杯、壺、大型器台が出土した。また、溝落谷からは石棺と石製紡錘車などが出土し、栗田谷古墳群からは玉、鐶、刀子、鉄鏃、片把手付土器などが出土している。

筑前町弥永の大己貴神社

栗田から東二キロの弥永《いやなが》というところに、大己貴《おおなむち》神社がある。延喜式内社で旧県社である。大己貴命を主神として、相殿には天照大神と春日大神を祀っている。『日本書紀』などには「大三輪社」や「大三輪神」と記されている。大己貴命は大物主神のことであり、神功皇后に随行していた大三輪大友主君《おおみわのおおともぬしのきみ》の祭神とされている。

『日本書紀』には、「秋九月十日、諸国に令して船舶を集め、兵を訓練された。ときに軍卒が集まりにくかった。皇后は『これは神のお心なのだろう』といい、大三輪の神社を建て、刀と矛を奉納された。すると軍兵が自然に集まった」と書かれ、『釈日本紀』所収の『筑前国風土記』逸文には、「気長足姫尊（神功皇后）が新羅を討とうとおもって兵士を整備して出発されたときに、道の途中で兵士が逃亡してしまった。そのわけを占って尋ね求められると、すなわちたたっている神があった。名を大三輪の神といった。それでこの神の社を建てて、ついに新羅を征服なされた」と書かれている。

筑前町の東側に隣接する朝倉市に小石原川が流れている。夜須郡のなかを通っていたことから、この川は安川ともよばれた。「夜須」は、古くは「安」と書かれた。

甘木・朝倉邪馬台国説

安本美典氏は、邪馬台国の所在地に関して、『魏志倭人伝』だけの情報では不十分であり、日本側の記録である『古事記』や『日本書紀』などをあわせ用いる必要がある、ということを前提に綿密に考証され、

一、『古事記』『日本書紀』の記す日本神話によれば、天皇家の祖先神である天照大神をはじめとする天つ神は、高天の原に住んでいた。

二、日本神話の伝える天照大神は、卑弥呼のことが伝承化したものである。
三、従って、高天原は邪馬台国のことを伝承的に伝えたものである。

という結論を導かれている。さらには、

「わが国の古代のことを記した『古事記』と『日本書紀』には天皇の系譜が記されている。したがって、ある天皇が、ある天皇の何代前の天皇かはわかる。しかし、古い時代の天皇については、その天皇が西暦何年ごろの人かという実年代はわからなかった。『古事記』本文はどの天皇のつぎに、どの天皇が立ったかを記しているだけである。『日本書紀』は、神武天皇以下歴代の天皇の記事において、即位をはじめとする種々の事件のおきた年月日を記している。しかし、『日本書紀』の年月日の数字は、たとえば、神武天皇が百二十七歳まで生きたとし、孝安天皇の在位期間を百二年とするなど、信頼できない。『古事記』と『日本書紀』とでは、年紀や個々の事実ではかなり食いちがいがあるものの、天皇の代の数については完全に一致している」

とし、実年代のはっきりしている古代の諸天皇の平均在位年数を約十年と算出し、これをもとに統計学的な方法を用い、推定の誤差計算をおこないながら古代にさかのぼっていくと、まさしく卑弥呼と天照大神の年代が一致したのである。

『魏志倭人伝』は西暦二三八年ごろに、女王卑弥呼の使いが魏に貢献したことを伝えている。すると、天照大神は三世紀半ばごろの女王であったということになる。

つづけて安本氏は、天照大神と卑弥呼は、

一、ともに女性である。
二、ともに宗教的権威をそなえている。
三、ともに夫をもたなかったようである。

四、卑弥呼には弟がいたことになっている。天照大神にも須佐之男の命、月読の命という弟がいる。
五、『古事記』には、「天照大神、高木神二柱の神の命をもちて」などの記述がしばしばみられ、高木神は天照大神といっしょに、しばしば命令を下したりしている。『魏志倭人伝』の女王の言葉を伝えるために出入りしている一人の男と高木神が符合するようにおもわれる。

などから、天照大神と卑弥呼は同一人物であると推定されている。

そして、『古事記』神話の主な舞台が九州であることから、『古事記』『日本書紀』の伝える「高天の原」こそが邪馬台国のことを神話的に伝えたものであり、「高天の原＝邪馬台国」は、筑前国の夜須郡付近であるとの結論を導かれている。

その理由として、

一、高天の原には「天の安河」が流れ、その河原に神々が集まって会議を開いたというが、夜須（安）には夜須（安）川が流れている。
二、日本神話に天の香山という地名がしばしば出てくるが、夜須町（筑前町）と甘木市（朝倉市）の近くに香山（高山）がある。

などが掲げられている。また、夜須郡周辺の地名と近畿地方の大和郷周辺地域の地名が不思議な一致をしめしていることから、『古事記』と『日本書紀』が伝える神武天皇の東遷、すなわち邪馬台国が東遷したために類似の地名が命名されたのではないかと推察されている。

ただし、神武天皇は日向を根拠にしていた天皇であり、邪馬台国は、

筑紫（夜須）→豊前（京都）→日向（宮崎）→近畿（大和）

というように遷っていったものとされる。

いずれにしても、もともとの邪馬台国の中心地は、九州の朝倉盆地にあり、邪馬台国の領域としては筑後川のほぼ全領域におよんでいたであろう、と安本氏は推測される。そう考えなければ邪馬台国の「戸数七万余戸」を治めることはできないからである。考古学的にみても、朝倉盆地には邪馬台国時代の遺物とみられる鉄利器、小型仿製鏡《ぼうせいきょう》第Ⅱ型などがおびただしく出土している。

安本氏の説の骨格をなす、

一、平均在位年数約十年を基礎に、古代天皇の在位時期の実年代を推測する。
二、邪馬台国の中心地は、夜須郡周辺にあった。
三、卑弥呼と天照大神は同一人物である。
四、邪馬台国は南九州の日向を経たのち、東遷して大和となった。

を当面の前提にして考えると、神功皇后の事跡もわかりやすくなるように思える。

第一に、神功皇后が活躍した時代は西暦三九〇年から四一〇年ごろとなる。四世紀末から五世紀はじめにかけての時代である。

第二に、神功皇后は邪馬台国の卑弥呼（天照大神）の時代から一世紀半程度後の人物であり、邪馬台国あるいは高天原の事跡や、そのことの意味を明瞭に理解していたはずである。

第三に、神功皇后にとっては、夜須郡周辺はいわば天皇家発祥の聖地であり、神功皇后はそのことを十分に認識し、あるいはそのことを踏まえて行動したはずである。

第四に、神功皇后は、邪馬台国のその後の変遷を知っていたはずである。

以上のように考えられるということである。

神功皇后一行は、大己貴神社が建てられることになる筑前町の弥永を過ぎ、小石原川（安川）沿いを上流に上っていった。

野鳥（朝倉市大字秋月野鳥）という村がある。『日本書紀』に、「荷持田村《のとりたのふれ》に羽白熊鷲という者がいる」と記されている。『筑前国続風土記』には、「日本書紀の神功皇后の条に、荷持田村に羽白熊鷲という者あり、と記しているのはこの村のことを指すのであろうか。しかしながら、決定は困難である。いまは野鳥村という」とあるが、『日本書紀』にいう荷持田村は、現在の野鳥と断定してよいであろう。

野鳥は、小石原川中流域の盆地にあり、古処山（標高八五九・五メートル）の南西の麓に位置する。

古処山は白髪山あるいは白山ともよばれた。戦国時代には、山頂に秋月氏の根拠となった古処山城があったところである。この村には神功皇后が陣営を置いたという「后《ごう》の森」または「郷の森」とよばれるところがあり、その林のなかにある「腰掛石」に座って神功皇后がしばらく休憩したと伝えられ、別伝ではもともと熊鷲が拠点として籠っていた場所であるという（『筑前国続風土記附録』『飛廉起風』）。

朝倉市大字下渕の東北に「三府」、大字隈江に「車寄」があり、いずれも神功皇后ゆかりの場所であるという。

神功皇后は甘木・秋月あたりに入ったのち、しばしば戦闘を繰り返しながら進軍し、野鳥村あたりの山岳地帯に羽白熊鷲を追いつめていった。

甘木・朝倉の伝承

秋月の秋月八幡近くには、神功皇后が鎧をかけたという「鎧掛松」があり、八丁坂という坂道にある「大休《おおよこい》」という場所は、神功皇后が休憩をとった場所であるという。

「三府の森」付近に「老松神社」（朝倉市下渕）があり、神功皇后を祭神としている。この神社の外側の田の中に、高さ七尺（約二・一メートル）の大岩があり、神功皇后がこの岩と背比べをしたという。その岩は「丈くらべ石」とよばれ、霊石として一般の者が手で触れることを禁じられてきたという。

「下大庭村の東北に出張野《でばるの》（いまは田になっている）というところがある。神功皇后が熊襲を征伐されたとき、官軍を駐屯されたところという。また、村の西南に討熊襲野《うつおぞの》というところがある。むかしは野地（原野）であったが、いまは宅地となっている。神功皇后が熊襲を平らげて凱歌を上げられたところであろう。またこのあたりに御帷張《みいばり》というところがある。神功皇后が熊襲を討たれたとき、御帷を張られたところという。村の北の水路のなかに、磨劒《とくつるぎ》石という石がある。高さ二尺（約六〇センチ）、横一尺（三〇センチ）の自然石で、里人は『とくつぎ』という。神功皇后が携帯された剣を磨かせられたところから、この土地の名としたという。村の西北に塗《ぬる》器瀬《げのせ》というところがある。川のそばの竹林の生い茂った場所である。神功皇后の軍が器に漆塗りをされたところである。民家が七軒ある」（『飛廉起風』）

戦いの合間に、食器の漆を塗ったり武器を研いだりしながら、悠然と敵を追いつめていったらしい。もちろん夜明けとともに行軍を開始し、日が暮れればおのずから戦闘は中止されたであろう。

大庭村（朝倉市大字大庭）の西方二キロのところに、桑原村（朝倉市大字桑原）がある。『筑前国続風土記附録』に、「桑原村から三町（約三〇〇メートル）ばかり南の石原口という田の中に、一畝ほどの雑草のおい茂った荒地がある。いにしえは蜷城《ひなしろ》村林田（朝倉市大字林田）の美奈宜《みなぎ》神社の神輿を休めたところという。あるいは、神功皇后が美奈宜の神を祀られたときに、ここに神輿をとどめられたところともいう。したがって、現在でもこの地で耕作をしない」と書かれている。また、林田の東側には片延村（朝倉市大字片延）があり、「この村から六町（約六〇〇メートル）ばかり西北のヤナキというところに鷺塚というものがある。榊が一株茂っている。神功皇后が美奈宜の社を祀られたとき、鷺が現れ、その鷺がとまったところであるという」と、神功皇后が熊鷲征伐時に「美奈宜の神」を祀ったことを伝えている。

「美奈宜」という名は、神功皇后がこの地の「喰那尾山《くいなお》」に陣所を置き、山頂から麓を眺めると、美しい林もあり、清らかな水流にも恵まれ、人家が多く村はひろいことから、「みな、宜《ぎ》」（すべてがすばらしい）と称えたことに由来するという。

蜷城の林田にある「美奈宜神社」は、筑後川から一キロ北側の平野部にある。林田神社ともよばれる。ただし、佐田川・荷原川上流の三奈木村寺内（朝倉市三奈木）にも同名の美奈宜神社があり、栗尾神社ともよばれる。栗尾山の大宮谷に中宮跡があり、山頂には上宮跡がある。「栗尾」は「喰那尾」のことであろう。

いずれも祭神はスサノオノミコトと大己貴命（大物主神）・事代主命《ことしろぬしのみこと》親子である。大己貴命と事代主命親子はもともと出雲の神であり、大己貴命を氏神とする大三輪大友主君が主宰して祭祀をおこなったのであろう。

『延喜式』神名帳の筑前国下座郡の「美奈宜神社三座（並名神大）」がどちらの神社であるかについては、古来議論されてきた。『筑前国続風土記』は林田神社のほうを美奈宜神社とし、明治新政府もそれを追認したが、のちに訴訟になり、現在では両者とも美奈宜神社ということで一応決着している。

神功皇后たちは、険しい山々へ進軍していった。

熊鷲の根拠地の一つは、鬼ケ城山にあったらしい。『筑前国続風土記附録』には、「鬼ケ城山は荷原村と城山村の境にある。むかし羽白熊鷲という鬼がいたので、この名がついたという（鬼とは強暴の者でみだりに人を殺害するものをいう）」と書かれている。

神功皇后一行は、佐田川中流の山間部に位置する矢野竹村（朝倉市大字矢野竹）で、矢篦《やの》すなわち矢の幹の材料となる篠竹を伐りとった。このため、この村は矢野竹村とよばれるようになり、竹を伐採した森は「矢がらの森」と名づけられたという。

また、この村に神功皇后を祭神の一人とする「矢野竹神社」があり、この神社の前にある地蔵堂には「休跡庵」とよばれる腰掛石が安置されている。この石は神功皇后が矢篦を切りとる間腰掛けていた石であるという。

矢野竹神社には椀に高々と飯を盛って食う「モスソ飯」という珍しい行事があり、熊鷲を恐れた民人たちが裳のすそに飯を包んで山林に逃げ込み、隠れて食事をした故事に由来するという。熊鷲を討伐した神功皇后をしのぶため、村人たちは祭神として祀るようになったという。

矢峰山は矢船山ともいうが、神功皇后の軍が朝鮮出兵に際し、矢の竹を刈りとった山であるという（『飛廉起風』）。

平原村（朝倉市平原）に神功皇后の本陣が置かれたらしい。盾岩山があり、左右の谷は湿潤で蛭《ひる》の多いところである。兵士たちが足を蛭に吸われて難渋したので、神功皇后が祭祀を営んで蛭の口をふさいだため、その後害をなさなくなったという。平原のつづきを「まな板原」ともいい、台地状の地形となっており、熊鷲の一味を屠殺した場所であるという。そのとき血しぶきが木の枝に飛び散ったため「血の枝」とよばれたが、のちに転じて「角枝」になったという。

甘木地方を流れる佐田川の上流に「すすぎ原」という場所があり、神功皇后の軍が汚れた兵器を川の水ですすいだという伝承が残されている（『飛廉起風』）。「層増岐《そそき》」と「すすぎ」は発音がよく似ている。場所柄といい地名といい、まさに「層増岐野」にふさわしい。もともとは、「そそき野」あるいは「そそぎ野」とよんでいたのであろう。それが転じて「すすぎ野」になり、「すすぎ原」という地名として残存したのであろう。

神功皇后は、層増岐野すなわち「すすぎ原」に兵を集結し、鬼ケ城を根城にしていた羽白熊鷲を野鳥村あたりの山岳地帯まで追いつめた。

熊鷲は山沿いに北方へ逃げ、古処山の北東六キロにある嘉穂郡の益富山（標高一八九メートル、嘉麻市）で討伐されたという。このため、このあたりは「大熊郷」とよばれるようになったという（『嘉穂郡誌』）。

ちなみに、熊鰐の遺体は矢野竹村に納められ、もとは「熊鷲塚」とよばれる大きな古墳であったらしいが、開墾のために周囲から削られていき、ついには田んぼのなかの小さな土盛になってしまったという。

そして、神功皇后は夜須に帰り、そばに仕えていた者たちに、「熊鷲を討って心安らかになった」といった。このため、その地を「安《やす》」とよぶようになったという。

もともとあった「安」という地名に「心安らぐ」という意味をかけ縁起を担いで、改めて「安」と宣言したのであろう。「安」が現在では「夜須」と書かれるのは、おそらくは元明天皇時代の和銅六（七一三）年の、「郡郷の名は、今後好ましい漢字二文字で表記せよ」という勅令によって改められたものとおもわれる。

このように、「安」がきわめて古い地名であったとすると、日本神話の「高天の原」にあったとされる「天の安の河」との関連が問題となることについては、すでに述べたとおりである。

甘木・朝倉地方（朝倉郡・朝倉市）は、西から夜須郡、下座郡《しもつあさくら》、上座郡《かみつあさくら》の三郡で構成されていた。

奈良時代、上座郡に「朝倉橘広庭宮《あさくらのたちばなのひろにわのみや》」という行宮名が置かれた。略して「朝倉宮」とよばれる。

『日本書紀』によると、斉明七（六六一）年、百済再興支援の要請を受けた斉明天皇は、皇太子の中大兄皇子以下を率いて九州へむかった。斉明天皇は神功皇后とおなじく女帝である。三月二十五日に博多の那の津に到着し、五月九日に那珂川中流域の「磐瀬の宮」（福岡市南区三宅付近とされている）から「朝倉宮」に遷った。そのとき、「朝倉の社」の木を切り払って宮殿をつくったため、神のたたりを受け、宮殿は破壊された。宮中には鬼火が現れ、大舎人など近侍者に多くの病死者がでたという。そして、七月二十四日には斉明天皇自身が朝倉宮において六十八歳で亡くなったのである。八月一日に、中大兄皇子は天皇の遺体を「磐瀬の宮」に移したが、この日朝倉山の上に鬼が現れ、大笠をつけて葬儀をみつめたので、人々はこれを怪しんだという。

「朝倉橘広庭宮」すなわち「朝倉宮」の所在地については説が分かれているが、現在、朝倉市山田の恵蘇八幡宮境内に「朝倉木之丸殿旧蹟碑」が建てられている。恵蘇八幡宮の祭神は応神天皇、斉明天皇、天智天皇であり、もともと天智天皇が戦勝祈願のために応神天皇（神功皇后の子）を祀って創建したが、白鳳期に斉明天皇と天智天皇が合祀されたという（『筑前国続風土記』）。上座郡の惣社とされている。

「卑弥呼＝天照大神」であり、「邪馬台国＝高天の原＝甘木・朝倉」という安本氏の結論を前提に考えると、神功皇后の行動は「聖地奪還」であり、斉明天皇のそれは大和政権発祥の地への「里帰り」ともいえる行動である。

女王たる天照大神あるいは邪馬台国の卑弥呼が居住した地域の第一候補としては、神功皇后と斉明天皇のこれらの行動からみても、この甘木・朝倉地域、とりわけ「上座」地域である可能性が高いとおもわれる。

『魏志倭人伝』には、「男弟があって、佐《たす》けて国を治めている。（卑弥呼が）王となって以来、みた者は少ない。婢千人をもって自身にはべらせている。ただ男子が一人あって（卑弥呼に）飲食を給し、辞を伝え、居拠に出入りしている。宮室、楼観、城柵をおごそかに設け、つねに人がいて兵器をもち、守衛している」とある。卑弥呼が居住していた区域は、一般の集落から隔絶されて独立していたようであり、神聖不可侵の神の座す場所として、まさに「上座」という名にふさわしい。

そして、「下座」の小石原川（安川）と佐田川にはさまれた流域――とりわけ「平塚川添遺跡」のある丘陵地帯に邪馬台国の一般住民たちの集落があり、軍事、政治、経済などを実質的に取り仕切る重臣たちや兵卒たちの住居があったであろう。

天智二（六六三）年八月二十八日、日本・百済連合軍は「白村江の戦い」で唐・新羅連合軍と戦って敗れ、ついに朝鮮半島から撤退を余儀なくされたが、翌年には水城や大野城を構築して唐・新羅軍の来襲に備えた。天智天皇は北からの攻撃に備えて、甘木・朝倉地方および筑紫平野を死守しようとする姿勢をみせたのである。天智天皇の脳裏には、朝廷の聖地であり、母の故地となった朝倉地方の防衛という意味合いもあったにちがいない。

神功皇后が熊鷲を討伐したのち、「安らかになった」と述懐したのは、聖地を奪還した心からの喜びの表現でもあったろう。

冗談のようではあるが、「邪馬台」という発音は「山田」にも通じるといわれている。空想をたくましくして考えれば、「邪馬台国」の中心地は、一時期朝倉市「山田」の周辺にあったかもしれないのである。安本氏も、「山田という地名と邪馬台との音の近似も、気になるところである」と述べられている（『邪馬台国への道』梓書院）。

羽白熊鷲の掃討を終えた神功皇后は、次に宝満川を下って筑後川下流方面に軍団を動かし、三潴郡を通って有明海にでて、すでに述べたとおり、矢部川下流を拠点としていた田油津媛を討伐している。

以上が、甘木・朝倉地方に残された神功皇后伝承の概要である。

熊鷲一族の実像

ところで、景行天皇の足跡についてである。

『日本書紀』には、甘木・朝倉地方に関して、景行天皇の伝承はまったく記されていない。しかしながら朝倉市の蜷城《ひなしろ》という地名が景行天皇に由来するという伝承が地元に残されている。

『筑前国続風土記附録』によると、「大庭村の日代《ひのしろ》は、十二代景行天皇が日代宮（奈良県桜井市）から周防・豊前などの国を経て、筑前国に入られたときにここに滞在されたところから、日代というらしい。神功皇后もまたこの地においでになり、熊襲を征伐された。官軍の陣列を閲兵された、と太刀八幡宮の社伝にある」と記されている。

なお、別伝として、羽白熊鷲討伐後、筑後山門の田油津媛を討伐するために南下するとき、神功皇后は太刀を捧げて祈ったため、太刀八幡宮とよばれるようになったともいう。

蜷城という地名に関しては、この場所に神功皇后が巻き貝の河貝子《かわにな》を集めて城を築き、熊鷲をあざむいたからであるという伝承も残されている（『宗像神社縁起』）。景行天皇の事跡と神功皇后の事跡が混同されている可能性もあり、『筑前国風土記』も失われていることから、確定的に述べることは困難であるが、景行天皇が神功皇后に先立って甘木・朝倉地方を訪れた可能性は高いというべきであろう。

そうすると、景行天皇、神功皇后、斉明天皇、天智天皇という四人の天皇が訪れ、朝倉の宮が置かれた甘木・朝倉地方というのは、やはり天皇家にとって特別の存在であったということになろう。

ところで、景行天皇が甘木・朝倉地方を巡幸したとき、神功皇后時代に反乱を起こした熊鷲一族について『日本書紀』に何の言及もなされていないことからみて、熊鷲一族はもともと大和朝廷と円満な関係にあったとみていいであろう。いや、それどころか、安本氏の「邪馬台国＝甘木・朝倉」説にしたがうならば、熊鷲一族は天皇家の発祥の地を守る特別の一族であったとみることもできるかもしれない。

安本氏の統計的年代論によれば、景行天皇は三七〇年から三八五年ごろにかけて在位した天皇で、神功皇后は三九〇年から四一〇年ごろ活躍した人物である。せいぜい二十年程度の開きしかない。普通に考えると、神功皇后の時代に反乱を起こした熊鷲からみれば、景行天皇巡幸は父親の時代のできごとであろう。景行天皇が甘木・朝倉に行幸したとき、幼い熊鷲自身、景行天皇を出迎えた可能性すら考えられよう。

八女津媛の系列に属する八女地方を治めていた女王が、神功皇后にさからったため田油津媛という蔑称で『日本書紀』に記されたごとく、神功皇后時代に反乱を起こしたため、熊鷲という蔑称によって『日本書紀』に記録される羽目になってしまった人物は、ひょっとしたら邪馬台国時代以来、甘木・朝倉地方を治めていた一族の王であったとも考えられる。

安本氏の統計的年代論にしたがえば、熊鷲の時代から邪馬台国時代まで約百五十年であり、景行天皇の時代からは約百三十年である。景行天皇の時代も、神功皇后・熊鷲の時代も、邪馬台国の卑弥呼の時代とは、それほど隔てられた時代ではない。

安本氏の三世紀前半の「邪馬台国＝甘木・朝倉」説を前提にすれば、四世紀後半の熊鷲一族は、邪馬台国の後継勢力である大和朝廷の、本家筋の部族であった可能性すらあるともいえよう。

倭の女王たち

大野城の宝満宮

景行天皇の筑前における動向は不明である。『日本書紀』にはまったく記されず、『筑前国風土記』もほとんど散逸しているからである。しかしながら、朝倉市の蜷城に景行天皇の伝承が残されていることについては、すでに述べた。

筑後川右岸にあたり、景行天皇が拠点とした高羅の宮（久留米市）あるいは生葉の宮（うきは市）からいえば、いわば対岸の至近距離にあり、景行天皇が巡幸したとしてもまったく不自然ではない。問題は、福岡平野と博多湾岸方面に巡幸したかどうかである。かつて金印奴国が栄えるなど、北部九州における拠点的な地域で、神功皇后もまた朝鮮出兵の戦略的拠点としたところであった。古田武彦氏は、景行天皇の巡幸記事がないことなどを根拠にして九州王朝説を唱えられ、景行天皇は博多湾岸を拠点とした九州王朝の大王であったとされる。

実は、御笠川中流域の大野城市に景行天皇の伝承が残されている。三郡山地の大城山の西北麓に中村（仲村）という集落があり、「宝満宮」が祀られている。その宝満宮に、「玉依姫がこの地にきて亡くなった。よって御陵を築き、神廟を建ててあがめ祀った。十二代景行天皇の時代に熊襲という賊が皇命に背いたので、天皇みずから賊を平定された。このとき、景行天皇は御陵の宮に祈願し、熊襲を征伐された」という伝承が残されているのである。

玉依姫とは、海神（一説では豊玉彦命）の娘で、豊玉姫の妹にあたる。

豊玉姫は綿津見国から日向の穂穂手見命に嫁ぎ、子供を生んだ。ところが、産屋で出産した姿を夫にのぞかれたことを恥じて、綿津見国に帰ってしまった。そのとき生まれた子が鵜葺草葺不合命である。豊玉姫は帰国に際して、妹の玉依姫に子供の養育を託した。そして、玉依姫は成長した鵜葺草葺不合命の后となって、彦五瀬命、稲飯命、三毛入野命、神日本磐余彦尊の四人の子供を生んだ。末子の神日本磐余彦尊は、初代天皇とされる神武天皇である。このように、玉依姫は初代天皇の母とされるきわめて重要な女性である。

この玉依姫の御陵と神廟と伝えられるものが、景行天皇時代に現存していたことを、この宝満宮の社伝は伝えている。宝満宮の社伝はつづけて、「神功皇后も三韓を征伐なされるとき、この神廟に祈られた。このとき、玉依姫から神功皇后と姉妹の契りを約束する神託があった」という。

この玉依姫の御陵といわれるものは、後世になってかなり荒れていたらしく、斉明天皇七（六六一）年に斉明天皇が朝倉宮（朝倉市）に移った際、勅命で御陵の宮を再建しようとした。しかし、その年に斉明天皇が急死したため、天智天皇元（六六二）年九月にとりあえず太い宮柱を立て、九月十八日に神を移し奉ったという。

天智天皇十年十月二十二日に、大友皇子をはじめ左大臣蘇我赤兄《そがのあかえ》などの大臣や重臣を集めて朝議を開き、秦友兄という人物を奉幣使として派遣し、御陵の名を「宝満宮」と改めるとともに、村人のうちから二人を選び、正光と佐々保という氏を与えて宝満宮の宮司としたという。

宝満宮の御廟は、二間半（約四・五メートル）×三間（約五・四五メートル）の大きさで、瑞垣に囲まれ、楼門もあって、壮麗な建物であったらしい。しかしながら、天正年間（一五七三―一五九二年）の戦国の争乱によって焼失し、勅額や神宝類も失われ、御陵の跡には松の木だけが残ったという。近くにある大野城市立御陵中学校という名称は、この御陵にちなむものである。

このように大野城市の宝満宮には、景行天皇の伝承が残されている。

また、すでに述べたように、『肥前国風土記』の「値嘉《ちか》の郷」の条には、志式島の行宮（長崎県平戸市）にいた景行天皇が、随行していた阿曇連百足《あずみのむらじももたり》に命じて、小近《おちか》の大耳と大近《おおちか》の垂耳《たりみみ》という土蜘蛛を討伐させたことが記されている。

阿曇連百足は、博多湾にある志賀島を拠点とする海人である。阿曇連百足が景行天皇の水先案内人として随行していたことからみて、景行天皇が博多湾を拠点とする海人族を支配下に置いていたことはまちがいない。『日本書紀』には記載されていないが、これらのことを踏まえれば、景行天皇は博多湾岸地域にも足をのばした可能性が高いとみるべきであろう。

日田の久津媛と五馬媛

このようにして、筑前・筑後方面の巡幸を終えた景行天皇は、高羅の宮から生葉の宮にもどり、豊後の日田（大分県日田市）にむけて出発した。

『豊後国風土記』には、「むかし、纏向の日代の宮に天の下をお治めなされた大足彦天皇（景行天皇）が球磨贈於を征伐して凱旋なされたとき、筑後の生葉の行宮をお発ちになって、日田郡にお出ましになった。ここに久津媛という名の神があったが、人間になって出迎えて、この国の国状をよく判断して言上した。こういうわけで久津媛の郡という。いま日田郡といっているのは、それがなまったものである」と書かれている。

日田は、『和名抄』では「日高」と書かれ、『先代旧事本紀』では「比多」と書かれる。いずれにしても、「ヒタ」と読む。

北は豊前・筑前・筑後の三国、南は肥後国に接し、北部の日田盆地の東方から玖珠《くす》川が流れ込み、盆地内では日田川（三隈川）とよばれ、西に流れて筑後川となる。南からは大山川（阿蘇川）、北から有田川、花月川、大肥川が流れ込み、盆地の南北は山間地帯となっている。

日田は筑後川上流の筑前・筑後と豊後・肥後を結ぶ要衝の地にあり、この地方の古代遺跡は、広域的な交流の痕跡を色濃く残している。

「久津媛という名の神があったが、人間になって出迎えて、この国の国状をよく判断して言上した」という『豊後国風土記』の記事は、景行天皇が日田を巡幸した当時、かつてこの地方を治めていた久津媛はすでに死亡

日田市に鎮座する久津媛神社

しており、その祭祀を継承していた久津媛一族が祖神たる久津媛の名において服従の申し出をおこなったことを述べようとしているのであろう。

JR日田駅の北方約二キロのところに、「小迫辻原《おざこつじばる》遺跡」がある。標高約一二〇メートルの丘陵地の上にあり、環濠に囲まれた古墳時代初頭（三世紀末ないし四世紀初頭）の三棟の居館跡がみつかった。

そのうち、東側の一号居館は一辺約四七メートルの環濠に囲まれ、日田盆地を治めた首長級の人物の住居で、西側の二号居館は一辺約三六メートルの正方形の環濠に囲まれ、祭祀儀礼をおこなうための施設ではないかと考えられている。

この遺跡は、ひょっとしたら日田地方を統括した久津媛一族の居住地であったかもしれない。

景行天皇一行は、浮羽から日田にむかって進む途中、石井（日田市石井）を通った。

『豊後国風土記』には、「石井の郷は、郡役所の南にある。むかし、この村に土蜘蛛の堡《とりで》があった。石を使用せず、土をもって築いた。こういうわけで、名を石なしの堡といった。後世の人が石井郡というのは、誤っているのである。郷のなかに川がある。名を阿蘇川という。その源は肥後国阿蘇の小国の峰からでて、この郷まで流れてきて、やがて玖珠川に入り、合流して一つの川となる。名を日田川という。年魚がたくさんいる。その終わりは、筑前・筑後などの国を過ぎて、西の海に入る」と書かれている。

石井の郷は、日田郡五郷の一つで、日田盆地の西南部に位置している。律令時代には石井駅が置かれ、江戸時代には石井の渡しが置かれたところで、水陸交通の要衝とされてきた。

鏡坂展望台より日田市街地を望む

石井のガランドヤ遺跡からは、六世紀なかごろの二基の装飾古墳がみつかっている。四世紀後半の景行天皇の時代からいえば、ずっとのちの時代の遺跡であり、石井あたりを拠点とした地方豪族の墳墓であったろう。

景行天皇は、石井を経て日田川（三隈川）左岸の鏡坂（日田市上野町鏡坂）に到着した。

『豊後国風土記』には、「鏡坂は、郡役所の西にある。むかし、纏向の日代の宮に天の下をお治めになった天皇（景行天皇）がこの坂の上に上って国の形勢をご覧になり、『この国の地形は何と鏡の面に似ていることか』とおっしゃられた。それで鏡坂という」と書かれている。

唐橋世済編『箋釈豊後風土記』には、「鏡坂は石井郷の上野村の東にあって、坂の上には南北二本の道路があり、ともに筑後方面に通じている。また、坂の上には景行天皇を祀る祠がある」と書かれている。

現在この地には鏡坂公園があり、鏡坂展望台からは日田の市街地と英彦山を遠望することができる。また、日田市刃連《ゆきい》町には会所《よそ》山という山があるが、山麓にあった会所宮《えそみや》に由来するという。『豊日誌』には、「成務天皇五年に日田国造に任じられた鳥羽宿禰《とばのすくね》は靭負《ゆきお》にいて、常に庶民に会して耕作を教えたことから、会所宮というようになった」と書かれている。

会所山はまた国見岳ともよばれるが、それは景行天皇がこの山に軍勢を集め、山頂から国見をしたからであるという。山頂には「景行天皇御腰掛石」があり、景行天皇はその場所で天神地祇を祀ったという。現在、山頂の平坦地には「景行天皇御遺跡」の石碑が建てられ、そのそばには内柴御風《うちしばぎょふう》の歌碑が建てられている。

碑の表には、

御巡狩記念碑
万起むくの　日代の宮の　と保須米呂藝《おすめろぎ》
仰がいまつる　恵曾の神山
謹詠　御風

と刻まれ、裏には「昭和十三年十月建」とある。

日田に巡幸した景行天皇は久津媛一族の歓待を受けたのち、玖珠川に沿って上流にむかい、現在「天ケ瀬温泉」としてよく知られている天瀬（日田市天瀬町）を通った。

この地方の温泉の由来について、『豊後国風土記』は、「飛鳥の浄御原の宮に天の下をお治めになった天皇（天武天皇）の御世の戊寅の年（六七八年）に大きな地震があって、山や丘が裂けて崩れた。五馬《いつま》山の一つの谷間が崩れ落ちて、ところどころに温泉が湧き出した。湯気が猛烈に熱く、飯を炊くとすぐにできた。ただ一カ所の温泉は、その穴が井戸に似ていて、口径一丈あまりで深さははかり知ることができない。水の色は濃い藍色で、ふだんは流れない。人の声を聞くと、驚き怒って泥を吹き上げることは一丈あまりである。いま慍湯《いかりゆ》というのはこれである」と記している。

この地方にも女性首長がいたらしく、『豊後国風土記』には、「五馬山は、郡役所の南にある。むかし、この山に土蜘蛛があり、名を五馬媛《いつまひめ》といった。それによって五馬山という」と記されている。

九州の女性首長

日田の久津媛や五馬媛にかぎらず、これまで紹介してきた景行天皇の巡幸経路のなかで、女性を地域の首長とする例がしばしばみられる。

豊前国の魁師《ひとごのかみ》——神夏磯媛《かむなつそひめ》
豊後碩田《おおきた》国速見村の一処《ひとところ》の長《ひとごのかみ》——速津媛《はやつひめ》
日向国諸県君——泉媛
肥前国浮穴郷の土蜘蛛——浮穴沫媛《うきあなわひめ》
肥前国彼杵郡の速来村の土蜘蛛——速来津姫《はやきつひめ》
肥前国杵島郡の盤田杵《いわたき》の土蜘蛛——八十女《やそめ》
肥前国松浦郡の賀周の土蜘蛛——海松橿媛《みるかしひめ》
筑後八女国の神——八女津媛
肥前佐嘉の川上の土蜘蛛——大山田女・狭山田女
肥前佐嘉の川上の石神——世田姫
豊後国日田郡の神——久津媛
豊後国日田郡五馬山——五馬媛

肥前はじめ筑後・豊前・豊後各地の女性首長のうち、肥前佐嘉の川上の石神世田姫、筑後八女国の神八女津媛や豊後日田郡の神久津媛などは、それぞれ「神」と形容されており、景行天皇の時代よりも古い時代の人物であったようにおもわれる。

これをみると、肥後・日向・薩摩には女性首長はみられない。十二カ所のうち、半数の六カ所が肥前国で、四カ所が豊前・豊後国——豊の国となっている。肥前国に多く残されたのは、『肥前国風土記』の残存記事が多いという理由にもよるが、いずれにしても、総じていえば阿蘇以北の九州北部に多く残存している。このことは、卑弥呼を女王とする「邪馬台国＝女王国」の伝統が、四世紀後半の景行天皇や神功皇后の時代にいたるまで、北部九州地域にわりと多く残存していたことをしめしている。

『魏志倭人伝』には、倭国について、「その国は、もと男子をもって王としていた。七、八十年前倭国は乱れ、あい攻伐して年を歴《へ》る。すなわち、ともに一女子を立てて王となす。名づけて卑弥呼という」と、対立する国々が女王をともに擁立することによって動乱を終結させたことが記されている。

倭国大乱が起きたのは、一七〇－一八〇年ごろのことで、卑弥呼が女王となったのは一八〇年代とみられている。倭国においては、もともとは男子を王とする伝統をもっていたが、卑弥呼のときはじめて女王として擁立したのである。

卑弥呼が選ばれたのは、『魏志倭人伝』の記事からみて、卑弥呼の「鬼道につかえ、よく衆を惑わす」――シャーマンあるいは巫女としての霊力が抜きん出ていたからであろうが、もともとすぐれた血統をもった女性であったためであろう。国々の首長や各地の有力者たちが一致協力して擁立するからには、それ相応の部族に属していたはずである。

『魏志倭人伝』によると、卑弥呼が亡くなったあと、旧来の伝統にしたがい男王を立てたが、国中不服で対立して殺しあったので、卑弥呼の「宗女」で十三歳の壱与（『梁書』『北史』では台与《とよ》）をふたたび女王に共立して混乱を収拾している。

邪馬台国の特徴は、女王を戴く女王国ということであった。女王国の勢力拡大とともに、女王を首長とする斬新で特異な政治体制は、先駆的モデルとして周辺諸国へ普及・拡大していったはずである。景行天皇の時代においても女性を首長とする例が多くみられるということは、邪馬台国の女王の記憶が九州各地の部族に継承されていたことをしめしている。

そればかりではない。女性首長制は、遠く離れた関東地方や奥羽地方にも伝播していた。

『常陸国風土記』によると、新治《にいはり》郡の郡役所から笠間村にいたるところに葦穂山があり、「その山にむかし油置《あぶらおき》売命《めのみこと》という山賊がいた」という古老の話が記されている。油置売命は山中の岩窟をねぐらにしていたという。

新治郡は茨城県西茨城郡西部から真壁郡北西部にわたる地域で、笠間村とは笠間市笠間、葦穂山とは桜川市と石岡市の境にある足尾山（標高六二八メートル）のことといわれている。この記事は、崇神天皇とかかわりがあるようにおもわれるから、四世紀半ばごろのことであろう。

また、『陸奥国風土記』逸文にも、景行天皇の皇子のヤマトタケルが八槻《やつき》（福島県東白川郡棚倉町八槻）にいた八人の土蜘蛛を討伐したとき、そのなかに神衣姫《かむぞひめ》と阿邪爾那媛《あざになひめ》という二人の女性首長がいたと記されている。彼らは石室にたむろしていたというから、やはり山岳地帯を根拠にしていたようである。

『魏志倭人伝』が述べるように、女王制度が邪馬台国においてはじめて導入されたとするならば、邪馬台国の女王の記憶が日本列島のはるか東に伝播していたことをしめしている。また、邪馬台国の女王の記憶は、海を越えて沖縄にも伝播した。沖縄の民俗も言語も、古い時代の日本の記憶を伝えている。

沖縄のオナリ神信仰

沖縄においては、現代にいたるまで、社会生活の根源において女性の霊力《セジ》を重視するオナリ神信仰が残っている。オナリとは兄弟から姉妹をよぶときの呼称で、オナリ神信仰においては姉妹《オナリ》の霊力が兄弟《エケリ》を守護する。兄弟からみれば、姉妹は神に近い存在として認識されている。

古い時代、沖縄各地のマキヨとよばれる集団・集落は、長老《アジ》によって治められていたが、この長老の政治権力は姉妹の霊力によって支えられていた。兄弟が遠い旅にでるときは、姉妹は航海の安全を守る印として手布《ティサジ》を渡し、稲の収穫のときには、兄弟は初穂を姉妹に捧げ、種おろしの際には、他家に嫁いだ姉妹は実家に帰って兄弟のために豊作を祈った。

琉球においては、このような集落単位の祭政一致の平穏な政治形態が、十二、三世紀までつづいたようである。ところが、各地の按司《アジ》（長老）たちが、互いに勢力を争うようになる。時代は大きく異なるが、二世紀後半の

「倭国大乱」に匹敵する動乱といっていいかもしれない。

勢力を拡大した按司は、「世の主」となってグスクを拠点に多くの集団・集落を支配するようになる。グスクとは、琉球列島全域にわたり分布する石囲いの施設のことである。

按司が勢力を拡大するにつれて、その按司の姉妹の権力も拡大し、支配下に治めた姉妹を祝女《ノロ》として支配するようになる。

那覇市総務部女性室編の『なは・女のあしあと　那覇女性史（前近代編）』（琉球新報社）には、次のように書かれている。

「十二、三世紀の琉球は、長い貝塚時代からグスク時代へと突入していく。古琉球の始まりである。（略）各地のアジたちはやがて互いに勢力を争うようになっていくが、その過程で彼らが築いたのが数多くのグスクであった。グスクは、集団の聖地、拝所、集落跡、アジの居館、防御施設等々、種々の説が唱えられているが、いずれにせよ、十二、三世紀、一定の権力を持つに至ったアジもしくはその所属集団によって築かれたであろうことは間違いない。グスクのアジたちの争いを経て、権力は次第に強力なアジの下に収斂していった。そうしていくつかのグスクを支配し、地域を支配するアジの中のアジである、世の主やテダが誕生する」

十三、四世紀には沖縄南部を拠点にした南山の大里アジ、中部を拠点にした中山の察度《さつと》アジ、北部を拠点にした北山の今帰仁《なきじん》アジが鼎立する「三山時代」となった。

三山は互いに抗争を繰り返したが、南山の一角を拠点とする尚巴志《しようはし》が急激に勢力を拡大し、一四〇六年に中山、一四一六年に北山、一四二九年に南山を滅ぼして、三山を統一した。

三山を統一した第一次尚氏王朝は、都を首里に置き、一四〇六年から一四六九年まで、七代六十四年間つづいた。ところが、尚氏の家臣金丸（のちの尚円）がクーデターを起こし、第二次尚氏王朝をうちたて、官僚制度を整備し、聞得大君《きこえおおきみ》（チフジンガナシーメー）を頂点とする国家祭祀システムを整備したのである。聞得大君、君々《きみぎみ》、大阿母《おおあも》などのもと、村々には祝女がいて、村の祭祀をつかさどった。祝女は生涯独身を通したともいわれるが、既婚者も少なくなかったという。

男王は政治の世界をつかさどり、男王の姉妹は、聞得大君として宗教的世界をつかさどった。男王は役人を支配し、女王は祝女を支配した。いずれにせよ、沖縄に古くから伝わる素朴なオナリ神信仰が、国家の宗教的統治システムとして整備されたのが、聞得大君を頂点とする祝女制度であった。

オナリ神信仰については、中国福建省や台湾などの媽祖信仰や、インドネシアなどにおける風習などとの関連が指摘されており、いずれにしろ根底には南方的な要素が感じられる。

ヒメ・ヒコ制

邪馬台国の卑弥呼もまた、祭祀をつかさどる女王であった。
『魏志倭人伝』によると、卑弥呼について、「夫婿はいない。男弟が佐《たす》けて国を治めている」と書かれており、卑弥呼は姉妹《オナリ》として兄弟《エケリ》とともに政治をおこなっているようにもみえる。祭祀をつかさどる卑弥呼が上位に立ち、弟はそれを補佐して現実の政治をおこなう、姉妹と兄弟のペア政治体制である。「男女ペア首長制」とよぶべきであろうが、一般には「ヒメ・ヒコ制」といわれている。イザナギノミコトとイザナミノミコトのように、夫婦によるペア政治体制を含めてもいいかもしれない。神代の淤母陀琉《おもだる》神と阿夜訶志古泥《あやかしこね》神、意富斗能地《おおとのじ》神と大斗乃《おおとの》弁《べ》神、角杙《つのぐい》神と活杙《いくぐい》神、宇比地邇《うひじに》神と須比智邇《すひじに》神なども同様であろう。
高天原の女王天照大神にも、スサノオノミコトという弟がいた。また、『古事記』には、「天照大神、高木神二柱の神の命をもちて」などの記述がみられ、天照大神と高木神はしばしば共同して命令を下しているようにみえる。これも男女ペア首長制である
景行天皇の巡幸記事にみられる男女ペア首長制としては、「肥後阿蘇国の神――阿蘇都媛と阿蘇都彦」（『肥後国風土記』）があり、神功皇后の巡幸記事では、

岡（遠賀）の神――菟夫羅媛《つぶらひめ》と大倉主《おおくらぬし》（『日本書紀』）
筑後山門の土蜘蛛――田油津媛と夏羽（『日本書紀』）
大野郡の土蜘蛛――小竹鹿奥《しのかおく》と小竹鹿臣《しのかおみ》（『豊後国風土記』）

があげられよう。もっと古い時代でいえば、神武天皇東征の途中、筑紫の宇佐で出迎えた菟狭津彦・菟狭津媛もこのような男女ペア首長制とみるべきであろう。

このうち、阿蘇都媛・阿蘇都彦と岡の菟夫羅媛・大倉主は、やはり「神」と形容されており、また大倉主はスサノオノミコトの子であるという伝承が残されていることから三世紀半ばごろの人物で、菟狭津彦・菟狭津媛は神武東征の時期からみて三世紀後半ごろの人物であったろう。大野郡の小竹鹿奥と小竹鹿臣については、性別がはっきりせず、兄弟の可能性もあるが、とりあえず男女ペアとして整理した。また、『常陸国風土記』にも、ヤマトタケルの時代に「行方《なめかた》郡芸都《きつ》の国栖――寸津毗売《きつびめ》と寸津毗古《きつびこ》」がいたことが記されている。

前述したように、邪馬台国の勢力拡大とともに、女王を首長とする政治体制、あるいは姉妹と兄弟などによる男女ペア首長制ないしヒメ・ヒコ制は、周辺諸国へ普及・拡大していったはずである。

邪馬台国は拡大し、その一派は南進して日向を制圧し、南海方面に勢力をひろめていった。沖縄に伝えられたオナリ神信仰は、ひょっとしたらこのような邪馬台国の拡大に由来するのかもしれない。

琉球方言もまた、古い時代の日本語を伝えている。

言語学者の服部四郎氏は、『日本語の系統』（岩波書店）のなかで、「琉球諸方言を含む現代日本諸方言の言語的核心部の源となった日本祖語は、西暦紀元前後に北九州に栄えた弥生式文化の言語ではないか。そして紀元後二、三世紀の頃、北九州から大和や琉球へかなり大きな住民移動があったのではないか」と指摘されている。

また、安本美典・野崎昭弘両氏は、『言語の数理』（筑摩書房）のなかで、「首里方言と本土方言との分裂の時期は、およそ千七百年前、邪馬台国の時代のころとなる。琉球の諸方言は、かつて南から来た人々が琉球に残留したものではなく、ほぼ邪馬台国の時代に、南九州から南下したものと考えられる」と指摘されている。

大野晋氏もまた、『日本語の起源』（岩波書店）に、「日本語と那覇方言との代名詞が同じ構造で対応し、語源的にも日本語で説明がつく。その上、アクセントにも明らかに日本語との対応があることが、服部四郎博士によって証明されている。日本語と那覇方言とでは語順もほとんど一致する。日本語と琉球語とが同系語であることが知られると思う」と書かれている。

邪馬台国の勢力拡大とともに、男女ペア首長制や女王制などの政治体制とともに、その言語などが周辺地域へ普及・拡大していったようにおもわれる。いずれにしても、景行天皇や神功皇后の時代、北部九州各地において女性を首長とする例がみられるのは、邪馬台国の伝統を継承したものといえよう。

女性首長の遺跡

宇土半島のつけ根に、四世紀末後半ごろの「向野田《むこうのだ》古墳」（熊本県宇土市松山町向野田）がある。その古墳は、三十代後半の女性を埋葬していた。すでに述べたように、このあたりには景行天皇巡幸の伝承が残されており、肥の君の拠点があったところである。

墳丘の長さ八六―八九メートルの柄鏡式前方後円墳で、丘陵の上、不知火海（八代海）を見下ろす場所に築かれている。柄鏡式とは、前方部が細長い形式の古墳のことで、日向地方に多くみられ、景行天皇の母ヒバスヒメの「佐紀陵山《さきみささぎやま》古墳」とおなじような設計であるという。

竪穴式石室のなかに大きな舟型石棺が南北に置かれ、北側にある石枕に女性が頭を置いていた。頭のまわりには、三面の銅鏡が置かれており、勾玉などの首飾りが上半身に散乱していた。被葬者の右手首には重さ七二グラムの大きな碧玉製の腕輪がつけられ、足もとには生前つけていたであろうイモガイ製貝釧《かいくしろ》二十数個が置かれていた。

種子島以南でとれる南海産の貝輪をつける風習は、弥生社会の伝統に由来し、男性は主にゴホフラをつけ、女性はイモガイをつけた。男女とも右手に着装することが多く、貝輪をつけた状態では日常の労働に従事することは困難で、集団内でもっぱら祭りをつかさどったとみられている。向野田古墳に埋葬された女性の右手の碧玉製腕輪についても、このような九州における弥生時代の貝輪の伝統に基づくものと考えられている（森浩一編『日本の古代』中央公論社など）。

四世紀後半といえば、景行天皇の巡幸直後のことであろう。前方後円墳という形式は景行天皇の巡幸を契機として大和朝廷からもたらされたものであろうが、碧玉製腕輪をつけた女性首長の姿は、弥生社会と邪馬台国の伝統を継承している。

このほか、景行天皇巡幸の経路にあたる大分県大分市本神崎の「築山古墳」や熊本県玉名市の「山下古墳」なども、女性を主体とした古墳として知られている。

また、玄界灘に注ぐ宇美川の中流右岸に、五世紀前半ごろつくられた「七夕池古墳」（福岡県糟屋郡志免町田富）がある。『魏志倭人伝』の不弥国の領域と考えられ、邪馬台国の属国として長官の多模《たま》（玉または魂）と副官の卑奴母離《ひなもり》（夷守）に支配されていた。

七夕池古墳は径二九メートルの円墳で、竪穴式石室内に置かれた組合せ式木棺のなかに、四、五十歳代の女性が埋葬されていた。九州で二例目の琴柱形石製品が出土するなど、この地方の有力な女性首長の墓とみられている。

すでに述べたとおり、邪馬台国の女王の伝統は遠く関東・奥羽地方へも伝播しているが、日本海に面した鳥取県東伯《とうはく》郡湯梨浜《ゆりはま》町の「長瀬高浜一号墳」や丹後半島にある京都府京丹後市大宮町の「大谷古墳」、瀬戸内海に面した神戸市須磨区の「得能山古墳」など、日本海側と瀬戸内海側にも女性を主体とした古墳がみつかっている。これなどもまた、邪馬台国の女王卑弥呼の影響が九州・西日本地域のひろい範囲にわたって伝播していったことをしめしている。

男子首長制

一方で、『魏志倭人伝』は、「その国（倭国）は、もと男子を王としていた」と、邪馬台国に先行して男王の伝統があったことを記している。

『魏志』『呉志』『蜀志』などをみれば、東アジア諸国はすべて男王制で、女王国として記載されているのは倭国だけである。倭国においても、邪馬台国を除いては基本的に男王制であったようにおもわれる。

邪馬台国に先行する代表的な国といえば、金印奴国である。

すでに紹介した那珂川上流の「安徳台遺跡」（福岡県筑紫郡那珂川町）からは、四十三点ものゴホフラの貝輪をつけた男性の人骨が出土しており、これは奴国の有力首長ではないかとみられている。邪馬台国に先行した奴国においては、男性首長制をとっていたであろう。

一方、『魏志倭人伝』によると、邪馬台国と敵対した狗奴国には、男王の卑弥弓呼《ひみここ》がいた。卑弥弓呼は男王《ひこみこ》の誤写ではないかとする説もあるが、いずれにしても狗奴国もまた男王制をとっている。記紀によると、日向王朝と近畿の大和朝廷もまた、基本的に男王制を採用している。

景行天皇の巡幸経路のなかでも、豊前・豊後の山岳地帯や五島列島、肥前・肥後の有明海沿岸部や薩摩地方に男性の首長が登場する。

宇佐の川上の賊――鼻垂《はなたり》
御木の川上の賊――耳垂《みみたり》
高羽の川上の賊――麻剥《あさはぎ》
緑野の川上の賊――土折《つちおり》猪折《いおり》
稲葉の川上の土蜘蛛――青《あお》と白《しろ》
直入郡の禰疑野の土蜘蛛――打猨《うちさる》、八田《やた》、国摩侶《くにまろ》

襲国の熊襲の八十梟師《やそたける》――厚鹿文《あつかや》と迮鹿文《さかや》
熊県の熊津彦――兄熊《えくま》と弟熊《おとくま》
益城郡の朝来名の峰の土蜘蛛――打猴《うちさる》と頸猴《うなさる》
値嘉の郷の土蜘蛛――大耳と垂耳
藤津郡の能美郷の土蜘蛛――大白、中白、少白
彼杵郡の周賀郷の土蜘蛛――鬱比袁麻呂《うつひおまろ》
高来郡の山の神――高来津座《たかくつくら》
玉名郡の土蜘蛛――津頰

これらに加えて、神功皇后時代の伝承としては次のものがある。

岡の県主の先祖――熊鰐
伊覩の県主の先祖――五十迹手《いとて》
熊襲――羽白熊鷲

岡とは遠賀川流域（福岡県遠賀郡）、伊覩は邪馬台国の伊都国（福岡県糸島郡）、熊襲の羽白熊鷲が拠点とした地域は神功皇后の経路からみて筑後川中流域右岸の甘木・朝倉地域（福岡県朝倉市）であり、いずれも北部九州に所在する。遠賀川流域は一部豊前に属するものの、おおむね後世の筑前国に属する国々とみていい。もとの邪馬台国に属する国々である。

安本美典氏の「邪馬台国＝甘木・朝倉」説にしたがえば、邪馬台国時代から百数十年後には、邪馬台国の中心部と近隣地域に男性を首長とする部族が勢力を張っていたわけである。

初代女王卑弥呼が亡くなったあと、旧来の伝統にしたがい男王を立てたが、国中不服で対立して殺しあったので、台与《とよ》（壱与）が第二代女王に就任している。台与は、豊に通じる。

すでに述べたように、安本氏の説などによると、卑弥呼は筑紫の甘木・朝倉地域を高天原として拠点としたものの、壱与は豊の国に都を遷し、その後日向を拠点とし、神武天皇にいたって近畿に東征して大和朝廷を樹立したとされる。

『古事記』『日本書紀』には、豊前への移動についてはまったく触れられていないが、豊前・豊後地方を経なければ高天原勢力が日向へむかうことは不可能である。勢力拡大の過程で、一時期、豊前・豊後を拠点とした可能性は十分にあるといっていい。

肥後地方を中心とする狗奴国との抗争に敗れた結果かもしれないが、甘木・朝倉の高天原の中心勢力は、豊前・豊後から日向に移動した。その百数十年後の神功皇后時代の甘木・朝倉地方には、男性首長制をとる部族が勢力を張っていたわけである。

『常陸国風土記』や『陸奥国風土記』逸文にも、男性首長の名が記されている。

『常陸国風土記』　手鹿《てが》、疏禰毗古《そねびこ》、小高《おだか》、夜尺斯《やさかし》・夜筑斯《やつくし》、行方郡当麻の佐伯——鳥日子《とりひこ》
『陸奥国風土記』逸文　黒鷲《くろわし》、草野灰《かやのはい》、保々吉灰《ほほきはい》、栲猪《たくい》、神石萱《かむいしかや》、狭磯名《さしな》
『日向国風土記』逸文　大鉗《おおくわ》・小鉗《おくわ》

やはり、圧倒的に男性首長の数が多い。腕力や暴力という点においては男性のほうが女性よりも身体的に優位に立っており、古代においても戦闘行為は基本的には男性同士でおこなわれたため、その延長として平時の政治体制についても男性首長制をとるケースが多かったのであろう。

一方で、『魏志倭人伝』には倭国の婚姻形態について、「その地の風俗では、国の大人はみな四、五人の婦、下

戸もあるいは二、三人の婦をもつ。婦人はみだらではない。やきもちを妬かない」と、「一夫多妻制」をとっていたことが記されている。これは、『魏志』東夷伝に記された東アジア地域のなかでは、唯一倭国のみの風習であった。

人類は生物学的に男女同数で出生するのが原則であるから、複数の妻をもつ男がいるということは、一人の妻しかもてず、あるいは一人の妻ももてない貧しい男性がいたはずである。妻をめとるためには、当然のことながら妻の属する一族にそれ相応の婚資を提供する必要がある。『魏志倭人伝』に、「尊卑には、おのおの差序（階級）がある。それぞれ上の人に臣服する」とあるとおり、邪馬台国においては、すでにもてる者ともたざる者との階級格差が生じていた。

原始的な形態としては、夫は夜になると妻たちの家を訪ね、朝になると自分の生家に帰る「妻問い婚」であったろうが、夫が日常的に妻の家にとどまりつづける「婿入り婚」の形態が主流であったろう。『魏志倭人伝』に、「（倭の地に）屋室があり、父母兄弟で寝所を別々にしている」とあるのは、父母の同居を前提にしたものというべきであろう。

母系制社会

一夫多妻の社会は、一見すると男性優位の社会のようであるが、かならずしもそうではない。母親と子供を中心にした母系社会・母権社会が形成されるため、女性の地位が優位を占めることとなる。

兄弟姉妹は母親を中心に結束を固め、甥姪は祖母を中心に結束を固める。母親が亡くなれば、兄弟姉妹を中心にした政治形態——ヒメ・ヒコ制へ移行したであろう。甥姪にとっては、オバ・オジによる政治体制である。

子供は母の家で母の兄弟や一族に育てられるため、父親は基本的に自分の子供に対する養育の権利義務を負わない。妻の実家での婿の地位は低く、父親と子供の関係はきわめて希薄であったろう。子供を育てるのは、母であり、その兄弟である。

「婦人はみだらではない。やきもちを妬かない」とあるが、結婚後、妻は夫に対して貞節を守るものの、一夫多妻・母系制社会のなかでは、地位の低い夫がほかに女をつくっても嫉妬の対象とすることはなかったのであろう。

このように、倭国社会においては、母系血縁集団が形成されており、もともと女性が優位を占めやすい土壌があったのである。したがって、このような社会においては、女性首長や女王がでやすいであろう。

『魏志倭人伝』の「(卑弥呼に)夫婿はいない。男弟が佐けて国を治めている」というのは、未婚のヒメを弟が支える構図とみるべきであろう。沖縄風にいえば、姉妹《オナリ》たる卑弥呼を、兄弟《エケリ》たる男弟が補佐しているのである。

むろん、このような母系社会においても、男性首長は存在しえる。母や祖母、姉妹や姪などの女性たちも、その霊力によって勝利を祈り、鹿の骨を焼いて戦いを占い、呪術でもって敵を攻撃したであろうし、戦闘後は戦勝の祭りをおこない、戦死者を弔うなど、直接間接に戦争に関与したであろうが、実際の戦闘行為そのものは男性によっておこなわれたはずである。

世の中が乱れ、戦乱状態が長引けば、母系社会においても男性の地位が高まってくるのは必然である。ヒメ・ヒコ制を前提にしつつも、相対的にヒコの地位が高まる。倭国において、邪馬台国を除いては、基本的には男性首長制をとることが多かったのも、ある意味では当然の帰結というべきであろう。

このように、古代日本においては、「男性首長制」「男女ペア首長制」「女性首長制」という三つのパターンがみられるが、根底に母系制を共有した、相互転換可能な政治形態というべきである。

倭国においては、政治情勢や社会環境に応じて、「男性首長制」「男女ペア首長制」「女性首長制」のうち、いずれかのパターンを選択することが可能であり、東アジア諸国のなかで唯一例外的に、女王が共立される母系制という社会的土壌を備えていたのである。

ヤマトタケル

ヤマトタケルの熊襲討伐

景行天皇は、日田地方の巡幸を終え、玖珠川に沿って豊後方面をめざした。玖珠川上流から由布院を経て、別府湾にむかったであろう。そして、そこから南下して日向の高屋宮にもどり、一同に別れを告げたのちに大和の纏向の日代宮に帰還したようである。

『日本書紀』には、「十九年の秋九月二十日に、天皇は日向からお帰りなされた」と書かれている。ただし、『肥前国風土記』彼杵郡の条には、「むかし纏向の日代の宮に天の下をお治めになった天皇（景行天皇）が球磨噌唹を誅滅して凱旋なされたとき、天皇は豊前宇佐の海辺の行宮においでになり……」と記されているから、景行天皇は大和への帰還の途中、宇佐に立ち寄っていることがわかる。

景行天皇による九州遠征は、このようにして終了した。

大和に帰還した景行天皇は、翌年の二月四日に皇女の五百野《いおの》に命じて、天照大神を祀らせている。これは、九州巡幸の成功を皇祖神たる天照大神に報告したものであろう。

九州・西日本地域を制圧した景行天皇は、武内宿禰に東方の調査を命じた。

任務を終えた武内宿禰は、景行天皇に、「東国の辺境の地に日高見国があります。その国の人は男も女も、髪を椎のように結い、身体に入れ墨をして勇敢です。これらすべて蝦夷といいます。また、土地は肥えていて広大です。攻略すべきです」と復命した。

日高見国とは、『常陸国風土記』の信太《しだ》郡の条に「この地はもとの日高見の国である」と書かれており、常陸国（茨城県）のことであろう。岩手県北部の北上川流域という説もあるが、四世紀後半に大和朝廷の勢力が本州北端をうかがうような形勢であったとはおもえない。

景行天皇は武内宿禰の進言にしたがって、関東・奥羽地方方面への進攻を当然検討したはずであるが、九州の熊襲がふたたび反乱を起こしたという報告を受けたため、再度九州へ軍を派遣することとした。

ただし、今回はみずから出馬するのではなく、皇子の日本武尊（ヤマトタケル）を総大将として派遣することとした。『日本書紀』によると、このときヤマトタケルは十六歳であったという。

『古事記』では、景行天皇が小碓命《おうすのみこと》（ヤマトタケル）に対して、

「なんじの兄の大碓命はなにゆえ朝夕の大御食をともにしないのか、よく教え諭せ」

と命じたが、五日たっても大碓命が参内しないので、景行天皇がそのわけを尋ねると、ヤマトタケルは、

「大碓命が朝便所に入るところを捕らえ、手足をちぎり、菰に包んで投げ捨てました」

と答えたので、景行天皇はそのあまりにも粗暴な心を恐れて、西方の熊襲討伐のため派遣したという。

ヤマトタケルについて、『日本書紀』は天皇に忠誠を尽くす皇子として美化し、『古事記』では暴虐な性格と言動で天皇にも恐れられる人物として描かれているのが注目される。

それはともかくとして、熊襲討伐を命じられたヤマトタケルは、人材を集めることとし、宮戸彦という者に命じて、美濃国の弓の名手として知られる弟彦公《おとひこのきみ》を招いた。すると、弟彦公は、伊勢の石占横立《いしうらのよこたち》や尾張の田子稲置《たごのいなき》、乳近稲置《ちぢかのいなき》などの豪族を引き連れてやってきた。

熊襲国の川上梟師

ヤマトタケルはその年の十二月に熊襲国に到着した。そして地形や人の暮らしぶりを観察した。熊襲の首長は川上梟師《たける》といい、名は取石鹿文《とろしかや》といった。『古事記』では、熊曾建《くまそたける》と記す。

すでに述べたとおり、景行天皇は大隅国の贈於郡を拠点にしていた厚鹿文《あつかや》と迮鹿文《さかや》という熊襲の八十梟師《やそたける》を、

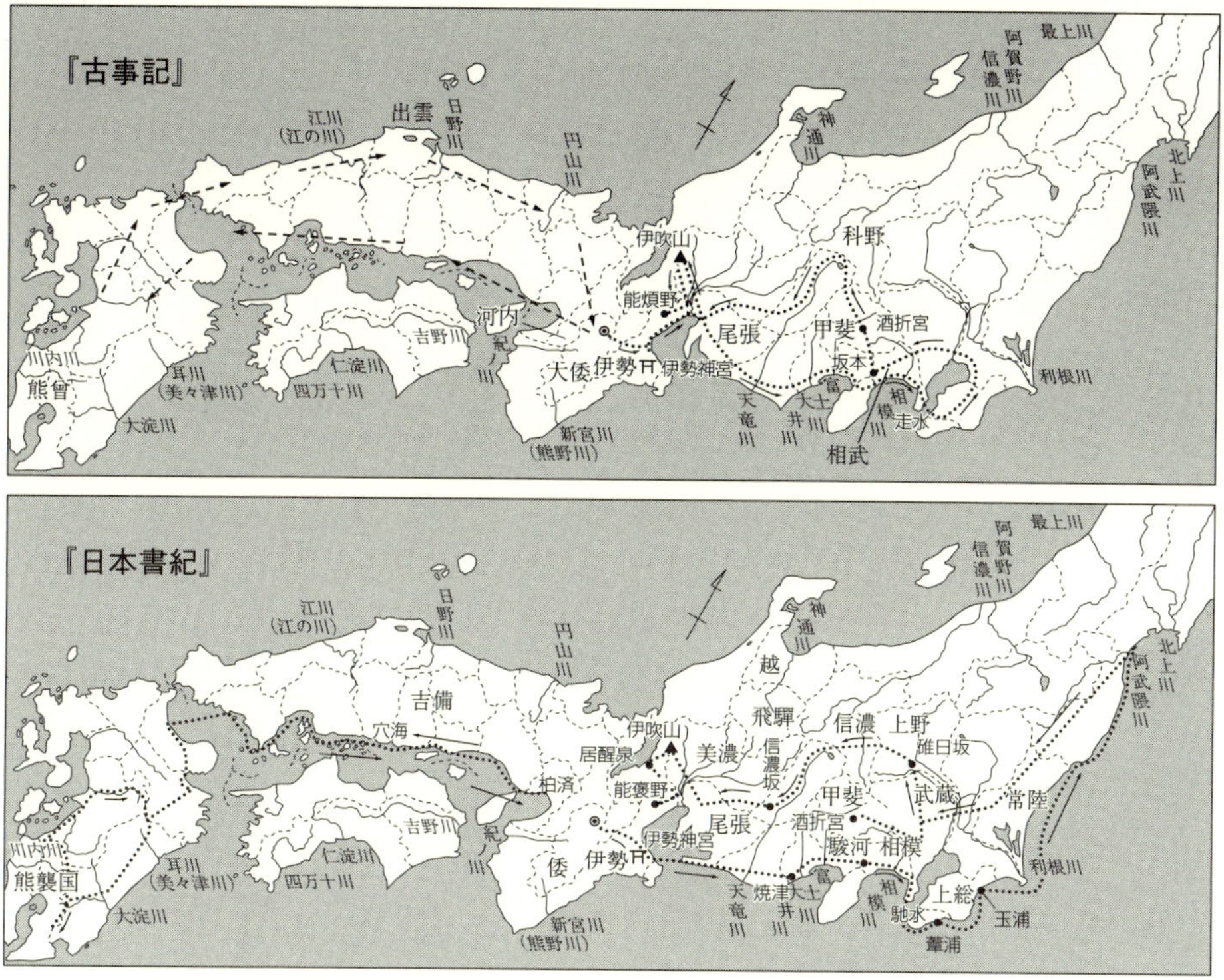

ヤマトタケル遠征経路（愛知県春日井市・民俗考古調査室作製の図をもとに作図）

市乾鹿文《いちふかや》と市鹿文《いちかや》という二人の娘を味方に引き入れて討伐している。川上梟師の取石鹿文もよく似た名であり、常識的に考えれば、大隅国の贈於郡あたりを根拠とした部族のようにもおもわれる。大隅国肝属郡には川上大明神も祀られている。ただし、『肥前国風土記』によると、ヤマトタケルの伝承が肥前地方に多く残されている。

佐嘉郡条に、ヤマトタケルが巡幸したとき、樟の茂り栄えたのをみて栄の国といったので佐賀の名となったといい、小城郡条に、皇名にしたがわず堡をつくって隠れた土蜘蛛がおり、これをヤマトタケルがことごとく滅ぼしたので小城の名ができたといい、藤津郡条に、ヤマトタケルが行幸したときこの津にきて日没となったため停泊し、翌朝遊覧して船のとも綱を大きな藤につないだので藤津という名が生じたという。

佐賀の嘉瀬川（川上川）上流に、まさしく川上（佐賀市大和町）というところがある。

もと嘉瀬川河口にあった堀江神社（佐賀市神野西二丁目）は、祭神として神功皇后や景行天皇とともに日本武尊を祀っている。この堀江神社の社伝には、「川上に住む川上梟師一党の暴逆がやまないので人民が訴えた。そこで景行天皇の勅命を受けてやってきたのが小碓尊（ヤマトタケル）で、彼は平戸まわりでこの地に着岸し、賊党を征伐した。その後新羅出征のとき神功皇后が仮宮を置かれた」とある。

神功皇后時代に反乱を起こした熊襲の羽白熊鷲が拠点としたところは、脊振山系東方の甘木・朝倉地域である。景行天皇時代に脊振山系を拠点とした部族がいたとしても、特に不自然ではない。

ヤマトタケルの軍は、川上梟師の軍に対して著しく劣勢であったのだろう。正面攻撃を回避し、ヤマトタケルみずから刺客となって敵陣に乗り込み、暗殺するという大胆な作戦にでた。

川上梟師は一族郎党を集めて新築祝いをしようとしていた。ヤマトタケルは童女のように髪を垂らし、叔母の倭姫命からもらった衣のなかに剣を隠して宴会の席に紛れ込み、女たちのなかにまじった。

『日本書紀』によると、川上梟師は女装したヤマトタケルの容姿をほめ、そばに座らせ、みずから盃をさしだして酒を飲ませていちゃついたという。

夜がふけて、宴席の客もまばらになり、川上梟師もすっかり酔いがまわってしまった。そこでヤマトタケルは衣のなかの剣を取り出して、川上梟師の胸を刺した。すると川上梟師は、「しばらくお待ちください。申し上げることがあります。あなたはどなたでいらっしゃいますか」と尋ねた。「わたしは大足彦天皇（景行天皇）の子で、名は日本童男《やまとおぐな》という」。ヤマトタケルはこの当時、日本童男を名のっていたのである。

川上梟師は、「わたしは国のなかで大きな勢力をもっており、これまでわたしにさからう者など一人もいませんでした。皇子がはじめてです。卑しい者の口から申すのも何ですが、死期に臨んであなたに尊号を奉りたい。お許しいただけますでしょうか」といった。

ヤマトタケルが、「許そう」と答えると、川上梟師は、「これ以降、皇子を名づけて日本武皇子《やまとたけるのみこと》と申し上げたい」といった。

「梟師《たける》」というのは、「勇敢なる首長」とでもいうような最大級の尊称であろう。川上梟師は死期に臨んで、単身敵陣に乗り込んだヤマトタケルの勇気をほめたたえ、服属のしるしとして献上した。ヤマトタケルは、川上梟師にとどめを刺して引き揚げたのち、弟彦公に命じて、川上梟師一族を全滅させた。

ちなみに『古事記』では、熊曾建二人の兄弟のうち、兄建がまずヤマトタケルに殺され、弟建はヤマトタケルに尊号を奉ったのち殺されたとされている。

ヤマトタケルは、海路吉備から難波にもどり、景行天皇に、「わたしは天皇の霊力によって熊襲の首領を討伐し、西国を平らげました。ついでに、吉備の穴の済《わたり》と難波の柏の済の神が人を害し往来を妨げていたので、それらの神を殺して水陸の道を確保しました」と奏上した。

吉備の穴とは、備後国安那郡・深津郡のことで、現在の広島県福山市にあたる。芦田川の河口にあり、風よけの箕島の内側に海が袋のように入り込んだ港で、古来瀬戸内海航路の要衡の地とされてきたところである。済《わたり》とは、湾のことである。難波の柏とは、大阪市の淀川河口付近のことで、これまた航路の要衡の地である。

ヤマトタケルは、不穏な動きをしていた地方豪族を制圧し、この二つの港の管轄権を完全に朝廷の支配下に置いたのであろう。ちなみに、『古事記』では、ヤマトタケルは九州からの帰途、出雲国にまわって出雲建という豪族を討伐したとされている。この際にもヤマトタケルは、偽計を用いて出雲建を殺している。

すなわち、ヤマトタケルは偽の刀をつくったうえで、出雲建とともに肥河《ひのかわ》(島根県の斐伊《ひい》川)で沐浴をし、刀を交換して刀合わせをした。そして、出雲建は偽の刀を抜くことができず、ヤマトタケルに打ち殺されたという。

少しばかりわき道にそれるが、一般に『古事記』と『日本書紀』を比較して、いずれかに記載のない事項については信用性が乏しいものとする傾向が強い。

この結果、記事量の多い『日本書紀』の相当量の内容が、記事量の少ない『古事記』によってふるい落とされてしまうという現象が生じている。また、両書に記載された事項についても、相互矛盾を厳格に解釈するなどの方法によってふるい落とす作業がつづけられている。あげくの果てには、『古事記』『日本書紀』の記事はまったく信頼できないとして、『古事記』『日本書紀』の記事を素材にしながら、主観的な想像に基づく空想的な古代像を構築する試みが横行している。

疑うこと、懐疑は学問の基本であることはむろんであるが、『古事記』『日本書紀』にのみ血眼になるのはいかがであろう。

この場合も、『日本書紀』に記載がないから、ヤマトタケルは出雲にいったはずはないというのは、このような主観的な解釈に基づくものである。また、ヤマトタケルのモデルとなった人物が複数いたというのも、単なる空想である。

九州遠征の帰路、瀬戸内海から出雲方面へ迂回することは、いともたやすいことである。かつて、出雲に相当の勢力が存在していたことは、『古事記』『日本書紀』の出雲神話のボリュームからいっても、十分に首肯できるものである。それを証明するかのように、出雲の荒神谷遺跡（島根県簸川《ひかわ》郡斐川町）から三百五十八本の銅剣と、加茂岩倉遺跡（雲南市加茂町）から三十九個の銅鐸が出土している。大和朝廷にとって、九州とともに、瀬戸内海と出雲を中心とする日本海方面を制圧しなければ、西方を支配下に置いたとはいえないはずである。『日本書紀』に記載がないのは、おそらく編者の不手際であろう。

ついでながら、景行天皇の九州巡幸記事についても、『古事記』にまったく記載がないことから、これを虚構とする説が少なくない。しかしながら、「風土記」の記事や九州各地に残されたおびただしい伝承からみて、虚構とはおもわれない。ただし、大和畿内からいえば、九州ははるか遠隔の地である。実地検証も困難であったろうし、九州のこまごました地名を暗誦するのは、かなりの難易度であったはずである。『古事記』に記載がないのは、語り部の稗田阿礼か編者の太安万侶いずれかに、何らかの不手際があったのであろう。

要するに、『古事記』『日本書紀』「風土記」やその他の文献資料、地域伝承、地名、考古学的な遺物などのそれぞれの顔を立て、総合的に整合するように叙述すれば、その先に歴史の真実の像がみえてくるはずである。

東方征伐へ

話がそれてしまったが、ヤマトタケルのことである。

『日本書紀』によると、西方の諸国を制圧したヤマトタケルの報告を聞いて、景行天皇はその功績をたたえ、ことさら可愛がったという。ところが、東国の蝦夷がそむいて、辺境が騒がしくなった。景行天皇は、蝦夷を鎮圧するため誰を派遣すべきか群臣に尋ねたところ、ヤマトタケルは、「わたしは先に西征に赴きました。今度は大碓皇子の番です」と主張した。

ヤマトタケルの主張は、常識的であろう。ところが、それを聞いた大碓皇子は、驚いて草のなかに隠れたという。怒った景行天皇は使者を派遣して、大碓皇子をつれもどし、「おまえが望まないことを無理に命じることはないが、敵に遭う前にそんなに怖がるとは何ごとだ」と叱責し、美濃国に追放した。

美濃国に封じられた大碓皇子は、身毛津君《むげつのきみ》と守君《もりのきみ》という二つの氏族の先祖になったという。

身毛津君の身毛は、牟義、牟宜、牟下、武義などとも書かれ、美濃国武義郡（岐阜県関市・美濃市）を根拠とした古代の地方豪族である。

『古事記』には、美濃に移り住んだ大碓皇子は、三野（美濃）国造の先祖・神大根王《かむおおねのみこ》の娘の弟比売と結婚して押黒弟日子王《おしくろのおとひこ》をもうけたが、この押黒弟日子王が牟宜都《むげつ》（身毛津）君らの先祖となったと記されている。

すでに紹介したが、『日本書紀』には、美濃国造《みののくにのみやつこ》神骨《かむぼね》に二人の娘があり、姉は兄遠子《えとおこ》、妹は弟遠子《おととおこ》といって、そろって美人であるといううわさを聞き、大碓命を派遣した。ところが、大碓命は、その姉妹があまりに美人であったためか、つい密通してしまった。このことによって、景行天皇は大碓命に不信感をいだくようになったという。

守君については、『新撰姓氏録』の「左京皇別下」に、「牟義公と同氏。大碓命の後なり」とあり、「河内国皇別」にも、「牟義公と同祖。大碓命の後なり」とある。

『古事記』はまた、大碓皇子の末裔氏族として、大田君と嶋田君をあげている。

大田君は美濃国安八郡大田郷（岐阜県安八郡神戸《ごうど》町から揖斐郡池田町あたり）もしくは美濃国大野郡大田郷（揖斐郡池田町あたり）を根拠とした地方豪族であり、嶋田君は尾張国海部郡島田郷（愛知県海部郡七宝《しっぽう》町あたり）を根拠とする地方豪族で、『新撰姓氏録』では神八《かむや》井耳命《いみみのみこと》を祖とする氏族とされている。

敵をみる前におじけづいた大碓皇子は美濃国に遠ざけられた。ヤマトタケルは東国に行かざるをえなくなって、『日本書紀』によると、「——熊襲を平らげてまだいくらも経たぬうちに東国の蝦夷がそむいた。いったいいつになったらすべてを平定できるのであろうか」と考え、「わたしにとっては大変ですが、急いで東国の乱を平定いたしましょう」と男らしく堂々と申し出たという。

しかしながら、『古事記』は、九州征伐を命じられたヤマトタケルが、帰ってくるやいなや東方十二道の平定を命じられたので、「父上は、わたしが死ねばいいとおもっておられるのでしょう」と、叔母の倭《やまと》比売命《ひめのみこと》に泣き言をいったとしている。

西方の征伐にしても東方の征伐にしても、当時としては命がけの遠征であったことはまちがいない。総大将の人選をめぐって、相当紛糾したのであろう。この過程で、景行天皇は大碓皇子を美濃国に追放し、ヤマトタケルを東方征伐軍の総大将に任命したのである。いろいろな経過はあったにせよ、景行天皇はヤマトタケルに日本統一という将来を託したというべきであろう。

景行天皇はヤマトタケルを将軍に命じるにあたり、みずから斧と鉞《まさかり》を授け、吉備武彦《きびのたけひこ》と大伴武日連《おおとものたけひのむらじ》という有力者を随行させ、七掬脛《ななつかはぎ》を膳夫《かしわで》とした。膳夫は、食膳係というような意味である。

大和を出発したヤマトタケルは、途中伊勢神宮に参拝した。そこで叔母の倭姫命（倭比売命）に会って、「天皇の命により、東国へゆき、謀反人どもを討伐することになりました。それでご挨拶におうかがいしました」と別れの言葉を述べた。そこで倭姫命は、皇室に伝わる「草薙剣《くさなぎのつるぎ》」をヤマトタケルに授け、「気をつけて、決して油断しないよう」と告げた。

草薙剣とは、もと「天叢雲剣《あめのむらくものつるぎ》」といい、スサノオノミコトが八岐《やまた》の大蛇《おろち》を退治したときに、大蛇の尾からでてきたものである。大蛇の上にはいつも雲がたっていたため、「天叢雲剣」と名づけられたという。

スサノオは「これは妖しい剣である」といって、その剣を高天原の天照大神に贈り、天照大神から皇孫に伝えられた。『古語拾遺』によると、崇神天皇時代に天照大神の御霊が宮中から大和の笠縫邑に遷座せられたおりに、剣も同時に移されたという。

やがて垂仁天皇時代に天照大神の御霊を祀るため伊勢神宮がつくられ、倭姫命が祭主となったときに、「天叢雲剣」もまた伊勢神宮に移されたのであろう。

倭姫命はヤマトタケルに宝剣を授けて、武運長久を祈った。倭姫命の見送りを受けて、ヤマトタケルは駿河(静岡県)にむかった。駿河に到着すると、その地を拠点とする賊が服従したふりをして、「この野には大鹿が多く、その吐く息は朝霧のようで足は若木のようです。おいでになって狩をなさいませ」といった。

ヤマトタケルはその言葉を信じて、野に入って狩をおこなった。賊はそれをみて、野に火を放った。火に囲まれたヤマトタケルは、とっさに火打石を取り出して迎え火をつけ、逃れることができた。迎え火は野焼きや焼畑などの火が延焼したときに火を止める技術で、現在でも用いられる方法である。ヤマトタケルは、とっさにその技術を応用したのである。

『日本書紀』の伝える「一書」によると、このとき天叢雲剣がひとりでに抜けてあたりの草をなぎ払ったので、「草薙剣」と名づけられたという。

「――危うくだまされるところであった」

生還したヤマトタケルは、賊たちをことごとく焼き滅ぼした。このため、焼津(静岡県焼津市)と名づけられたという。

『古事記』では、これを相模国(神奈川県)のできごとであるとする。

『古事記』によると、ヤマトタケルが相模国に入ると、相模国の国造が偽って、「この野のなかに大きな沼があります。この沼のなかにいる神はひどく乱暴な神です」といったのでその野に出向いたところ、国造が火をつけた。だまされたと知ったヤマトタケルが倭姫命からもらった袋の口を開けると、そのなかに火打石が入っていた。そこでまず刀で草を刈りはらい、火打石で草に火をつけて、無事に帰還したという。

ヤマトタケルは国造たちを皆殺しにし、火をつけて焼いたために、やはり焼津とよぶようになったという。相模国とあるのは、何らかの錯誤が生じたのであろう。

弟橘媛の死

焼津を制圧したヤマトタケルは、上総（千葉県）にむかった。

相模から上総にいくためには、浦賀水道を船で渡らなければならない。『古事記』には走水《はしりみず》の海、『日本書紀』には馳水《はしるみず》と書かれている。ヤマトタケルは、「こんな小さな海は飛び上がってでも渡ることができよう」と豪語した。ところが海を渡るとき、突然暴風が起こり、船が漂流した。このときヤマトタケルにしたがっていた穂《ほ》積氏《づみのうじ》の忍山宿禰《おしやまのすくね》の娘の弟橘媛《おとたちばなひめ》が、ヤマトタケルの身代わりになって海に入り、難を免れることができたという。

『魏志倭人伝』には、倭人が海を越えて中国に渡る際、一人の持衰《じさい》を乗せるならわしがあったことが記されている。持衰は髪を解かず、しらみもとらず、衣服は汚れたままにし、肉を食べず、あたかも喪に服する人のようであったという。婦人を近づけなかったと書かれているから、この当時男子が持衰とされたのであろう。持衰は航海がうまくいけば奴婢や財物をもらい、もし途中で暴風雨などに遭えば、人身御供として殺されたという。これは、三世紀ごろの話であるが、四世紀後半の景行天皇の時代においても、暴風雨にあった場合に人身御供を捧げる習慣が倭国に残存していたことをしめしている。

『古事記』によると、弟橘比売命が海中に身を投げたが、七日あとに弟橘比売命の櫛が海辺に流れ着いたので、陵をつくってその櫛を埋葬したという。

ヤマトタケルは上総から陸奥国へむかった。奥州のことで、現在の福島・宮城・岩手・青森四県を含む東北地方の太平洋側の地域である。ただし、奥州については、奈良時代前期に多賀城（宮城県）、平安時代初期に胆沢城（岩手県）を拠点として開拓したとされており、ヤマトタケルが遠征したのは、関東北部の茨城県や福島県を中心とした地域であったろう。

ヤマトタケルの乗った船は、大鏡を飾り、太平洋沿岸を北上して葦浦から玉浦を経て、蝦夷の境界にいたったという。

『大日本地名辞書』は、葦浦とは吉浦（千葉県鴨川市江見吉浦）のことで、玉浦とは九十九里浜のことであるとする。

蝦夷の賊首嶋津神と国津神らは、竹水門《たかのみなと》において朝廷軍を防ごうとしたが、やがて弓矢を捨てて降伏した。竹水門の所在地について、『大日本地名辞書』は宮城県宮城郡七ケ浜町の湊浜かとしているが、地名の類似からいえば、『和名抄』の多珂郡（茨城県日立市）が最も有力な候補地といえよう。

ヤマトタケルは降伏した嶋津神と国津神らを許し、俘虜にして道案内をさせ、日高見国から常陸を経て、甲斐国（山梨県）の酒折宮《さかおりのみや》（甲府市酒折）にいたった。その夜、ヤマトタケルは火を灯して食事をしたのち歌をつくった。

まず、「新治、筑波を過ぎて、幾夜か寝つる」と詠んだ。新治、筑波とも常陸国（茨城県）の地名である。ヤマトタケルはそう詠んで、つきしたがっている者たちにむかって、後の句をつづけるように命じた。ところが、誰も答える者がいない。すると、御火焚《みひたき》の老人が、「日日並《かがな》べて、夜《よ》には九夜《ここのよ》、日には十日を」と応じたのである。

歌の意味そのものは、「新治や筑波を過ぎて、幾夜寝たのだろうか」「日数を数えて、夜は九夜、昼は十日でございます」というような単純なものであるが、東方遠征に明け暮れる日々を直裁に表現した歌となった。ヤマトタケルはその老人をほめ、ほうびを与えた。

酒折宮にしばらく滞在したヤマトタケルは、このとき随行していた大伴連の遠祖武日《たけひ》に兵士を下賜したという。

蝦夷を平定したものの、信濃国（長野県）と日本海沿岸地域の越国（福井県、新潟県）はまだしたがわせていなかった。ヤマトタケルは甲斐国から武蔵国（東京都、埼玉県）、上野国（群馬県）を経て、上野国と信濃国の境にある碓氷峠（群馬県安中市《あんなか》）を通過するとき、碓日嶺に登り東南を望み、弟橘媛をしのんだ。このとき、「吾嬬《あずま》はや」といったので、山東の諸国を吾嬬国とよぶようになったという。

『古事記』によると、ヤマトタケルは甲斐からただちに信濃に抜けたように書かれており、碓氷峠の地名もでてこない。ヤマトタケルが「吾嬬はや」と叫んだのも相模国と駿河国の境にある足柄の坂本（神奈川県南足柄市）とされている。伝承の過程でやや混乱が生じたのであろう。

『日本書紀』によると、碓氷峠で軍勢を二つに分け、吉備武彦を越国に派遣し、ヤマトタケルみずからは信濃に進んでいった。

途中険しい山中で山の神に惑わされたが、白犬の導きによって無事に美濃にでることができた。そこで越国から帰還した吉備武彦と合流し、尾張に帰った。

尾張の宮簀媛

『日本書紀』によると、尾張に帰ったヤマトタケルは、尾張氏の娘の宮簀媛《みやすひめ》をめとり、長期間滞在したという。しかしながら、これまで順調に東方遠征をつづけてきたヤマトタケルの身に、尾張に着いたあたりから不吉なことが続発するようになる。

まず、ヤマトタケルは久しぶりに宮簀媛と再会したというのに、宮簀媛は生理を迎えていたのである。これが不吉の第一である。『古事記』では、「尾張の国に帰っておいでになって、先に約束しておかれた美夜受比売（宮簀媛のこと）のもとにお入りになりました。ここでご馳走をさしあげるときに、美夜受比売が酒盃を捧げてたてまつりました。しかるに美夜受比売の内掛の裾に月のものがついていました」とある。久しぶりに再会したというのに、これでは二人は交わることができない。

ヤマトタケルは、

ひさかたの　天の香山　利鎌に　さ渡る鵠《くび》　弱細《ひはぼそ》　手弱腕《たわやがいな》を　枕《ま》かむとは　吾はすれど　さ寝むとは　吾は思へど　汝が著《き》せる　襲《おすい》の裾に　月立ちにけり

（仰ぎみる天の香具山、鋭い鎌のようによこぎる白鳥。たおやかな腕のあなたを抱こうとはするが、寝ようとはおもうが、あなたの着ている内掛の裾に月がでているよ）

と、未練がましい歌をうたった。それに対し宮簀媛は、

高光る　日の御子　やすみしし　吾が大君　あら玉の　年が来経《きふ》れば　あら玉の　月は来経往《きへゆ》く　うべなうべなうべな　君待ちがたに　吾が著せる　襲の裾に　月立たなむよ

（照り輝く日のような御子よ、ご威光すぐれたわたしの大君よ、新しい年がやってくれば、新しい月もやってきます。あなたさまをお待ち申し上げている間に、わたしの着ております内掛の裾に月のでるのも当然でございましょう）

と歌を返した。

そののち、尾張に滞在していたヤマトタケルのもとに、近江の五十葺《いぶき》（胆吹）山に荒ぶる神がいるとの報告が入った。『古事記』によると、ヤマトタケルは「この山の神は素手でとってみせる」と豪語して、草薙剣を宮簀媛のもとに置いていったという。

五十葺山とは、滋賀県と岐阜県の境にある伊吹山（標高一三七七メートル）のことである。ヤマトタケルは神剣を身に帯びずに伊吹山に赴いたのである。これが不吉の第二である。

そうして伊吹山にいくと、山の神が大蛇に化けて道を塞いでいた。ところが、そうとは知らぬヤマトタケルは、「この大蛇は神の使いに過ぎぬ。主の神を殺せばいい」といって、蛇を踏み越えて進んでいった。

『古事記』では、山のほとりで牛のように巨大な白い猪に出遭い、ヤマトタケルは、「この白い猪は神の家来であろう。帰るときに殺してやろう」と豪語して山に登ったという。

いずれにしても、ヤマトタケルは山の神を冒涜したのである。これが不吉の第三である。『日本書紀』によると、山の神は雲を起こし、雹を降らせた。霧が立ち込め、谷は暗くなり、道に迷った。そのなかを突き進んでいって、やっとのことで脱出することができた。『古事記』によると、山の神は大雨を降らせたという。

ヤマトタケルは山の神の毒気にあてられ、心惑い、酔えるがごとくなった。

やっとのことで山を下り、玉倉部の清水（滋賀県米原市醒井《さめがい》）に休んでそこの水を飲むと気持ちが醒めたので、その泉を「居醒泉《いさめがい》」（『日本書紀』）あるいは「居寤《いさめ》の清水」（『古事記』）とよぶようになったという。

『古事記』『日本書紀』いずれも、ヤマトタケルが伊吹山に登ったのちに神のたたりによって病気になったように記しているが、常識的に考えれば、ヤマトタケルは伊吹山を拠点にした山岳系部族との戦いのなかで傷を負ったか、あるいは山で悪天候にみまわれ体調を崩してしまったのであろう。

「思邦歌」

病気になったヤマトタケルは、一刻も早く父の景行天皇に会いたかったのであろう。尾張に帰ったものの、宮贄媛の家には立ち寄らずに、そのまま伊勢の尾津（三重県桑名市）にむかい、東方遠征にむかうおりに松の根もとに置き忘れた一剣をみつけて歌を詠んだ。

尾張に　直《ただ》に向へる　一つ松　あはれ　一つ松　人にありせば　衣著せましを　太刀は佩《は》けましを

（尾張の国にまっすぐむいている一本松よ、もし一本松が人であるなら、着物を着せ、太刀を佩かせてあ

げようものを）

『古事記』では、ほとんどおなじ意味であるが、若干文言が異なり、

尾張に　直《ただ》に向へる　尾津の埼なる　一つ松　吾兄《あせ》を　一つ松　人にありせば　大刀佩けましを　衣着せましを　一つ松　吾兄を

（尾張の国にまっすぐむいている尾津の岬の一本松よ、おまえ一本松が人であるなら、太刀を佩かせ、着物を着せようものを、一本松よ、おまえ）

とされている。

三重の村（三重県四日市市）に到着したころには、ヤマトタケルの症状はますます悪化していた。『古事記』によると、ヤマトタケルは、「わたしの足は三重に曲がった餅のように大層疲れた」といい、このため三重というようになったという。

さらに、能褒野《のぼの》（能煩野。三重県亀山市あたり）にいたり、ヤマトタケルは景行天皇の待つ大和をしのんで、歌をうたった。これは景行天皇がかつて日向でうたった「思邦歌《くにしのびうた》」であった。

倭《やまと》は　国のまほろば　たたなづく　青垣《あおがき》　山隠《ごも》れる　倭し美《うるわ》し
命の全《また》けむ人は　畳薦《たたみこも》　平群《へぐり》の山の　熊白檮《くまかし》が葉を　髻華《うず》に挿せ　その子

（倭は最もすぐれた国で、青々とした山が重なり、垣のように包む。生命あふれた人は、平群山の白樫の葉を髪飾りに挿せ、この子よ）

つづけてヤマトタケルは、

はしけやし　吾家《わぎえ》の方よ　雲居起ち来も
（なつかしいわが家のほうから、雲が立ち昇ってくるよ）

と片歌をうたった。片歌とは、五・七・七音三句でできた歌のことである。症状が重くなり、短い歌しかつくれなかったのであろう。

『日本書紀』によると、症状がますます悪化したため、ヤマトタケルは東方遠征で捕虜とした蝦夷らを伊勢神宮に献上するとともに、吉備武彦を使者として景行天皇のもとに派遣し、「わたしは勅命を受けて、遠く東夷を討伐しました。神恩をこうむり、皇威に頼って、そむく者には罪を科し、荒ぶる神もしたがえました。それで鎧を巻き、矛を納めて心安らぎ帰りました。いずれかの日に朝廷に復命いたそうとおもっておりましたが、天命たちまちにいたり、余命いくばくもありません。さびしく荒野に臥し、語らう人もおりません。身の滅ぶことは惜しみませんが、残念なのは御前にお仕えできなくなったことでございます」と奏上させ、ついに能褒野で崩じた。時に、三十歳であったという。

『古事記』によると、ヤマトタケルは臨終に際し、

嬢子《おとめ》の　床の辺《べ》に　吾が置きし　つるぎの大刀　その大刀はや
（乙女の床のほとりにわたしの置いてきた大刀、あの大刀よ）

とうたったという。神剣を携行しなかったがゆえに、不運にみまわれたことを、改めてヤマトタケルは嘆いたのかもしれない。

景行天皇はヤマトタケルの死去を聞き、大いに嘆き、寝食を忘れ、「わが子小碓皇子よ、かつて熊襲がそむいたとき、幼い歳で長い戦いに赴き、常にわたしを助けてくれた。東夷が騒いだときもほかに適当な者がいなかったため、やむなく賊の地に派遣したが、一日とて忘れることはできなかった。朝夕帰る日を待ちつづけた。何の禍か何の罪か。おもいもかけずわが子を失ってしまった。今後誰と天下の政治をおこなったらいいのか」と叫び、群卿に詔し、百寮に命じて、伊勢の「能褒野陵」（三重県亀山市田村町字女ケ坂）にヤマトタケルを葬った。

帰還途中で没したヤマトタケルは、多くの人々の同情を誘った。ヤマトタケルの帰還を望んだ当時の世論を代弁するかのように、ヤマトタケルが死んだのちに大和に帰還する物語がつくられ、たちまちそれがひろがり、多くの人々によってそれが信じられた。

ヤマトタケルは没後まもなく白鳥と化して、陵をでて、大和の方面に飛び去った。家来たちが棺を開いてみると、遺体はなく、衣だけが残っていたという。三重から大和に飛来した白鳥は、しばらく琴弾原《ことひきはら》（奈良県御所《ごせ》市冨田）にとどまったので、そこにも陵がつくられた。さらに飛び立って河内の旧市邑《ふるいちのむら》（大阪府羽曳野《はびきの》市軽里《かるさと》）にもとどまったので、そこにも陵がつくられた。時の人は、この三陵を名づけて、白鳥陵といったという。白鳥は最後には天に上り、三陵には衣冠のみが葬られた。

景行天皇はヤマトタケルの功績を伝えるため、全国各地に朝廷直属の軍事拠点として建部《たけるべ》を置いたという。『出雲国風土記』の出雲郡健部郷の条に、景行天皇によって建部が置かれたことが記されている。滋賀県大津市にはヤマトタケルを祭神とする建部神社があり、景行天皇の時代に建部となったヤマトタケルの子の稲依別《いなよりわけ》王《のみこ》によって創建されたと伝えられている。いずれも『日本書紀』の記事を裏づけるものであろう。

上田正昭氏によると、建部の分布は、東は常陸、西は薩摩にいたる各地域に存在しており、特に濃厚な分布地域は、吉備、筑紫、出雲、美濃、近江の各地域であるという（『日本武尊』吉川弘文館）。

ちなみに、『日本書紀』景行天皇五十一年の条によると、ヤマトタケルの草薙剣は尾張国年魚市《あゆち》郡の熱田社（名古屋市熱田区）にあり、神宮に奉った蝦夷らが昼夜騒ぐので、倭姫命はこれを朝廷に献じ、御諸山（三輪山、奈良県桜井市）のそばに移した。それでも神山や人民を脅かすので、畿外に移した。これが、播磨・隠岐・伊予・安芸・阿波五国の佐伯部の祖である、と記されている。

「風土記」の伝承

以上が『古事記』『日本書紀』の伝えるヤマトタケルの東方遠征の概要であるが、『常陸国風土記』などにもヤマトタケル遠征関連の記事が数多くのせられている。

『常陸国風土記』

（総説）

倭武天皇が東夷国を巡幸し、新治の県（茨城県西茨城郡西部・真壁郡北西部）を通り過ぎたとき、国造毗《ひ》那良珠命《ならすのみこと》を派遣して新しく井を掘らせ、御輿をとめて手を洗い、袖を漬《ひた》したので常陸の国名ができた。

（信太《しだ》郡）

倭武天皇が乗浜にいたった。そのとき浜辺の浦のほとりにたくさん海苔が乾かしてあった。これによって能理波麻《のりはま》の村（信太郡乗浜郷〔『和名抄』〕、茨城県稲敷郡）と名づけた。

（茨城郡）

郡の東にある桑原の丘（茨城県小美玉市）の上にしばらくとどまり、お食事をさしあげようとしたとき、水部に新たに井を掘らせた。出た水は大変おいしく、そこで、「よく渟《たま》れる水かな」とおっしゃられた。こういうわけで、里の名をいまは田余《たまり》（茨城郡田余郷〔『和名抄』〕、小美玉市）という。

（行方郡）

倭武天皇が海北の地を征伐してこの国を通過された。槻野の清い泉で手を洗ったとき、玉を井のなかに落としてしまった。その井は玉清《たまきよ》の井（異本では玉清水）といっている。さらに乗り物をまわして現原《あらはら》の丘

（茨城県行方市北部の捻木《ねじき》の丘陵）においでになり、お食事をさしあげた。このとき天皇はあたりを眺望して、行細《なめくはし》の国とほめたたえた。このため行方《なめかた》とよんでいる。現原から大益《おおや》川にでられ、小舟に乗って上るとき、棹梶《さおかじ》が折れた。それで無梶《かじなし》川という。無梶川から郡の辺境まででたとき、鴨が飛んで渡るのがみえた。天皇が射ると弦の響きに応じて地に落ちた。それで鴨野（行方市加茂）という。

槻野の清水（行方郡井上郷〔『和名抄』〕、行方市井上）に行幸して、御膳を勧めた。当麻郷を過ぎるとき、佐伯鳥日子《とりひこ》という者がさからったので殺され、屋形野の帳宮《とばりのみや》に行幸したとき、芸都《きつ》里の国栖、寸津毗古《きつびこ》・寸津毗売《つびめ》が反したので攻められた。恐れかしこんだ寸津毗売は、ヤマトタケルが小抜野の頓宮に行幸したとき、姉妹を率いて朝夕供奉した。相鹿《あうか》の丘（行方市岡）前の宮に座したとき、膳炊屋舎を浦辺に建てた。妃の大橘比売命が倭より下ってきてこの地で会ったので、安布賀《あうか》の村という。

（香島郡）

毎年七月に舟をつくり津の宮に奉納するのは、倭武天皇の世に天の大神が中臣狭山命《さやまのみこと》に命じたためである。

（久慈郡）

倭武天皇が停泊したとき、御膳に進める水がなく、鹿の角で地を掘ったが、そのために鹿の角が折れたので角折《つのおれ》の浜（茨城県鹿嶋市角折）という。

郡役所の南に小さい丘がある。そのかたちが鯨に似ているので、倭武天皇が久慈（茨城県常陸太田市）と名づけられた。

助川の駅家はむかし遇鹿《あうか》（茨城県日立市会瀬《おうせ》町）といった。これは倭武天皇がこの地で皇后と出会われたからである。

（多珂郡）

道前里飽田《あきた》村（茨城県日立市相田町）に宿泊し、野にみずからでて、また橘皇后を遣わして海に臨み漁をさせた。野の狩は一日中駆けずりまわっても一匹の獲物も得られなかったが、海の漁は短時間でたくさんのおいしい魚を得た。お食事をお進め申し上げたとき、天皇は、野の獲物はとれなかったが、海の味はことごとく食い飽きたとおっしゃられた。それで後代、飽田の村と名づけた。

倭武天皇が舟に乗って海の上から島の磯をご覧になると、さまざまな種類の海藻《め》がたくさんおい茂っていた。それで藻島《めしま》（茨城県日立市十王町伊師）と名づけた。

『尾張国風土記』逸文

ヤマトタケルが東夷を討ち、尾張国に帰り、帯剣を熱田宮に納めたが、この剣はもと八岐《やまた》の巨蛇の尾よりでたので尾張国と名づけたという。

『陸奥国風土記』逸文

八槻郷《やつき》（福島県東白川郡棚倉町八槻）の名は、景行天皇の代、ヤマトタケルが東夷を征伐し、この地にいたり、八目《やつめ》の鳴鏑《なりかぶら》をもって賊を射殺し、その矢の落ちたところを矢着《やつき》といったことによる。この地には正倉がある。神亀三年に字を八槻と改めた。

また、この地に八人の土蜘蛛がおり、八カ所の石室を拠点に上命にしたがわず、力を合わせてヤマトタケルに抵抗し、かつ津軽の蝦夷と通じて多くの猪鹿弓《しし》、猪鹿矢を連ね張り官兵を射たので、官兵は進むことができなかった。しかしヤマトタケルは槻弓《つきゆみ》、槻矢《つきや》をとり発ち、ついに蝦夷の徒を退け、八人の土蜘蛛を射抜くことができた。その矢の落ちたところに槻の木が生じたので、その地を八槻郷という。

以上が「風土記」に記されたヤマトタケルの伝承の概要であるが、「風土記」で倭武天皇と呼称する例が多いのは、当時の世論を代弁するものであろう。

各地に残る伝承

このほか、おびただしい神社の社伝や民間伝承も残されている。全体をまとめれば、優に一冊の書物ができるほどであるが、それについてはいずれ別の機会に譲るとして、藤倉郁子氏の「ヤマトタケルの東征経路について」（「季刊邪馬台国」四十二号所収）などにより、その主なものを以下に紹介する。

●草薙神社（静岡県静岡市清水区草薙）

ヤマトタケルを祭神にしており、近くにはヤマトタケルが賊の首を埋めたといわれる「首塚稲荷」があり、激しい戦闘がおこなわれたという「血流川」がある。また、賊を平定したのちに四方を眺めたところが「日本平」である。

●走水《はしりみず》神社（神奈川県横須賀市走水）

『新編相模国風土記稿』に「海村の東北にあり。海岸に御所ケ崎という字があり、ヤマトタケル東征のとき、御所を建てられた地である」とある。ヤマトタケルは自分を慕う村人たちに冠を贈った。のちにこの冠を石櫃に納めて建てたのが走水神社であるという。

●橘樹《たちばな》神社（神奈川県川崎市高津区子母口《しぼくち》）

『江戸名所図絵』には「弟橘媛の御衣と御冠などが流れ着いたのを土中に納めた旧跡である」とある。

●妻恋明神（東京都文京区湯島三丁目）

ヤマトタケル東征のとき、この地に行宮が置かれたという。

●吾妻神社（千葉県木更津市）

木更津に上陸したヤマトタケルは太田山に登り、走水で身を投じた弟橘媛をしのび、何日も立ち去ることができなかったという。このため、君去らず——木更津という地名が起こったという。

●都都古別《つっこわけ》神社（福島県東白川郡棚倉町八槻）

ヤマトタケル東征のとき、八溝山の蝦夷の大将と戦い、勝敗がつかず、そこに面足尊《おもだるのみこと》、惶根尊《かしこねのみこと》、事勝国勝長狭命《ことかつくにかつながさのみこと》の三神が出現して、味耜高彦根命《あじすきたかひこねのみこと》の鉾を授けた。ヤマトタケルはその鉾を鉾立山に立てかけ、東にむかって矢を放ち、矢の到達したところに社殿を建てて味耜高彦根命を祀り、その加護を受けて勝利を収めたという。

● 二岡《にのおか》神社（静岡県御殿場市東田中）

ヤマトタケルが東夷征伐して帰還したのち、国司に命じて二岡の地に邇邇芸命を、四岡に木花開耶姫命を祀り、二社を建立して二所大神と号したという。

● 北口本宮富士浅間《せんげん》神社（山梨県富士吉田市上吉田）

ヤマトタケルが東征のおりにこの地で富士山を遙拝したことにちなみ、延暦七（七八八）年に甲斐守紀豊庭《きのとよひろ》が創建したという。

● 美和《ひわ》神社（山梨県笛吹市御坂町）

ヤマトタケル東征のとき、国造塩海足尼《しおつみ》が祀ったという。

● 酒折宮（山梨県甲府市酒折）

ヤマトタケルはこの地で火焼の老人と歌の問答をおこなったという。

● 那賀都《なかつ》神社（山梨県山梨市三富上釜口）

ヤマトタケルがこの地から武蔵方面に越えるとき、霧が深く立ち込めたが、大嶽山の大神が現れて導いたので、ヤマトタケルは山の頂上に剣を立てて神を祀ったという。

● 三峯神社（埼玉県秩父市三峰）

ヤマトタケル東征のとき、甲斐の国の酒折宮から雁坂峠を越えて三峰山（標高一一〇〇メートル）に登り、はるかに国中を見渡し、神の加護を祈り、仮宮を造営してイザナギノミコトとイザナミノミコトの二神を祀ったという。

●椋《むく》神社（埼玉県秩父市下吉田）
ヤマトタケル東征のとき、猿田彦を祀ったという。

●宝登《ほど》山神社（埼玉県秩父郡長瀞《ながとろ》町長瀞）
ヤマトタケル東征のおり、山火事に遭ったが、そのとき巨犬が現れて火事を鎮め、姿を消した。そこではじめて大山祇の神に属する霊犬であることを知り、大山祇の神と火産霊の神を祀ったという。火止山という名の由来である。

●金鑚《かなさな》神社（埼玉県児玉郡神川町二ノ宮）
ヤマトタケル東征のとき、天照大神とスサノオノミコトを祀ったという。

●所沢神社（埼玉県所沢市）
ヤマトタケル東征にあたり、近くの小手指原にさしかかり、この地で休憩したという。そのときヤマトタケルが天照大神に祈ったことにちなんで、村人たちが天照大神を祀ったのが所沢神社の由来とされている。

●四阿《あずまや》山と武尊《ほたか》山
ヤマトタケルは東征からの帰途、群馬・長野県境にある鳥居峠の上に立って東を振り返り、弟橘媛をしのび、峠のすぐ北にそびえる山を吾妻山と名づけた。これが四阿山（標高二三四五メートル）である。群馬県北部にある武尊山（標高二一五八メートル）の麓には「武尊神社」があり、近くにはヤマトタケルが水乞いをしたといわれる「裏見滝」がある。

●熊野皇大《こうだい》神社（長野県北佐久郡軽井沢町）
ヤマトタケルが碓氷峠の霧のなかで道に迷ったとき、八咫烏《やたがらす》が紀州熊野の梛子の葉をくわえて導いたので無事に越えることができたため、この地に熊野の神々を祀ったという。

●立科《たてしな》神社（長野県北佐久郡立科町）
ヤマトタケル東征のとき祀ったという。

●大御食《おおみけ》神社（長野県駒ヶ根市赤穂）

ヤマトタケル東征の帰途、里長の赤須彦の饗応を受け、三夜も同地に過ごし、赤須彦に御食津彦の名を賜ったという。赤須彦は杉の大樹の根もとに仮宮を建てたため、その杉を「御蔭杉」とよぶようになったという。

●神坂《みさか》峠（岐阜県中津川市、長野県下伊那郡阿智村）

東国遠征の帰路、ヤマトタケルは信濃国から美濃国にでようとしたが、そのあたりは大変な難所で、何とか峠を越えて一休みして食事をとった。その様子をみた山の神はヤマトタケルを試そうと、白い鹿になってヤマトタケルの前に立った。ヤマトタケルが手にもっていたニンニク（大蒜）を投げつけると、鹿の目にあたって、鹿はその場に倒れた。その後急に霧が立ち込め、道がわからずにヤマトタケルが困り果てていると、どこからともなく白い犬が現れ、ヤマトタケルの前を歩いていった。犬のあとをついていくと、無事に峠を越え、美濃国にでることができた。この一件以来、ニンニクを嚙んで、その汁を体に塗って通ると無事に峠を越えることができ、昼神（蒜嚙）の地名が起こったという。

●内々《うつつ》神社（愛知県春日井市内津町）

ヤマトタケルが東征を終え、甲斐、信濃、美濃をまわって内津峠に着いた。そこに建稲種命《たけいなだねのみこと》の従者久米《くめの》八腹《やはら》が駆けつけ、「駿河の海を渡るとき、建稲種命はヤマトタケルに捧げるためミサゴ鳥を捕らえようとしたが、風が吹いて舟が傾いたため、海に落ちて亡くなった」と告げた。それを聞いたヤマトタケルは嘆き悲しんで「現《うつつ》かな、現かな」といわれたので、この地をウツツとよぶようになったという。

●杖衝《つえつき》坂（三重県）

東征の帰路、ヤマトタケルは伊吹山の荒ぶる神の征伐にむかったが、途中で巨大な白い猪に惑わされ疲れきってしまい、この険しい坂にたどり着いたときは、杖をついていたという。このため、杖衝坂とよばれるようになり、またこのとき地元の群家の采女《うぬめ》がヤマトタケルを介抱したため、この地を采女とよぶようになったという。坂の上には「御血塚の祠」があり、ヤマトタケルの足から流れ出る血を止めたところであるという（『伊勢名勝志』）。

●建部大社（滋賀県大津市神領）

景行天皇四十六年の神勅により、妃の布多遅比売命《ふたぢひめのみこと》（父は近江安国造）が皇子の稲依別王とともに神埼郡建部の郷にヤマトタケルの霊を祀ったのが、建部大社の由来であるという。

景行天皇の時代

景行天皇のアズマ巡幸

『日本書紀』によると、ヤマトタケルは両道入姫皇女《ふたじのいりびめ》、吉備穴戸武媛《きびのあなとのたけひめ》、弟橘媛《おとたちばなひめ》の三人の女性を妃とした。両道入姫皇女は、稲依別王《いなよりわけのみこ》、足仲津彦《たらしなかつひこ》（仲哀天皇）、布忍入姫命《ぬのしいりびめのみこと》、稚武王《わかたけのみこ》の四人を生んだ。このうち稲依別王は滋賀県犬上郡を根拠とする犬上君と武部君の始祖となったという。

吉備武彦の娘の吉備穴戸武媛は、武卵王《たけかいごのみこ》、十城別王《とおきわけのみこ》の二人を生み、兄の武卵王は香川県坂出市を根拠とする讃岐綾君の始祖となり、十城別王は愛媛県温泉郡（松山市・東温市）を根拠とする伊予別君の始祖となったという。

穂積氏忍山宿禰《ほづみのうじのおしやまのすくね》の娘の弟橘媛は、稚武彦王《わかたけひこのみこ》一人を生んだという。計七名である。

ただし、『古事記』によると、布多遅伊理毗売（両道入姫）、大吉備建比売（吉備穴戸武媛）、弟橘比売（弟橘媛）の三人に加え、布多遅比売、玖玖麻毛理比売《くくまもりひめ》と、名は伝わっていない一人の女性を妃としたという。

布多遅伊理毗売は垂仁天皇の皇女とされ、帯中津日子《たらしなかつひこ》（仲哀天皇）一人をもうけた。大吉備武比売は吉備建日子の妹とされ、建貝児王《たけかいこのみこ》一人を生んだ。弟橘比売は若建王を生んだ。布多遅比売は近江安の国造の先祖である意富多牟和気《おおたむわけ》の娘とされ、稲依別王一人を生んだ。山代の玖玖麻毛理比売は足鏡別王《あしかがみわけのみこ》一人を生み、名の伝わっていない一人の妃は息長田別王《おきながたわけのみこ》を生んだという。計六名である。

ヤマトタケルを亡くした景行天皇は、『日本書紀』によると、景行天皇五十一年八月四日に若帯日子命《わかたらしひこのみこと》（稚足彦尊）を後継ぎの天皇に指名した。のちの成務天皇である。あわせてこの日に武内宿禰を「棟梁の臣《むねはりのまえつきみ》」に任命した。総理大臣、宰相とでもいうような意味である。

景行天皇五十二年夏五月四日、皇后のイナビヒメ（播磨稲日大郎姫）が亡くなった。イナビヒメはヤマトタケルの実母である。すでに紹介したように、『播磨国風土記』によると、イナビヒメの墓は日岡につくられたが、遺骸を運ぶために印南川を渡るとき、大きなつむじ風が川下から吹いてきて、遺骸が川のなかに落ち込んで行方不明になった。わずかに櫛箱と褶《ひれ》がみつかったため、この二つのものをその墓に葬ったといい、したがって褶墓とよばれるようになったという。

ヤマトタケルにつづき、イナビヒメを失った景行天皇は大いに嘆き、印南川の年魚を食べないことを誓った。秋七月七日に美濃国出身のヤサカノイリビメ（八坂入媛）を皇后とした。皇太子となった若帯日子命（稚足彦尊）の実母にあたる。

ヤマトタケルが死去したのちの政治体制について、景行天皇は着々と手をつけていったが、それでもヤマトタケルへの想いは消えない。景行天皇五十三年秋八月一日、景行天皇は群卿に勅して、「愛しいわが子をどうしても忘れることができない。小碓王（ヤマトタケル）の平定した国を巡幸したいとおもう」といった。景行天皇はヤマトタケルがみた東方の国々を、自分の目でみたくなったのである。

景行天皇はただちに伊勢に下り、東海地方にむかった。十月には上総国にいたり、船で淡《あわ》の水門《みなと》に着いた。淡とは安房（千葉県）のことで、房総半島南部地域のことである。『大日本地名辞書』は、淡の水門は館山湾のことであろうとする。『高橋氏文』によると、景行天皇は上総国安房の浮島宮に到着したという。

このとき、「カク、カク」と鳴く覚賀鳥《かくかのとり》の鳴き声が聞こえた。タカ科のミサゴ（雎鳩）のことといわれている。海辺に棲み、海上を飛翔し、急降下して魚を捕らえて生活している。

景行天皇は、その鳥の姿をみるために海岸まででたところ、大きな蛤《はまぐり》を拾った。そのとき、膳臣《かしわでのおみ》の先祖で、磐鹿六雁《いわかむつかり》という者が急遽身支度をし、蛤の身を細かく切った膾《なます》にして天皇に差し出した。それがたいそうおいしかったので、景行天皇は磐鹿六雁をほめて、膳大伴部《かしわでのおおともべ》の役職を授けたという。朝廷の料理番に抜擢されたのである。

その後、景行天皇は常陸国を巡幸した。

『常陸国風土記』信太郡の条には、「郡役所の北十里のところに碓井（茨城県稲敷郡美浦村）がある。古老がいうには、大足日子天皇（景行天皇）が浮島の帳《とばり》の宮（茨城県稲敷市浮島）に行幸なさったが、お飲み物の水がなかった。さっそく占いする者に占わせて穴を掘らせたという。それはいまも雄栗《おぐり》の村にある」とあり、行方郡の条には、「郡役所の南二十里のところに香澄《かすみ》の里（茨城県行方市）がある。古くからの言い伝えによると、大足日子天皇（景行天皇）が下総国の印波《いにわ》の鳥見の丘（千葉県印旛《いんば》郡本埜《もとの》村）にお上りになり、しばらくとどまって遠くを眺められ、東のほうを振り返ってつきしたがう臣下に『海には波がゆったりと流れ、陸には霞がもうろうとたなびいている。国はおのずとそのなかにあるとわが目にはみえる』とおっしゃられた。それで霞の里というようになった」とある。

景行天皇はヤマトタケルとおなじく房総半島に渡ったのち、常陸国を巡幸したのである。むろんヤマトタケルをしのぶ感傷旅行ではあったが、ヤマトタケルの東方遠征の総仕上げをおこなったのであろう。

十二月に景行天皇は東国から帰り、伊勢の「綺宮《かにはたのみや》」（三重県鈴鹿市加佐登町）に滞在した。ヤマトタケルの没した能褒野《のぼの》に近く、景行天皇はここでもヤマトタケルをしのんだ。

景行天皇五十四年の秋九月十九日に、景行天皇は伊勢から纏向宮（奈良県桜井市）に帰還した。その翌年の二月には、彦狭嶋王《ひこさしまのみこ》を「東山道十五国の都督《かみ》」に任命した。彦狭嶋王とは、崇神天皇の皇子豊城命《とよきのみこと》の孫にあたる人物である。

崇神天皇は兄の豊城命と弟の活目尊《いくめのみこと》の二人の皇子のうち、どちらを後継ぎにするか迷い、夢占いで決することにした。豊城命は御諸山（三輪山）に登り、東にむかって八回槍を突き出し、八回刀を振った夢をみた。活目尊は御諸山の頂上に登って縄を四方に張り、粟を食べる雀を追い払う夢をみた。

崇神天皇は、「兄はもっぱら東をむいて武器を用いたので東国を治めたらよかろう。弟は四方に心を配って作物の実りを考えていたのでわが位を継ぐがよかろう」といって、活目尊を皇太子とした。これが垂仁天皇である。この結果、豊城命は東国を治め、上毛野君《かみつけのきみ》（群馬県）と下毛野君《しもつけのきみ》（栃木県）の先祖となった。彦狭嶋王は、このように、東国経営にゆかりのある豊城命の孫にあたる人物であった。

東山道とは、大和朝廷が都を中心に七つに区分した地域の一つである。東山道のほかには、東海道、北陸道、山陽道、山陰道、南海道、西海道がある。のちの律令時代には東山地方を貫く道路というような意味にも用いられた。この意味での東山道は、近江国の勢多駅（滋賀県大津市）を起点に、中部地方から関東を経て、陸奥国の斯波城（岩手県紫波郡紫波町）まで達する長大な道路であった。

この東山道が通る国々は、近江国、美濃国、飛騨国、信濃国、上野国、下野国、陸奥国、出羽国の八カ国である（尾張、三河、駿河、遠江などを加える説もある）。『常陸国風土記』の総記には、「古くは相模国の足柄の坂から東のもろもろの県を総称して我姫《あづま》の国といった。その当時は常陸とはいわず、ただ新治、筑波、茨城、那賀、久慈、多珂の国と称した」と、常陸国はもと六カ国に分かれていたことが記されている。

これに、たとえば武蔵国を加えれば十五カ国になる。景行天皇当時、ヤマトタケルが遠征した区域は陸奥国や出羽国にまではおよばず、漠然と日高見国とよばれたようであるから、先の八カ国から二カ国を除いた六カ国に、日高見国と常陸の六カ国、遠江国などを加えた国々が、おおむね「東山道十五国」の領域であったとみるべきであろう。

いずれにしても、彦狭嶋王は景行天皇によって東山道十五国の都督――長官に任命されたのである。ところが、春日の穴咋邑《あなくいのむら》（奈良市古市町の穴次神社付近か）で病を発し、急死してしまった。東国とゆかりのある彦狭嶋王の赴任を大いに期待していた東国の人民は、ひそかに彦狭嶋王の遺体を盗み出して上野国に移したという。このため、景行天皇は彦狭嶋王の子の御諸別王《みもろわけのみこ》を新たな都督に任命した。

御諸別王は東国をよく治めたらしく、蝦夷が騒いだときも兵を送って鎮圧し、降伏する者は許し、降伏を拒む者を処刑した。

山辺道上陵（景行天皇陵古墳）

こうして、西国と東国を平定した景行天皇は、晩年には坂手池（奈良県磯城《しき》郡田原本町阪手）を造成し、諸国に令して田部屯倉を設置させた。屯倉とは朝廷直轄領であり、田部とは屯倉耕作のための農民組織のことである。

景行天皇陵とされている渋谷向山古墳（天理市教育委員会提供）

こののち景行天皇は纏向宮（奈良県桜井市）から近江国に巡幸し、滋賀の高穴穂宮《たかあなほのみや》（滋賀県大津市穴太《あのう》）に三年間とどまり、その地で没した。『日本書紀』には、「六十年の冬十一月七日に、天皇は高穴穂宮でお亡くなりになった。年百六歳であった」とある。

『日本書紀』の年代は大きく引きのばされているから、百六歳というのはまったくあてにならない。二倍暦が用いられているという説もあり、半分の五十数歳というのが、本当の年齢に近いとおもわれる。

『日本書紀』によると、景行天皇は「山辺道上陵《やまへのみちのえのみささぎ》」に葬られた。奈良盆地東北の龍王山から西にのびる丘陵の先端にある「渋谷向山古墳」（奈良県天理市渋谷町）とされている。前方部の長さ一三〇メートル、後円部の直径一六〇メートル、墳丘の全長三〇〇メートルの巨大な前方後円墳である。柳本古墳群に属し、近くには崇神天皇陵（天理市柳本町）もある。近畿地方では、三輪山山麓周辺の古墳群に次ぐ時代に古墳がつくられた地域である。

すでに述べたように、安本美典氏の年代論によると、景行天皇の在位期間は、おおむね西暦三七〇年から三八五年ということになる。

朝鮮は高句麗・新羅・百済が鼎立する三国時代のことであり、高句麗は故国原王から小獣林王、新羅は奈勿王、百済は近肖古王から近仇首王にかけての時代であった。

高句麗は前秦や新羅と同盟関係を強化しながら、三六九年以降しばしば百済を攻撃した。百済の近肖古王は世子の近仇首王とともに猛烈に応戦する一方で、中国南朝の東晋や倭との交流を深めようとした。その間、倭国に久氏を派遣し、泰和四（三六九）年銘の七支刀を贈呈している。

『日本書紀』の紀年によれば壬申の年にあたり、したがって三七二年となる。まさしく景行天皇の時代である。七支刀が新しい天皇の即位を祝して倭に贈呈されたとすれば、銘文に記された「旨」という名の倭王は、景行天皇であった可能性すら考えられる。

景行天皇は朝鮮半島や東アジアの緊迫した情勢を受けて九州遠征を断行し、高句麗と新羅の南下に備えようとしたとみていい。大和朝廷成立後、天皇としてはじめての九州入りであり、景行天皇は大軍を率いて九州各地を巡幸し、さからう者に対しては断固討伐する方針で臨んだ。

富来隆氏の六項目の指摘

ところで、原田実氏の『幻想の多元的古代　万世一系イデオロギーの超克』（批評社）のなかで、景行天皇に関する二十四項目の論点が要領よくまとめられている。以下、これらの論点を紹介し、検討してみたい。

まず、富来隆氏（『卑弥呼』学生社）による六項目の指摘が紹介されている。

A　豊前国で帰順した神夏磯媛について、その名には「神」が冠せられ、（略）景行紀がこの名乗りをみとめたということは彼女が、「天皇政権の側からみてさえも、よほど高貴な地位をしめる巫女王」として扱われた証拠である。

B　神夏磯媛は「一国之魁師」とされている。景行紀で彼女の他に「魁師」とされているのは熊襲の首長のみである。また、景行が豊前で討った残族や、豊前征討の次にむかった豊後国速見邑の速津媛も「一処之長」であることは認められている。だが、景行紀では他の北九州の首長はおしなべて「土蜘蛛」と蔑称されている。すなわち、豊前とその近隣の首長は北部九州では別格の扱いなのである。

C　神夏磯媛は剣・鏡・玉（いわゆる三種の神器）を捧げてきたが、その鏡は皇室の神宝と同じく「八咫鏡」と呼ばれている。（略）神夏磯媛がその点でも別格であることがうかがえる。

D　豊前国で戦った残賊の内、菟狭（宇佐）川上に拠った「鼻垂」について、神夏磯媛は「妄仮名号」と説明している。すなわち、鼻垂は帝号を僭称していたのである（『文選』注に、名号に関して「謂為帝号也」とある）。「垂」をタラシと読めば、鼻垂という名乗りは、景行のオオタラシヒコオシロワケばかりか、後に続く成務ワカタラシヒコ、仲哀タラシナカツヒコ、神功オキナガタラシヒメらの諡号とも共通する名辞を含んだものということになる。（略）

E　直接、景行紀に語られる箇所はないが、宇佐国造の姓は宇佐ノ公とされている。（略）宇佐国造がキミ姓を称するということはその独立性の強さを示すものと思われる。そして、それは神夏磯媛の名に示されたような古い伝統の結果ではないか。

F　豊前国の残賊を招くのに景行は赤い衣・褌を賜ったとあるが、これは魏志倭人伝に倭人が朱丹を用いるとあることを連想させる。（略）景行紀には豊前・豊後の実際の習俗・行事が反映しているのではないか。

「富来隆氏はA～Fを根拠に、北部九州に豊前を中心とした有力な女王国があり、それが景行の大和朝廷軍によって滅ぼされたと説いた。鼻垂、耳垂らは最後の抵抗勢力だったというわけである」と原田氏は述べられている。

まず、富来氏の指摘されるABCについてである。

名前のなかに「神」が冠され、「一国の魁帥」と称され、「八咫鏡」などを掲げて大和朝廷軍を出迎えたことからみて、神夏磯媛が豊前国を代表する長であったことはまちがいない。

貫川流域は「ヌキ」とよばれた古い地域であり、女王国の周辺諸国の一つとして末尾にでてくる「奴国」が、この「ヌキ国」なのではないかということについては、すでに述べたとおりである。したがって、神夏磯媛は、もとをたどれば邪馬台国時代の「奴国」――「ヌキ国」の王族に連なる女性であった可能性もある。

富来氏の神夏磯媛に対する指摘は、ほぼ妥当なものといえよう。

しかしながら、中央集権国家体制の基盤を固めつつあった大和朝廷にとって、神夏磯媛は豊前地域を拠点としたいわば土豪――地方勢力に過ぎない。景行天皇の二代後の仲哀天皇の時代には、豊前国北部の企救・遠賀地方には熊鰐という県主、伊都（伊覩）地方には五十迹手という県主がいたことが記されており、甘木・朝倉地方には熊鷲という熊襲がいたことが記されている。景行天皇時代においても、九州各地域には大和朝廷派と反大和朝廷派が割拠していたであろう。

九州遠征の直接の目的は、大和朝廷に反旗を翻した日向・薩摩地方の征伐ではあったが、景行天皇はその過程で九州各地の土豪勢力に対する支配権の強化を図ろうとしたのである。

その際の方針としては、恭順の意をしめす者は許し、反抗する者は断固討伐するということであった。神夏磯媛は恭順の意をしめし、反抗する部族の者たちの名を告げた。このことからみて、神夏磯媛が景行の大和朝廷軍によって滅ぼされたという結論は疑問というべきであろう。『日本書紀』にも、そのようなことはまったく記載されていない。

次に、Dの宇佐の「鼻垂」の帝号僭称の指摘である。「妄仮名号（みだりに名号を仮りて）」というのは、「王を気どっていた」というような意味だろう。大和朝廷の任命を受けずに何らかの役職を名乗っていたというのが実態に近いと思われる。

前述のように、『魏志倭人伝』には「投馬国」の官職として「弥弥那利（耳成あるいは耳垂）」が記されており、『肥前国風土記』の松浦郡値嘉島の条には「垂耳」という人名もみえる。

繰り返し述べてきたように、「垂」というのは、邪馬台国時代の官職名に由来するもので、それが人名のなかに継承されていったのであろう。現代でも邪馬台国時代に由来する「彦《ひこ》」が人名のなかに継承されているようなものである。「垂」は天皇家の独占物ではない。したがって、「鼻垂」という名で天皇名を僭称したものではない。景行のオオタラシヒコオシロワケ、成務ワカタラシヒコ、仲哀タラシナカツヒコ、神功オキナガタラシヒメというように、「タラシ」が連続して天皇・皇后の名に用いられているが、これは何ゆえこの時代に連続して「タラシ」を用いたかが問われるべき問題であろう。

次に、Eの指摘についてである。

『日本書紀』には、神武天皇東征の途上、宇佐を拠点としていた菟狭津《うさつ》彦と菟狭津媛は「足一騰宮《あしひとつあがりのみや》」をつくって神武天皇をもてなしたとあり、宇佐一族は大和朝廷とはもともとゆかりの深い部族であった。宇佐国造がキミ姓を称することができたのは、このような歴史的背景を踏まえた大和朝廷側の配慮に基づくものであり、かならずしも宇佐国の独立性の強さをしめすものではない。

Fの指摘についてだが、これはそのとおりである。『播磨国風土記』によると、神功皇后の朝鮮出兵のおり、播磨から魔よけのための赤土が運ばれ、鉾に塗って船の前後に立て、船体と兵士の着衣も赤く染めたという。古代の日本には、赤色に対する特別な信仰があったことがわかる。

鈴木武樹氏の三項目の指摘

次に原田氏は、鈴木武樹氏（『偽られた大王の系譜』秋田書店）によって提示された三項目の疑問点を紹介しておられる。

G　景行が畿内の大王だとしたら、どのようにして畿内から周防の沙麼に出向いたのか、その経路が書かれていないのは不可解である。

H　景行は長峡県を「京」としている。ところが、景行は日向から浮羽まで巡りながら、地理的にはるかに近い浮羽－長峡という経路をとらず、わざわざ浮羽－日向という経路をとって帰っている。これは不可解である。

I　景行が最終的に帰った所が明示されていない。十八年三月、景行は「京」に向かって筑紫国巡狩を開始したとされているが、その「京」が大和なのか、豊前長峡なのかが不分明である。

まず、Gについてだが、これは『日本書紀』編纂者の編纂方針によるものというべきである。景行天皇は九州の熊襲を討伐するために、畿内から進軍した。目的地は九州である。そこで、本州の前進基地である周防の沙麼（山口県防府市佐波）から書きはじめることは、ある意味ではきわめて合理的な手法である。九州で戦争するのに、その前の経路をこまごまと書くほうがかえって異例である。許される編集方針というべきであろう。

Hの指摘も首肯できない。景行天皇は畿内に帰る前に、いったん日向にもどる必要があっただけのことである。日向では、カミナガオオタネ（髪長大田根）と襲のタケヒメ（武媛）を后としていた。カミナガオオタネとの間には、日向襲津彦《ひむかのそつびこ》という子をなし、襲のタケヒメとの間には、国乳別《くにちわけ》、国背別《くにそわけ》、豊戸別《とよとわけ》という三人の子をもうけていた。畿内にもどったあとの日向の妻子の処遇と九州南部の政治的安定について、万全の措置を講じる必要があったはずである。

長峡県を「京」としたのは、あくまでも南部九州に進軍する際の「仮宮」であり、「行宮」に過ぎず、このことをことさら重大視すべきではない。なにゆえこの地に「京」を置いたのかということに関しては、邪馬台国を探求するうえで重要であるかもしれないが、それとこれとは別問題である。

次に、Iの指摘についてである。これまた、豊前長峡の「京」を過大視する論であり、景行天皇が最終的に畿内大和に帰還していることからみて、大和を目的地としたことは明らかであろう。

古田武彦氏の七項目の指摘

次に原田氏は、古田武彦氏（『盗まれた神話　記・紀の秘密』角川書店）の七項目にわたる疑問点を紹介しておられる。

J　この遠征記事は『日本書紀』にのみあり『古事記』に現れない。このような輝かしい完全勝利譚を『古事記』が無視するのは不可解である。

K　景行の九州遠征記事には九州内部の地名が約二十も頻出する。これは時代的に後のはずの日本武尊や仲哀紀、神功紀の九州遠征記事よりもはるかに詳細である。

L　景行は九州のほぼ全域を巡行しているが、筑紫にはほとんど入ろうとはしない。ただ筑紫南端の三池、八女、浮羽方面を巡るのみで、筑前どころか筑後の中央（久留米市・甘木市付近）にさえ立ち入ろうとはしない。これは不可解である。

M（略）九州巡行が浮羽まで来ると途中のルートや経過地を示さず、いきなり「天皇至自日向」という記事が現れる。浮羽－日向間は距離も遠く、途中の道を阿蘇山地にさえぎられているというのに、これではあまりに唐突である。

N　景行の九州遠征は日向国を境として前半の討伐記事と後半の巡行記事に別れている。すなわち景行が激烈に戦うのは九州東岸であり、九州西岸ではむしろ平和に迎えられたという話が多い。これは東方の大和に本拠を持つ景行の記事としては不自然である。

O　日向は記紀において皇室の発祥地とされている。ところがその日向に来たというのに景行は何ら感激の辞を述べていない。（略）

P　景行が筑紫後国の御木に到った時、「百寮踏其樹而往来」とあるが、「百寮」とは、朝廷内のすべての官僚を意味する語である。大和にいるはずの朝廷の全官僚群がなぜ筑後南端に揃うことができるのだろうか。

まずJについてだが、指摘のとおり、まったく不可解である。そもそも『古事記』と『日本書紀』の間には、絶対的なボリュームの差がある。そのボリュームのちがいは、編者の編集態度によるものであるが、『古事記』のほうで完全に欠落していることはきわめて異例である。

ただし、景行天皇の九州遠征に関していえば、「風土記」には『日本書紀』の記事を補完する多くの記事があり、すでに紹介したように多くの地域伝承も残されている。この場合は、『古事記』を編纂した太安万侶と稗田阿礼の手落ちと考えるべきであろう。

次に、Kの指摘についてだが、これは誤りである。すでに紹介したように、北部九州にはおびただしい神功皇后の伝承が残されており、『日本書紀』『古事記』「風土記」にも多くの地名がでてくる（詳細については拙著『西日本古代紀行　神功皇后風土記』を参照されたい）。ヤマトタケルに関して九州の地名が少ないのは、川上熊襲討伐が主たる目的であったためである。ヤマトタケルの東方遠征については『古事記』『日本書紀』ともにかなり詳細な記録を残している。

Lについてだが、前半の筑紫に関しては指摘のとおりである。ただし、後半の筑後の中央部に関しては、すでに述べたように、『肥前国風土記』に多くの事跡が残されている。

ということは、筑紫の空白については『筑前国風土記』が散逸していることと関係があろう。前述したように、大野城市や朝倉市に景行天皇の伝承が残されており、筑紫方面を巡幸した可能性は高いと考えられる。『日本書紀』で省かれたのは、書紀編者の編集方針の結果と考えるしかない。

Mについては、確かに浮羽—日向間は距離も遠く、途中の行程記事がないのは不可解のようである。しかし、これについても、『豊後国風土記』によると景行天皇は日田を経由したとされている。現在でも日田を経由して東九州に抜けるのが通常のルートとなっている。日田から大分方面に抜ければ、そこは日向にむけて一度通ったコースである。書紀編者がその行程を省くことについて、特に違和感はない。これについても、書紀編者の編集方針の結果と考えるしかない。
Nについてだが、これは誤認である。景行天皇は地域にかかわらず服属する者は許し、そむく者は断固討伐している。

（豊前）　女性首長の神夏磯媛――服属
宇佐の川（駅館川）上流の鼻垂――討伐
御木の川（山国川）上流の耳垂――討伐
高羽の川（彦山川）上流の麻剥《あさはぎ》――討伐
緑野の川（深倉川・緑川）上流の土折《つちおり》猪折《いおり》――討伐

（豊後）　速見の邑（速見郡、別府市、杵築市）の速津媛――服属
稲葉の川（稲葉川）の青《あお》と白《しろ》――討伐
禰疑山の打猨《うちさる》、八田《やた》、国摩侶《くにまろ》――討伐

（日向）　厚鹿文《あつかや》と迮鹿文《さかや》――討伐
諸県君の泉媛――服属

（肥後）　兄熊――服属
弟熊――討伐

（肥前）　浮穴郷の浮穴《うきあな》沫媛《わひめ》――討伐
速来の村速来津姫――服属
大家《おおや》島の大身《おおみ》――討伐
賀周の里の海松橿媛――討伐
能美《のみ》の郷の大白、中白、少白の三兄弟――討伐

盤田杵《いわたき》の村八十女《やそめ》―討伐
（肥後）津頬―討伐
阿蘇津彦と阿蘇津媛（一族？）―服属
（筑後）水沼県主の猿大海―服属
八女国の八女津媛―放置
（豊後）日田の久津媛（一族）―服属

次に、Oの指摘についてである。

『日本書紀』には、景行天皇は日向の高屋宮に六年間滞在したと記されている。しかも、カミナガオオタネと襲のタケヒメを后とし、計四人の子をもうけた。「日向」という国名を改めて宣言し、「思邦歌《くにしのびうた》」もうたっている。日向の部族との連携を深め、景行天皇以降、大規模な前方後円墳も築造されるようになった。大和朝廷が景行天皇の巡幸を契機に日向との関係を深めていることは、明らかである。

このような事実の経過をみれば、景行天皇の日向に対する特別の思いが感じられる。書紀の編纂者が景行天皇の感激の辞を記さなかったとしても、これまた編集方針の結果というしかない。

最後にPについてだが、仲哀紀に、仲哀天皇が南海道に巡幸したおり「百寮」を角鹿（敦賀）にとどめ置いたとあり、かならずしも朝廷の全官僚を意味するものではない。この場合の「百寮」とは、「多くの役人」とでもいうような意味であろう。

坂田隆氏の三項目の指摘

つづいて原田氏は、坂田隆氏（『卑弥呼と倭姫命　コンピュータと金石文で探る年代論』青弓社）の三つの疑問を紹介されている。

Q　景行は直入県の土蜘蛛を討伐する際、自ら軍の指揮をとっている。第十代の崇神天皇がすでに地方平定を四道将軍にまかせていたというのに、その二代後の景行が、直入のような山間地の弱小豪族を相手にするのに、わざわざ自ら指揮をとるのは不審である。

R　しかも、景行はその山賊程度の連中から矢を射られていったん退却している。かつて崇神が持っていた強大な軍事力はどこにいったのか。

S　天皇親征の軍がやって来たというのに熊襲はまったく警戒していない。かえって熊襲の首長の娘二人が天皇の幕下に召され、その寵愛を受けている。それが景行側の作戦だとしても、熊襲側になぜ警戒感がなかったのか。（略）

Qの論点の意味はよくわからない。景行天皇はみずから軍を率いて九州へやってきたのであるから、戦闘を指揮するのは当然のことである。

Rについても、山地でのゲリラ戦は大軍の利が生かせないことがあるのは当然のことである。局地戦で不利になることも少なくない。

Sについても、景行天皇の作戦であり、犠牲を最小限度にとどめるため謀略を用いた経緯については『日本書紀』にも書かれている。

原田実氏の五項目の指摘

最後に原田氏自身の論点が、五項目提示されている。

T　先にRでも示されたように景行の豊後山間部での戦闘は激しく、天皇自ら「朕得滅土蜘蛛者」と神に祈るほどだった。ところがその神に祈ったという話の直後、唐突に天皇が日向国に到り、行宮として高屋宮を建てたことが記される。景行が碩田国（現大分県大分郡・大分市）に上陸したのが十二年十月で、高屋宮に入ったのが同年十一月というから、時間的に早すぎるのはもちろん、豊後山間部から日向に向かうなら、海岸まで引き返して海路をとるか、九州中央山地の山越えを行わなければならないはずである。どうやって景行はこの難路を一気に通ったのだろうか。

U　日向国は熊襲の本拠である襲国（通説では現在の鹿児島県東部）と隣接しており、その勢力圏だったと見てよい。ではなぜ、景行は日向国入りするのになんらかの戦闘や抵抗があったという記述がないのか。

V　豊国別皇子の母は高屋宮で召されたのだから、日向国の人である。（略）彼自身も「是日向国造之始祖也」とされており、日向国との縁が深い。ではなぜ、その名が「豊国」の別（景行紀によると「別」とは地方に分封された皇子のこと）とされているのか。

W　（略）日向三代の一柱であるヒコホホデミは「日向高屋山上陵」に葬られたとある（『古事記』では御陵が高千穂山の西にあるとされる）。これは日向高屋宮と無関係とは考えにくい。では、なぜ景行が彦火火出見尊の御陵を祀ったというような記述がないのか。日向国にはさらに他の二柱、ニニギとウガヤフキエ《ママ》ヘズの御陵もあるはずだが、それらについても景行紀に記述がない。

X　景行紀の九州遠征記事には、「〇〇国に到る」とあった後にその国名由来説話が続くという表現が頻出する。（略）ところが、日向国だけは景行天皇が到ってから六年後、熊襲平定や豊国別皇子誕生を経てようやく国名由来説話が現れ、しかもその舞台は高屋宮を離れた子湯県とされている。この国名由来説話の位置は不自然である。

Tの景行天皇の行程についてはすでに詳しく述べたが、景行天皇は「直入―三重―小野」というコースで日向にむかっている。

そののち、県（延岡）にでて海岸沿いに日向にむかい、最終的には海路で日向に到達している。このコースであれば、それほど日数を要しない。十月に碩田国（大分）に上陸し、十一月に高屋宮に入ったことが、時間的に早過ぎるということはない。直入郡のほかは戦闘がなかったというのであるから、なおさらのことである。

Uの日向国は熊襲の本拠である襲国と隣接しているのに、景行が日向入りするのに何らの戦闘や抵抗があったという記述がないのは、景行天皇の九州討伐の性格に由来するのかもしれない。

九州討伐の理由は、「熊襲が朝貢しない」ということであった。要するに租税を納めないということである。ある意味では行政犯である。中央集権国家をめざす大和朝廷にとっては、見逃すことのできぬ反逆行為であった。国家体制を維持するためには厳罰を下す必要があった。熊襲の側と朝廷の側には、租税に対する認識についてかなりの温度差があったはずである。薩摩の熊襲は、大和朝廷側――景行天皇の重大な決意をおそらく軽視していたのであろう。

Vの豊国別皇子という名前は、すでに述べたように、日向がもともと豊国に属していたからであろう。

Wの、なぜ景行がヒコホホデミの御陵を祀ったというような記述がないのか、という疑問については、であるからこそ景行天皇は高屋宮を拠点にしたと考えるべきであろう。

Xは、指摘の意味自体がよくわからない。

以上、原田氏によってまとめられた二十四項目の論点について説明したが、『日本書紀』「風土記」の記事を根底から覆すものではないということは明らかである。

稲荷山鉄剣と江田船山鉄剣の銘文は、景行天皇から約百年後の雄略天皇の時代には、九州から関東にいたるまで大和朝廷の支配がほぼ確立されていたことをしめしている。景行天皇の九州遠征は、当初の目的としては南部九州の熊襲討伐であったが、朝鮮半島・東アジアの緊迫する政治情勢のなかで、朝鮮半島に近い九州の支配体制を強化する必要に迫られたのであろう。

九州各地には、邪馬台国時代以来の在地勢力が依然として残存しており、大和朝廷の支配力が十分におよばない地域も少なくなかった。邪馬台国の時代からいえば、景行天皇が九州を巡幸したのはわずか一世紀あまりのちのことであり、地形も風土も生活習慣も、それほど大きく変化したとはおもえない。大和朝廷の支配がある程度浸透していたとはいえ、各地の在来勢力は邪馬台国時代の伝統を色濃く残していたはずである。

景行天皇は九州各地を巡幸しながら、そのような在地勢力をしらみつぶしに制圧していったが、この景行天皇の巡幸記事は、四世紀後半の九州を知るうえできわめて貴重なものと考えるべきである。

前述したように、『古事記』にはまったくみえないことを理由に否定的に解する見解も少なくないが、正史たる『日本書紀』のほか、『豊後国風土記』や『肥前国風土記』にも記され、各地におびただしい民間伝承が残されていることからみても、歴史の真実の核を含んでいるというべきである。

津田左右吉氏の懐疑説

津田左右吉氏は、「日本書紀の行幸経路には大分から速見にむかうように地理上の錯誤が多く認められるが、それは地理的知識が明確でない遠方の地名を机上でつなぎ合わせたことによる」とするが、これまで縷々述べたように、景行天皇の行幸経路はきわめて自然なものであり、地理上の錯誤はほとんど認めることはできない。

津田氏は大分から速見への移動を地理上の錯誤として重大視しているが、景行天皇当時、速見の領域が現在の海部郡あたりまでひろがっていたとみれば何ら問題ない。海部は景行天皇よりのちの応神天皇の時代に全国各地に置かれたものである。景行天皇は大分から海部郡にむかったと解すれば、単純な地理的錯誤とはいえないこととなる。むしろ、古い時代の記憶を伝えた証拠にすらなりうるのである。

全般的にみて、むしろ、現代人と異なり情報の収集伝達という面において極端なハンディを負っていた書紀の編者が、よくぞここまで地理情報を収集・整理して記述できたものだと驚くほどである。机上でつなぎ合わせて創作したとはまったくおもえない。

津田氏はまた、「物語を構成する種々の説話は主として地名説明のためのもので、事実とみなすことは困難であり、この種の説話を除けば物語の大部分は空虚なものとなる」とする。

しかしながら、地名というものは、人が付したものである。先験的に存在するものではない。地名にはいわれがあり、意味がある。したがって、古い地名は伝承や歴史の結晶である。人間社会の空間的座標軸として、千年、二千年という長い歳月にたえて連綿と後世に伝えられるものである。地名には、意味があり、由来があり、特性があり、個性がある。

『日本書紀』や「風土記」の編者は、このような地名の重要性を十分に認識していたからこそ、景行天皇ゆかりの地名を丹念に収集して記録したのである。ヤマトタケルの伝承や神功皇后の伝承についてもまったく同様である。

地名説明のために記した説話が、どうして事実とみなすことが困難なのであろうか。事実関係を説明するのに、場所の記載は必要不可欠の条件である。

かつ、すでに述べたように、景行天皇の巡幸記事のなかには九州各地のおびただしい地方豪族たちが登場する。ある場所では女性首長制をとり、男女ペア首長制をとり、男性首長制をとっていたことが記されている。また、それらの変形としての兄弟ペア首長制、姉妹ペア首長制をとっていたとおもわれるものもまじっている。空虚どころか、実に多様性に富んだ情報を後世に伝えているのである。近年の考古学的な成果とあわせて検討するならば、もっと豊かな情報を手に入れることも可能であろう。

また、津田氏は、「登場する人名も、地名をそのまま用いたもの（ハヤツヒメ、クマツヒコ、アソツヒコ、ヤメツヒメ）や二人ずつの連称（ハナタリ、ミミナリ）が多く、これは物語を作るために案出されたもので、実在の人物とは思われない」とする。

これは暴論に近い。古代の人々は、住んでいる土地に名称を付し、その地名を名乗る。これはあたりまえのことである。しかも、創作するなら一人分の名前のほうがはるかに簡単で手っ取り早い。わざわざ連称にする必要はない。連称であるからこそ、逆に真実さを増しているともいえる。

すでに述べたとおり、「ミミ」は『魏志倭人伝』にも記されている邪馬台国時代の職名である。景行天皇の巡幸記事のなかに類似の人名があったということは、邪馬台国時代のものがかたちを変えて残存していたことをしめしている。

さらに津田氏は「中国思想に基づく修辞が認められるから九州巡幸説話は決して事実の記録ではない」とする。しかしながら、そもそも日本には固有の文字はなかったのである。『日本書紀』の編纂者は、漢字で日本語を表記するという困難な作業を四十年間もつづけたが、手元には常に中国からもたらされたさまざまな文献が手本としてそろえられていたはずである。中国の文献には、もとより中国思想に基づく修辞が満ち満ちている。中国の文献からいいまわしを借用すれば、「たくさんの兵を動かせば百姓の害となる」というような儒教思想的な修辞がまじるのは当然のことである。漢字を借用する場合の宿命のようなもので、これをもって景行天皇説話が虚構であるという証拠にすることはできない。

雄略天皇の「上表文」

景行天皇は東九州の日向から西九州方面に移動したが、むろん西九州地域は朝鮮半島に近く、外交上最も重要な場所であった。この地域を完全に支配しなければ、朝鮮の高句麗や新羅と対抗することはできない。東九州・南部九州を制圧したのち、肥後・肥前の土豪勢力を討伐して大和朝廷の支配を強化するとともに、北部九州の海の玄関口ともいえる呼子（佐賀県）や周辺海域の防備を固め、九州最大の生産力と人口を擁する筑紫平野の支配権を強化することが大きな目的であったろう。

戦後の学界の主流としては、『日本書紀』や「風土記」などに記された景行天皇の九州巡幸記事を虚構とみなす説が多数を占めている。

しかしながら、歴史というものは、神話や伝承あるいは考古学的な遺物のなかに等しく隠されている。古い地名も、ある意味では考古学的な遺物である。『古事記』『日本書紀』も、もちろん第一級の古代文献である。これらのものすべてに、真正面から向き合い、その語るところのものに真摯に耳を傾けねばならない。

その際、決して我流の複雑な観念論に堕してはならない。また過度な懐疑と減点主義をとってはならない。歴史とは、統合の学問である。すべての分野の成果を統合することが可能な学問である。

これまで縷々述べてきた景行天皇とヤマトタケルについて、学界の主流は、もちろん「非実在説」である。しかしながら、倭王武＝雄略天皇が派遣した使者が、四七八年五月に宋の皇帝に対して提出した「上表文」の冒頭には、

わが国は遠く隔てられたところにあり、藩を外になしている。むかしから祖先はみずから甲冑を着て、山川を駆け巡り、安住する暇はなかった。東は毛人を征すること五十五国、西は衆夷を服すること六十六国、渡って海北を平らげること九十五国。

とある。

景行天皇は西の衆夷（熊襲、隼人）の国々に遠征し、ヤマトタケルは東の毛人（蝦夷）の国々に遠征し、神功皇后は海を渡って朝鮮半島に遠征した。これらの事跡は、『日本書紀』あるいは『古事記』「風土記」その他の文献に等しく記録されている。

「上表文」に書かれているように、景行天皇とヤマトタケルは、みずから甲冑を着て山川を駆け巡った。雄略天皇の時代からいえば、せいぜい百年前の話である。鮮明な記憶として朝廷に伝えられていたはずである。雄略天皇の「上表文」のなかには、景行天皇とヤマトタケルの記憶が織り込まれているというべきだろう。

主な参考文献

上田正昭『日本武尊』吉川弘文館、一九八六年
櫃本誠一編『風土記の考古学2　播磨国風土記の巻』同成社、一九九四年
小田富士雄編『風土記の考古学4　豊後国風土記の巻』同成社、一九九五年
小田富士雄編『風土記の考古学5　肥前国風土記の巻』同成社、一九九五年
門脇禎二『吉備の古代史　王国の盛衰』NHKブックス、一九九二年
喜田貞吉『日向国史』上巻、名著出版、一九七三年
西岡光「景行天皇について考える」(「季刊邪馬台国」四十二号、梓書院)
原田実『幻想の多元的古代　万世一系イデオロギーの超克』批評社、二〇〇〇年
播磨地名研究会編『古代播磨の地名は語る　播磨国風土記めぐり』神戸新聞総合出版センター、一九九八年
橘川真一『はりま伝説散歩』神戸新聞総合出版センター、二〇〇二年
肥後和男『崇神天皇』秋田書店、一九七四年
日高正晴『古代日向の国』NHKブックス、一九九三年
藤倉郁子「ヤマトタケルの東征経路について」(「季刊邪馬台国」四十二号、梓書院)
古田武彦『盗まれた神話　記・紀の秘密』角川文庫、一九七九年
宮井義雄『神武天皇考』成甲書房、一九八二年
安本美典『邪馬台国は、その後どうなったか』廣済堂出版、一九九二年
安本美典『巨大古墳の被葬者は誰か』廣済堂出版、一九九八年
安本美典『邪馬台国と高天の原伝承』勉誠出版、二〇〇四年
吉野裕訳『風土記』東洋文庫、一九六九年
伊藤常足編『太宰管内志』日本歴史地理学会、一九〇八年
正宗敦夫編『和名類聚鈔』風間書房、一九六二年
河村哲夫『西日本古代紀行　神功皇后風土記』西日本新聞社、二〇〇一年

あとがき

本書は、平成十三年十月に出版した『西日本古代紀行　神功皇后風土記』（西日本新聞社）の続編というべきものである。

本文でも述べたように、安本美典氏の統計的年代論によると、神功皇后は三九〇年から四一〇年ごろに活躍した人物であり、景行天皇は三七〇年から三八五年ごろに活躍した人物である。続編とはいいつつ、時代をさかのぼり、邪馬台国の卑弥呼にさらに一歩近づいたわけである。

前作においても、各地に残された神功皇后伝承を掘り起こし、『日本書紀』や『古事記』、「風土記」などと対比しつつ、考古学的な成果などをおりまぜながら具体的に記述したが、本作においても同様の方針を踏襲した。

ただし、神功皇后の伝承が北部九州を中心としているのに対して、景行天皇の伝承は中・南部九州に多く残されている。

したがって、神功皇后と景行天皇の伝承を重ね合わせると、ほぼ九州全体を網羅することになり、安本氏の年代論を前提にすれば、四世紀後半の九州の姿がかなりみえてきたのではないかと自負している。

また、邪馬台国の卑弥呼の時代は、神功皇后や景行天皇の時代からいえば、せいぜい一世紀半程度前の時代である。

神功皇后・景行天皇の伝承地や地方豪族の所在地を地図上にプロットしていくと、かなりの確率で邪馬台国時代の九州の勢力図と重なるはずである。神功皇后・景行天皇を通して邪馬台国に迫ることも可能だろう。

今回、『日本書紀』や「風土記」に記された景行天皇の行動ルートに沿って現地調査をおこなったが、やはり景行天皇に関するおびただしい伝承が残されていた。近くにはかならず弥生時代の遺跡や古墳時代の遺跡、古いゆかりの神社などが存在しており、景行天皇伝承の信憑性を高めているようであった。

神功皇后に関してもそうであったが、景行天皇もまた実在したとのおもいを強くしている。伝承地をいちいち確認し、それらをつないで全体像を描くという根気のいる作業であったが、本書を書き終えて、自分なりに達成感を感じている。古代史解明の一助となれば幸いである。

末尾ながら、資料収集及び現地調査に協力してくれた兄・木原昇、執筆の機会を与えていただいた海鳥社の西俊明社長および編集担当の田島卓氏に厚くお礼申し上げる。

平成十八年二月

河村哲夫

河村哲夫（かわむら・てつお）
昭和22（1947）年生まれ。著書に『志は，天下　柳川藩最後の家老立花壱岐』全5巻，『筑後争乱記　蒲池一族の興亡』（ともに海鳥社），『柳川城炎上』（角川書店），『西日本人物誌　立花宗茂』，『西日本古代紀行　神功皇后風土記』（ともに西日本新聞社）がある。

九州《きゅうしゅう》を制覇《せいは》した大王《だいおう》──景行天皇巡幸記《けいこうてんのうじゅんこうき》

■

2006年5月12日　第1刷発行

■

著者　河村哲夫

発行者　西　俊明

発行所　有限会社海鳥社

〒810-0074　福岡市中央区大手門3丁目6番13号

電話092(771)0132　FAX092(771)2546

印刷　有限会社九州コンピュータ印刷

製本　日宝綜合製本株式会社

ISBN 4-87415-572-3

http://www.kaichosha-f.co.jp

［定価は表紙カバーに表示］